机工汽车

汽/车/技/术/精/品/著/作/系/列

车辆耐久性载荷分析

李旭东 田程◎著

机械工业出版社
CHINA MACHINE PRESS

车辆耐久性是关乎车辆使用安全性和可靠性的重要质量属性。由于车辆在客户端的真实使用工况非常复杂，因此，密切贴合用户实际使用工况进行耐久性载荷分析成为提高车辆耐久性的重要方法。本书介绍了车辆耐久性载荷分析中经常使用的、经典统计学中的一些重要结论和方法，道路载荷数据处理的常用方法，并介绍了金属材料与结构高周疲劳损伤和寿命评估的基础理论，以明确构建金属结构疲劳损伤相似性时载荷方面所应注意的诸多因素，并通过案例对车辆耐久性台架试验载荷谱的编制和整车耐久性试验场强化路面规范的编制进行了说明。本书适用于汽车行业从事道路载荷数据分析、车辆耐久性台架试验、整车耐久性强化路面试验和车辆耐久性仿真的相关技术人员学习参考，也可作为高等院校汽车相关专业师生的参考书。

图书在版编目（CIP）数据

车辆耐久性载荷分析/李旭东，田程著. —北京：机械工业出版社，2023.3
（2025.3 重印）
（汽车技术精品著作系列）
ISBN 978-7-111-72649-4

Ⅰ.①车… Ⅱ.①李… ②田… Ⅲ.①汽车-耐用性-载荷分析 Ⅳ.①U461.7

中国国家版本馆 CIP 数据核字（2023）第 029613 号

机械工业出版社（北京市百万庄大街 22 号 邮政编码 100037）
策划编辑：何士娟 责任编辑：何士娟 丁 锋
责任校对：贾海霞 梁 静 封面设计：马精明
责任印制：单爱军
北京虎彩文化传播有限公司印刷
2025 年 3 月第 1 版第 2 次印刷
184mm×260mm · 12.25 印张 · 301 千字
标准书号：ISBN 978-7-111-72649-4
定价：128.00 元

电话服务 网络服务
客服电话：010-88361066 机 工 官 网：www.cmpbook.com
　　　　　010-88379833 机 工 官 博：weibo.com/cmp1952
　　　　　010-68326294 金 书 网：www.golden-book.com
封底无防伪标均为盗版 机工教育服务网：www.cmpedu.com

序

当下，中国汽车产业正处在由"高速发展"向"高质量发展"转型的关键时期。高质量发展，离不开高质量的产品。耐久性作为检验汽车产品质量的核心要素，对汽车产品市场口碑发挥着重要作用。

在汽车产品电动化、智能化、网联化快速发展的大背景下，动力电池、电驱电控、线控底盘等一系列新构件、新技术在新车型上得到了广泛的应用，同时也给车辆耐久性这一较为传统的技术领域带来了全新的挑战。如何为智能电动汽车及其关键部件构建出一套科学合理的耐久性测试评价体系，已成为汽车行业亟待解决的共性技术问题。

中国汽车技术研究中心有限公司（以下简称中汽中心）相关科研团队凭借自身在车辆可靠性设计及验证领域深耕多年的技术积累，围绕"车辆耐久性载荷分析"这一主题，撰写了本书。本书详细梳理和推证了以载荷分析为基础的车辆耐久性开发核心领域的整体思路、技术流程、重要理论基础和实用工程方法，并分享了中汽中心近年来在耐久性"用户关联"等行业共性技术领域所取得的最新成果。希望一本书的出版能够帮助汽车行业尽快解决车辆耐久性领域的核心技术问题，并提升相关领域的研发及验证水平。

根深方可叶茂，固本才能枝荣。中汽中心愿与行业同仁一道，共同夯实我国汽车产业核心基础技术，助力汽车产品质量提升，引领我国汽车行业持续向前发展。

中汽中心副总经理

2022 年 11 月 24 日　于天津

前　言

车辆耐久性是指车辆在规定的使用和维修条件下，对其使用寿命的一种度量，是车辆长期重复地发挥其功能的能力，是一种质量属性，影响车辆的可靠性，关乎车辆的使用安全性。疲劳失效是影响车辆结构耐久性和机械可靠性的主要失效模式之一。由于金属结构的疲劳损伤和疲劳寿命对外部载荷的变化极其敏感，而车辆在设计使用里程内、在用户的使用过程中经历的载荷历程又极其复杂和多变，这对于如何从用户的实际使用工况出发，收集、分析和提炼有效的载荷信息，合理指导包括耐久性仿真、耐久性台架试验验证、整车耐久性路试等车辆耐久性工程的诸环节，提出了较大的挑战。这一挑战应对是否得当，将决定车辆耐久性工程的研发是否贴合和关联目标客户群体的实际使用工况，以及车辆耐久性工程的各个环节之间是否协调、统一。

为了应对这一挑战，需要三方面知识和技能的综合运用。第一，金属材料和结构的疲劳损伤理论，尤其是高周疲劳损伤理论。这对于针对疲劳失效机理，从载荷信息中寻找和提炼与这一失效形式密切相关的有效信息起到重要的方向性导引作用。第二，统计学理论与方法。由于车辆在用户的实际使用过程中有众多的随机因素，导致车辆所经受的载荷历程呈现极大的统计变异性，对车辆载荷进行耐久性方面的分析，统计学的一些经典理论、成果和方法是大有用武之地的。第三，载荷数据处理能力。道路载荷数据分析所面对的往往是海量的载荷时域数据信息，如果没有高效和强大的载荷数据处理分析能力，即便有好的理论方法、技术路线，也终将是空中楼阁，无法最终落地。

本书的结构正是围绕这三方面的内容综合展开。对于疲劳理论相关的内容，不涉及高深和前沿的疲劳寿命评估方法，而以指出在车辆耐久性载荷分析中与金属结构疲劳失效密切相关的信息为目的。对于统计理论和方法的介绍，小到一个统计学的概念和定义，大到经典统计理论中的重要成果、结论和方法，全部以车辆耐久性工程为应用背景，给出了解读、释义和案例。

全书的内容安排如下：

第1章，以车辆耐久性工程为背景，介绍了道路载荷数据分析过程中经常使用的经典统计学的概念、定义、定理、重要结论和方法。

第2章，介绍双干涉模型。在耐久性仿真以及众多的耐久性零部件台架试验中都需要借助双干涉模型来合理地安排安全裕度。

第3章，介绍道路载荷数据分析过程中的重要方法。这些具体的方法把车辆耐久性载荷分析的整体思路和技术路线真正落到实处，具备工程可实现性。

第4章，介绍金属材料和结构的高周疲劳损伤和寿命的评估理论，并借此明确在构建金属结构疲劳损伤相似性的过程中，在载荷维度上应该注意的主要因素。

第5章，通过几个案例，对于如何在耐久性试验台架和整车耐久性路试过程中合理编制试验规范和载荷谱，以更好地贴近车辆目标客户群体的实际使用工况进行了说明。

为配合第3章的内容，让读者对于 TecWare 软件的操作有更直接和方便的了解，录制了 TecWare 软件主要功能的操作视频，可以通过百度云盘下载：

链接：https://pan.baidu.com/s/16a2RTgkvLNYkeIAjYBvfgQ

提取码：81ya

有技术问题可通过 lixudong08@126.com 联系作者咨询，亦可关注如下"耐久论坛"公众号：

希望本书能够对合理和有效地开展车辆耐久性载荷分析工作起到一定的作用。

由于作者水平有限，书中难免有错误和疏漏之处，恳请读者批评指正。

李旭东　田程

目 录

第1章

车辆耐久性道路载荷数据分析的统计学基础

车辆在使用过程中、在生命周期之内，所承受的外载荷是极其复杂多变的，驾驶习惯、路面不平度、地势地貌等因素，都会对车辆的外载荷产生影响，从而使得载荷历程包含巨大的变异性。对这些变异性进行全面、科学、合理的量化是在车辆耐久性工程中合理编制载荷谱的前提，而统计学在这其中将发挥重要作用。

本章以已故中国科学院院士、著名统计学家陈希孺先生的著作《概率论与数理统计》[1]一书为蓝本和纲要，结合车辆耐久性工程的背景，对于重要的统计学定义、定理、方法、模型加以汇总，并从车辆耐久性载荷谱的角度加以应用和介绍。

1.1 事件的概率

1.1.1 事件

在概率论中，"事件"一词的一般含义是：

第一，有一个明确界定的试验。

第二，这个试验的全部可能结果，是在试验前就明确的。在不少情况下，不能确切知道其试验的全部可能结果，但是可以知道它不超过某个范围，这时，也可以用这个范围作为该试验的全部可能结果。

第三，有一个明确的陈述，这个陈述界定了试验的全部可能结果中确定的部分。这个陈述，或者说确定的部分，就叫作一个事件。

事件是与试验结果有关的一个命题，其正确与否取决于试验结果如何。在概率论中，有时把单一的试验结果称为一个"基本事件"，这样，一个或一些基本事件并在一起，就构成一个事件，而基本事件本身也是事件。

车辆耐久性工程中的重要"事件"是什么呢？某一车辆累积行驶达到某一里程，这一车辆可以是在车辆设计生产、试验试制、试验考核阶段的参研车辆，更可以是日常生产生活中，行驶在万千道路上的万千车辆之一。在车辆的研制过程中，自然要开展各种试验，但是从更广义上来说，在生产和生活中实际服役和使用着的每一台车辆，也都是某种形式的"参研"车辆（起码对于车辆耐久性工程来说），也已经不知不觉地参与到一种广义的耐久性试验中。

这个广义的试验结果，后面将会谈到，往往用一种叫"伪损伤"的量值来表征，它的取值不能被确切地确定，但是可以泛泛地将其确定为一个范围——正实数。可以用这个非常泛泛的范围作为基础开展相关的研究，而不产生什么牵碍和影响。

有一个明确的陈述，这个陈述对于参与车辆耐久性研发的工程师是非常重要、有实际意义且"耳熟能详"的，就是：车辆的累积行驶里程达到某设计里程，比如说 30 万 km（对于乘用车而言），或者说 150 万 km（对于商用车而言）。这个陈述界定了试验的全部可能结果中一确定的部分，并且构成了一个事件。

本书的主旨之一就是围绕发生这一事件（车辆的累积行驶里程达到某设计里程）时，从耐久性工程的角度出发涉及的一些重要量值——（伪）损伤，其数值处理方法（包括统计方法）展开讨论。

下面将介绍一些重要的基本概念，以方便在这些概念、定义和原理的基础上进一步展开讨论。

1.1.2 事件的蕴含及相等

定义 1-1：在同一试验下的两事件 A 和 B，如果当 A 发生时 B 必发生，则称 A 蕴含 B，记作 $A \subset B$。

定义 1-2：若 A、B 互相蕴含，即 $A \subset B$ 且 $A \supset B$，则称 A、B 两事件相等，记为 $A = B$。

1.1.3 事件的互斥和对立

定义 1-3：若两事件 A、B 不能在同一次试验中都发生，则称它们是互斥的。如果一些事件中任意两个都互斥，则称这些事件是两两互斥的。

互斥事件的一个重要情况是"对立事件"。

定义 1-4：若 A 为一事件，则事件

$$B = \{A \text{ 不发生}\} \tag{1-1}$$

称为 A 的对立事件，记为 $\bar{A}$。

1.1.4 事件的和

设有两事件 A、B，定义一个新事件 C 如下：

$$C = \{A \text{ 发生，或 } B \text{ 发生}\} = \{A、B \text{ 至少发生一个}\} \tag{1-2}$$

定义 1-5：事件 C 称为事件 A 与事件 B 的和，记为 $C = A + B$。

事件的和很自然地可以推广到多个事件的情形：设有若干个事件 A_1，A_2，$\cdots$，A_n，它们的和 A 定义为事件

$$A = \{A_1 \text{发生，或 } A_2 \text{发生}, \cdots, \text{或 } A_n \text{发生}\} = \{A_1, A_2, \cdots, A_n \text{ 至少发生一个}\} \tag{1-3}$$

记为 $A = \sum_{i=1}^{n} A_i$。

定理 1-1：若干个两两互斥事件之和的概率，等于各个事件的概率之和。

$$P\left(\sum_i A_i\right) = \sum_i P(A_i) \tag{1-4}$$

定理 1-1 称为概率的加法定理，且式（1-4）中事件的个数可以是有限的或无限的。

1.1.5　事件的积

定义 1-6：设有两个事件 A、B，则如下定义的事件 C

$$C = \{A \text{、} B \text{ 都发生}\} \tag{1-5}$$

称 C 为两个事件 A 和 B 之积，并记作 AB。

多个事件 A_1，A_2，$\cdots$（有限或无限个都可以）积的定义类似：$A = \{A_1, A_2, \cdots \text{都发生}\}$，记作 $A = \prod_i A_i$。

1.1.6　条件概率

条件概率就是在附加一定的条件之下所计算的概率，其形式可以归结为"已知某事件发生了"。

定义 1-7：设有两个事件 A、B，而 $P(B) \neq 0$，则在给定 B 发生的条件下 A 的条件概率记作 $P(A|B)$，定义为

$$P(A|B) = P(AB)/P(B) \tag{1-6}$$

1.1.7　事件的独立性，概率乘法定理

设有两个事件 A、B，A 的无条件概率 $P(A)$ 与其在给定 B 发生之下的条件概率 $P(A|B)$，一般是有差异的，这反映了两个事件之间存在着一些关联。

反之，如果 $P(A) = P(A|B)$，则 B 的发生与否对 A 的发生毫无影响，这时在概率上就称 A、B 两个事件独立，进而由式（1-6）得出

$$P(AB) = P(A)P(B) \tag{1-7}$$

定义 1-8：两个事件 A、B 若满足式（1-7），则称 A、B 独立。

定理 1-2：如式（1-7）所示，两个独立事件 A、B 之积 AB 的概率 $P(AB)$，等于其各自概率之积 $P(A)P(B)$，称为概率的乘法定理。

在实际问题中，并不常用式（1-7）去判断两个事件 A、B 是否独立，而是相反，从事件的实际角度去分析和判断其不应有关联，因而独立，然后使用式（1-7）。

式（1-7）可以拓展到多个事件。若干个独立事件 A_1，A_2，$\cdots$，A_n 之积的概率，等于各个事件概率的乘积：

$$P(A_1, A_2, \cdots, A_n) = P(A_1)P(A_2) \cdots P(A_n)$$

1.1.8　全概率公式

定义 1-9：假设 B_1、B_2、$\cdots$ 为有限或无限个事件，它们两两互斥，且在每次试验中至少发生一个，即

$$\begin{cases} B_i B_j = \varnothing (\text{不可能事件}), i \neq j \\ \sum_i B_i = \Omega (\text{必然事件}) \end{cases} \tag{1-8}$$

把具有式（1-8）所示的这些性质的一组事件称为一个"完备事件群"。

现考虑任意事件 A，因 Ω 为必然事件，有

$$A = A\Omega = \sum_i AB_i$$

依据加法定理，有

$$P(A) = \sum_i P(AB_i)$$

再考虑到条件概率的定义式（1-6），有 $P(AB_i) = P(B_i)P(A \mid B_i)$，将其代入上式得

$$P(A) = \sum_i P(B_i)P(A \mid B_i) \qquad (1-9)$$

式（1-9）就称为"全概率公式"，从其推导的过程可以理解其名称的由来："全部"概率 $P(A)$ 被分解成许多部分之和。其理论和实际意义在于：在较复杂的情况下直接计算 $P(A)$ 是不容易的，但是 A 总是随某个 B_i 伴出，则可以适当构造这一组 B_i，往往可以简化计算。

全概率公式所蕴含和表明的这一思路，对于车辆耐久性道路载荷数据统计分析意义重大。车辆耐久性工程中，一般来说用"伪损伤"或与之等效的一些量（后面会讲到）来衡量和表征载荷的强度。车辆耐久性载荷谱编制方面的一个顶层输入之一，就是当车辆行驶到某一设计里程时（事件发生时），"伪损伤"或与之等效的这些量能达到什么程度？或者说这些量达到某一程度的概率 $P(A)$ 是多少。限于现实可行的数据获取条件，直接计算 $P(A)$ 是不容易的，但是可以适当地构建一组完备事件群 B_i，并且获得各个 B_i 的概率，在此基础上使得获得随某个 B_i 伴出的 $P(A \mid B_i)$ 变得可能，最终运用全概率公式完成对于 $P(A)$ 的估算。后面将会看到，对于一组完备事件群 B_i 的构建正是道路载荷大数据分析工作中对于"工况空间"的构建、识别、划分和统计。

对于全概率公式还可以用如下一个很好的角度加以理解，并可以据此更好地对其加以应用：把 B_i 看作导致事件 A 发生的一种可能途径。对于不同的途径，A 发生的概率［即条件概率 $P(A \mid B_i)$ ］各不相同，而采取哪个途径却是随机的。在这种情况下，从直观上不难猜测，A 的综合概率 $P(A)$ 应该在最小的 $P(A \mid B_i)$ 和最大的 $P(A \mid B_i)$ 之间，它不一定是所有 $P(A \mid B_i)$ 的算数平均，因为各种途径被使用的机会 $P(B_i)$ 并不均等，一个更合理的做法是将诸 $P(A \mid B_i)$ 以 $P(B_i)$ 为权，做加权平均，而这正是全概率公式表明的道理和实际采用的做法。这样一种认知角度和思路在后面还会多次使用。

1.2　随机变量的概念

定义 1-10：随机变量。

什么是随机变量？简单地说，随机变量就是"其值随机会而定"的变量。正确把握这一概念的关键在于事件发生的前后：在事件发生前不知道它最终将取何值，这个要凭机会（随机的意思就在于此）；而一旦事件发生，它取什么值就确定了。

定义 1-11：离散型随机变量、连续型随机变量。

随机变量按照其可能取的值的全体的性质，分为两大类。一类叫离散型随机变量，其特征是只能取有限个值，或虽然在理论上能取无限个值，但是这些值可以毫无遗漏地一个接一个排列出来。另一类叫连续型随机变量，这种变量的全部可能取值不仅是无穷多的，而且还不能无遗漏地逐一排列，而是充满一个区间。

定义 1-12：概率分布函数。

刻画连续型随机变量概率分布的一个方法，是使用下式所定义的概率分布函数，即：

设 X 为一随机变量，则函数 $P(X \leq x) = F(x)$，$-\infty < x < \infty$，称为 X 的分布函数。

定义 1-13：概率密度函数。

在理论和实用上更方便，因而更常用的方法，是使用所谓"概率密度函数"（简称密度函数）。

设连续型随机变量 X 有概率分布函数 $F(x)$，则 $F(x)$ 的导数 $f(x) = F'(x)$，称为 X 的概率密度函数。

连续型随机变量 X 的密度函数 $f(x)$ 具有以下三条基本性质：

1） $f(x) \geq 0$。

2） $\int_{-\infty}^{\infty} f(x) \mathrm{d}x = 1$。

3） 对任何常数 $a < b$，有

$$P(a \leq X \leq b) = F(b) - F(a) = \int_{a}^{b} f(x) \mathrm{d}x$$

车辆耐久性工程在道路载荷数据分析和载荷谱的编制过程中，最重要的随机变量是伪损伤和一些与它等价的量，它是如此之重要，以至于到目前为止还没有来得及介绍这个量，但是在本书的前面就已经几次提到。

1.2.1　伪损伤及一些与之相关的等效量

如图 1-1a 所示，任意一个时域信号（不管它是左前轮六分力的垂向分量，还是轴头加速度，抑或是减振器的相对位移……），都可以通过所谓的 Range Pair 计数（将在后面详细介绍这种计数的方式）将较小的幅值循环从随机载荷中分离和计数出来，最终得到这样一个计数结果：幅值是 σ_i 的载荷在被计数的随机时域信号中出现了 n_i 个循环，也就是给出了用二维数组（σ_i, n_i）表示的结构载荷历程。

在此基础上，结合疲劳损伤理论中的 Miner 线性损伤累积假设，可以将时域信号转化成与损伤相关联的一种数值。Miner 线性损伤累积假设不难理解：如图 1-1b 所示，对一个结构施加单一的恒幅值载荷 σ_i，根据相应的 S-N 曲线可以知道该结构能够承受 N_i 周次的循环载荷；但是，如果经由 Range Pair 计数发现某一随机载荷过程中对应于幅值为 σ_i 的载荷实际上一共出现了 n_i 周次，那么，幅值为 σ_i 的载荷造成的损伤 D_i 为 $D_i = n_i / N_i$。而这一随机载荷造成的总损伤 D 即为这段随机载荷中大大小小不同幅值的载荷造成损伤的"线性累积"，也就是 $D = \sum_i D_i = \sum_i n_i / N_i$。

这种将某一随机载荷向损伤进行的转化是非常粗糙的，因为这里面有太多在进行金属材料和结构疲劳寿命评估时需要考虑的因素都没有考虑在内，因此在车辆耐久性工程领域，习惯于把这种转化生成的与损伤相关联的量值称为"伪损伤"（Pseudo Damage），或者"相对损伤"。

这两个名字取得比较妙。"伪损伤"在于提示和强调这种损伤数值是"伪"的，是假的，把这些数值取倒数，并不对应疲劳寿命结果。在第 4 章，将详细介绍名义应力法，这是高周疲劳损伤评估中最基础的方法。与"伪损伤"相对，以名义应力法为代表的疲劳寿命

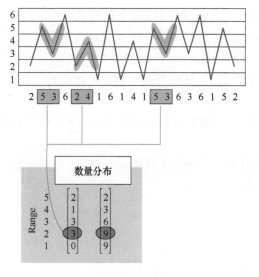
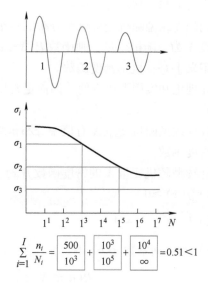

a) Range Pair计数示意图　　　　　　　b) Miner线性损伤累积假设示意图

图 1-1　Range Pair 计数与 Miner 线性损伤累积假设[2]

评估方法给出的损伤是"真"损伤，或者更严肃地称为"绝对损伤"。对于材料和结构的绝对损伤和疲劳寿命进行评估，给出更为稳健、普适和精确的评估模型和理论，一直是疲劳领域和学界的核心话题之一。

既然伪损伤那么粗糙，那么这种量值的存在还有什么意义呢？"相对损伤"的命名提醒大家，要从"相对"的角度去理解和利用这一计算结果。如图 1-2 所示，如果让六位驾驶员驾驶同一车辆，在同一路面上各行驶一圈，取得六个数据样本，那么对这六个时域数据样本都进行 Range Pair 计数，继而计算伪损伤，伪损伤的数值有一个分布和变化，有的大，有的小，这反映了驾驶习惯的变异性。如上所述，从每一个损伤的数值来看，这六个损伤数值都是"伪"的，但是，这六个数值之间的"相对"关系是真实的，也就是说，谁开车比较"费"，谁开车比较"省"，这种相对关系的反映是客观的。究其原因，是在伪损伤的计算过程中，抓住了载荷幅值变化对于材料和结构疲劳寿命影响这个最主要的因素，因此尽管其结果比较粗糙，但是从相对意义上去理解和利用这一信息还是可以的，并会在车辆耐久性工程中发挥巨大的作用。

由于车辆耐久性的设计指标往往关联于某一设计里程，因此常常将一段载荷的伪损伤数值 D 除以这段载荷所对应的行驶里程 L，并将这一数值称为伪损伤密度 $d = D/L$，这样使用起来更加方便。

与伪损伤相关的还有一个常用"变体"——等效幅值。指定一个与疲劳极限定义相关联的周次 n_e，由于疲劳极限的定义不唯一，n_e 可以是一百万次，也可以是其他数值，有一定的可变性。要计算这样一个幅值：在恒幅值 A_{eq} 载荷作用 n_e 个周次后，材料和结构累积的（伪）损伤与某一指定过程中累积的（伪）损伤 D 相等（等效），那么这个等效幅值 A_{eq} 为

$$A_{eq} = \left(\frac{1}{n_e} \sum_i n_i \sigma_i^k \right)^{1/k} \tag{1-10}$$

式中，k 是采用幂指数形式表达的 $S\text{-}N$ 曲线中［式（4-2）］的两个材料参数之一，而（σ_i，n_i）为累积形成伪损伤 D 的载荷历程。

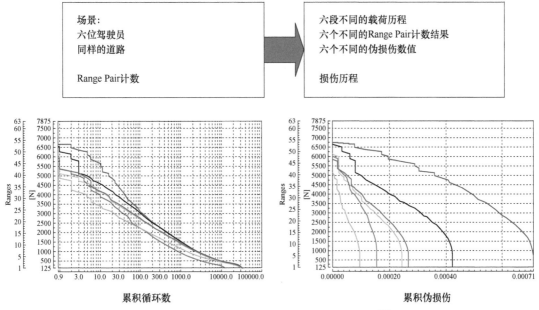

图 1-2 从相对损伤的角度理解和运用伪损伤[2]

在道路载荷数据分析和载荷谱的编制过程中，究竟是采用伪损伤 D、伪损伤密度 d，还是采用以等效幅值 A_{eq} 为代表的一些变体，不会对分析本身产生实质性的影响，只是在不同的场合、阶段和不同的企业，有一些自己的习惯，以方便工作的开展。

在介绍了"事件"的概念和"伪损伤"的概念后，正式引入车辆耐久性工程中的一类重要随机变量，这一类随机变量具体有很多，如：

X_1 = 车辆累积行驶里程达到设计里程时左前轮垂向六分力对应的伪损伤

类似的：

X_2 = 车辆累积行驶里程达到设计里程时左前轮轴头垂向加速度对应的伪损伤密度

X_3 = 车辆累积行驶里程达到设计里程时左前悬减振器相对位移对应的等效载荷幅值

概括起来，车辆耐久性工程中的一类重要随机变量是：

X_i = 车辆累积行驶里程达到设计里程时车辆某处的某载荷对应的伪损伤（或伪损伤密度，或等效载荷幅值……）

可以看到，随机变量 X_i 属于连续型随机变量，是本书讨论的核心，包括获取这一类量值的数据处理方法，以及用到的统计方法。围绕这类变量的讨论不仅贯穿本书的始终，也贯穿了车辆耐久性工程的诸环节。

1.2.2 连续型随机变量的分布及重要例子

1.2.2.1 正态分布

如果一个随机变量具有概率密度函数

$$f(x) = \left(\sqrt{2\pi}\,\sigma\right)^{-1} \exp\left[-\frac{(x-\mu)^2}{2\sigma^2}\right], \quad -\infty < x < \infty \tag{1-11}$$

则称 X 为正态随机变量，并记为 $X \sim N(\mu, \sigma^2)$，这里 μ 和 σ^2 都是常数，μ 可以取任何实数值，而 $0 < \sigma^2 < \infty$，它们称为这个分布的"参数"，其概率意义和评估方法将在后面说明。

函数（1-11）的图形如图 1-3 所示，它关于 μ 点对称，而后向两个方向衰减，呈现"两头低，中间高"，这是"正常状态"下一般事物所处的状态。这不但说明了"正态"这个名字的由来，也说明了这种分布的重要性和常见性，体现了大部分事物所遵循的中庸之道。

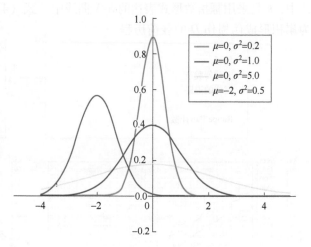

图 1-3　正态分布曲线

当 $\mu = 0$，$\sigma^2 = 1$ 时，式（1-11）成为

$$f(x) = \frac{1}{\sqrt{2\pi}} \exp\left(-\frac{1}{2}x^2\right) \qquad (1\text{-}12)$$

它是正态分布 $N(0,1)$ 的密度函数，称为"标准正态分布"。

不加证明地给出如下重要事实：

若 $X \sim X \sim N(\mu, \sigma^2)$，则 $Y = \dfrac{X - \mu}{\sigma} \sim N(0,1)$。

1.2.2.2　对数正态分布

如果一个随机变量的对数服从正态分布，则称该随机变量服从对数正态分布。

设 X 是取值为正数的连续型随机变量，若 $\ln X \sim N(\mu, \sigma^2)$，则 X 的概率密度为

$$f(x) = \begin{cases} (\sqrt{2\pi}\,\sigma)^{-1} \exp\left[-\dfrac{(\ln x - \mu)^2}{2\sigma^2}\right], & x > 0 \\ 0, & x \leq 0 \end{cases} \qquad (1\text{-}13)$$

对数正态分布不一定非要加上以 e 为底的对数，可以根据需要和习惯灵活选取，不会对相关随机变量的分布特性产生本质的影响。

1.2.2.3　威布尔分布

威布尔分布在可靠性工程中经常用到，因为该分布模型在建立过程中所引入的一个根本假设，往往切中工程中相关现象的本质。

假设一大批电子元器件，其寿命 T 是一个（连续型）随机变量，以 $F(t)$ 来表示 t 的分布函数。现实中的一个直观感受是，东西用的时间越久，越容易损坏。把这样一种直观感受用数学语言严密表达出来就是：电子元器件在某一个时刻 t 的失效率 P 是时间的增函数，即

$$\lim_{h \to 0} \frac{P(t \leq T \leq t+h \mid T > t)}{h} = \lambda t^m \qquad (1\text{-}14)$$

式中，$\lambda > 0$，$m > 0$。

下面建立 $F(t)$ 和 $P(t \leq T \leq t+h \mid T > t)$ 的关系：

1）元器件在时刻 t 还可以正常工作，在从 t 时刻起 h 时间段内失效，那么这一期间的平均失效概率 $P(t \leqslant T \leqslant t+h)$ 为 $[F(t+h)-F(t)]$。

2）容易理解 $P(T>t)=1-F(t)$。

3）容易理解，由于 $\{t \leqslant T \leqslant t+h\} \subset \{T>t\}$，因此有 $P(t \leqslant T \leqslant t+h)P(T>t)=P(t \leqslant T \leqslant t+h)$。

在上述三方面的基础上，由条件概率的定义可知：

$$\lim_{h \to 0} \frac{P(t \leqslant T \leqslant t+h \mid T>t)}{h} = \lim_{h \to 0} \frac{P(t \leqslant T \leqslant t+h)P(T>t)}{hP(T>t)} = \lim_{h \to 0} \frac{P(t \leqslant T \leqslant t+h)}{hP(T>t)}$$

$$= \lim_{h \to 0} \frac{[F(t+h)-F(t)]}{h[1-F(t)]} = \frac{F'(t)}{1-F(t)} = \lambda t^m$$

求解如上微分方程，不难得到

$$F(t) = 1-\exp\left[-\frac{\lambda}{m+1}t^{m+1}\right] \tag{1-15}$$

令 $m=\beta-1$ 以及 $\lambda=\beta\left(\dfrac{1}{\eta}\right)^\beta$，式中，$\eta>0$，且当 $m>0$ 时须有 $\beta>1$，这样式（1-15）变化为

$$F(t) = 1-\exp\left[-\left(\frac{t}{\eta}\right)^\beta\right]$$

在可靠性工程中，威布尔分布在处理和分析寿命数据方面的应用几乎是最广泛的。主要原因是它的灵活性，易于解释分布参数，以及它们与失效率的关系。

式（1-15）为双参数威布尔分布，其中 β 为威布尔斜率，也称为形状参数。在上述的推导过程中约定 $\beta>1$，表征失效率逐渐升高，在现实工程中通常与磨损有关（疲劳失效可以视为"磨损"的一个形式），发生在产品寿命的后期，失效的时间间隔比较接近。如果在产品寿命的早期出现，可能是严重的设计问题。

如果 $\beta>6$，此时需要引起注意，它反映的是加速失效和快速磨损，这种现象发生在比较脆弱的零件上，或者有某种形式的腐蚀、旧设备的失效，但是在电子系统上不常见。

如果 $\beta>10$，此时需要引起极大的关注。如此高的 β 值并非不可能，但是，在实际工程中极为罕见，它表现的是极高的磨损率。

在实际工程中 $\beta<1$ 的情况也是存在的，它说明失效率逐渐降低，通常属于早期失效或称"早夭"，一般伴随和预示着产品存在设计缺陷。

而 $\beta \approx 1$ 时说明失效率为常数，通常发生在产品的寿命中段，可能是随机失效或多种失效模式混合导致的结果。

前面之所以说威布尔分布是"灵活"的，原因在于随着形状参数 β 的改变，威布尔分布可以退化或近似转化为别的分布模型：当 $\beta=1$ 时，威布尔分布退化为指数分布；当 $\beta=2$ 时，威布尔分布类似于瑞利分布；当 $\beta=3.5$ 时，威布尔分布的概率密度函数很接近正态分布。而相对于正态分布的对称性，当 $\beta<3.5$ 时，威布尔分布将"左偏"（概率密度函数的分布"重心"左移）；当 $\beta>3.5$ 时，威布尔分布将"右偏"（概率密度函数的分布"重心"右移）。

双参数威布尔分布中另一个参数 η 称为"特征寿命"，也称为"尺度参数"，它对应总体中 63.2% 的产品失效的时间。

形状参数 β 和尺度参数 η 的联合作用，将显著影响双参数威布尔分布的形态，相对于正态分布的对称形态来说，威布尔分布有时可以"左偏"（概率密度函数的分布"重心"左移），有时可以"右偏"（概率密度函数的分布"重心"右移），这使得威布尔分布非常灵活。在第 2 章会谈到和体会到，威布尔分布的这种"灵活性"既给工程技术人员带来了很多便利，也说明在工程实际中处理和面对的可靠性问题往往很复杂，合理地进行处理和量化通常难度很大，要面临很大的挑战。

1.3 多维随机变量（随机向量）

定义 1-14：n 维随机向量。

定义 $\boldsymbol{X} = (X_1, X_2, \cdots, X_n)$ 为一 n 维向量，其每个分量，即 X_1，X_2，$\cdots$，X_n，都是一维随机变量，则称 $\boldsymbol{X}$ 是一个 n 维随机向量，或 n 维随机变量。

与随机变量一样，随机向量也有离散型和连续型之分。

设 $\boldsymbol{X} = (X_1, X_2, \cdots, X_n)$ 是一个 n 维随机向量，其取值可视为 n 维欧氏空间 R^n 中的一个点，如果 $\boldsymbol{X}$ 的全部取值能充满 R^n 中某一区域，则称它是连续型的。

定义 1-15：联合概率密度函数。

若 $f(x_1, \cdots, x_n)$ 是定义在 R^n 上的非负函数，使对 R^n 中的任何集合 A，有

$$P(X \in A) = \int_A \cdots \int f(x_1, \cdots, x_n) \mathrm{d}x_1 \cdots \mathrm{d}x_n \tag{1-16}$$

则称 f 是 X 的概率密度函数，或称为 n 维向量 $(X_1, X_2, \cdots, X_n)$ 的联合概率密度函数。

在 1.2.1 节谈过，车辆耐久性工程中最重要的一类随机变量为车辆某处的某载荷对应的伪损伤密度 d。车辆的行驶速度、路面不平度等，亦为随机变量，可用 X_1，X_2，$\cdots$ 来表示，这样 $\boldsymbol{X} = (d, X_1, X_2, \cdots, X_{n-1})$ 构成了车辆耐久性工程中非常重要的一个 n 维连续型随机向量；其每个分量，即 d，X_1，X_2，$\cdots$ 都是一维随机变量。这样一个 n 维连续型随机向量 $\boldsymbol{X} = (d, X_1, X_2, \cdots, X_{n-1})$ 是后续讨论的核心。

n 维正态分布是 n 维随机向量的一个重要例子和分布模型。以二维的情况为例，其概率密度函数为

$$f(x_1, x_2) = \frac{1}{2\pi\sigma_1\sigma_2\sqrt{1-r^2}} \exp\left\{ -\frac{1}{2(1-r^2)} \left[\frac{(x_1-a)^2}{\sigma_1^2} - \frac{2\rho(x_1-a)(x_2-b)}{\sigma_1\sigma_2} + \frac{(x_2-b)^2}{\sigma_2^2} \right] \right\} \tag{1-17}$$

式（1-17）中包含了五个常数（a、b、σ_1^2、σ_2^2 和 r），它们是这个分布的参数，其可取值的范围为 $-\infty < a < \infty$，$-\infty < b < \infty$，$\sigma_1 > 0$，$\sigma_2 > 0$，$-1 < r < 1$，常把这个分布记为 $N(a, b, \sigma_1^2, \sigma_2^2, r)$。

1.3.1 边缘分布

定义 1-16：边缘分布。

先考虑二维的情况。设 $\boldsymbol{X} = (X_1, X_2)$ 有联合概率密度函数 $f(x_1, x_2)$。因为 $\boldsymbol{X}$ 的每个分量 X_1 和 X_2 都是一维随机变量，故它们都有各自的分布 F_1 和 F_2。这些一维分布 F_1 和 F_2，称为随机向量 $\boldsymbol{X}$ 或其分布 F 的"边缘分布"。

为了证明这一点，考虑 X_1 的分布函数（边缘分布）$F_1(x_1) = P(X_1 \leqslant x_1, X_2 < \infty)$，得

$$F_1(x_1) = \int_{-\infty}^{x_1} dt_1 \int_{-\infty}^{\infty} f(t_1, t_2) dt_2$$

$\int_{-\infty}^{\infty} f(t_1, t_2) dt_2$ 是且仅是t_1的函数，可以记为$f_1(t_1)$。于是上式可写为

$$F_1(x_1) = \int_{-\infty}^{x_1} f_1(t_1) dt_1$$

两边对x_1求导，得到X_1的概率密度函数为

$$\frac{dF_1(x_1)}{dx_1} = f_1(x_1) = \int_{-\infty}^{\infty} f(x_1, x_2) dx_2$$

同理，可以求得X_2的概率密度函数为

$$f_2(x_2) = \int_{-\infty}^{\infty} f(x_1, x_2) dx_1$$

推广到n维的情况：设n维随机向量$\boldsymbol{X} = (X_1, X_2, \cdots, X_n)$有联合概率密度函数$f(x_1, \cdots, x_n)$，为了求某一分量$X_i$的概率密度函数，只需把$f(x_1, \cdots, x_n)$中的$x_1$固定，然后对$x_1, \cdots, x_{i-1}, x_{i+1}, \cdots, x_n$在$-\infty$到$\infty$之间进行定积分即可，即$X_i$的概率密度函数为

$$f_i(x_i) = \int_{-\infty}^{\infty} \cdots \int_{-\infty}^{\infty} f(x_1, \cdots, x_n) dx_1 \cdots dx_{i-1} dx_{i+1} \cdots dx_n \tag{1-18}$$

由上面的推导和分析可以看出，边缘分布F_i完全由原分布（联合分布）F确定，但是反过来则不然，也就是说，即使知道了所有X_i的边缘分布F_i，也不足以决定随机向量$\boldsymbol{X}$的分布F。这是多维随机向量中非常重要的性质和结论。

举一个例子：考虑两个二维正态分布$N(0, 0, 1, 1, 1/3)$和$N(0, 0, 1, 1, 2/3)$，它们任一边缘分布都是标准正态分布$N(0, 1)$，但是，这两个二维分布是不同的分布，因为r的数值不相同。这个现象的解释是，边缘分布只分别考虑了单个变量X_i的情况，而未涉及它们之间的关系，而这个信息却包含在$(X_1, X_2, \cdots, X_n)$的分布之内，这将在第1.4节说明：式（1-17）中引入的r这个参数，正好刻画了两个分量X_1和X_2之间的关系。

1.3.2 条件概率分布

定义1-17：条件概率分布。

一个随机向量$\boldsymbol{X}$的条件概率分布，就是在某种给定的条件下，$\boldsymbol{X}$的概率分布。设二维随机向量$\boldsymbol{X} = (X_1, X_2)$，有概率密度函数$f(x_1, x_2)$，在限定$a \le x_2 \le b$的条件下，$X_1$的条件分布，有

$$P(X_1 \le x_1 \mid a \le X_2 \le b) = P(X_1 \le x_1, a \le X_2 \le b)/P(a \le X_2 \le b)$$

$$= \int_{-\infty}^{x_1} dt_1 \int_a^b f(t_1, t_2) dt_2 / \int_a^b f_2(t_2) dt_2$$

这是X_1的条件分布函数，对x_1求导数，得到条件密度函数为

$$f_1(x_1 \mid a \le X_2 \le b) = \int_a^b f(x_1, t_2) dt_2 / \int_a^b f_2(t_2) dt_2 \tag{1-19}$$

更有兴趣的是$a = b$的情况，即在X_2给定等于一个值时，X_1的条件密度函数。可以采用极限步骤：

$$f_1(x_1 \mid x_2) = \lim_{h \to 0} \frac{1}{h} \int_{x_2}^{x_2+h} f(x_1, t_2) dt_2 / \lim_{h \to 0} \frac{1}{h} \int_{x_2}^{x_2+h} f_2(t_2) dt_2 = f(x_1, x_2)/f_2(x_2) \tag{1-20}$$

上式可以改写为

$$f(x_1, x_2) = f_2(x_2) f_1(x_1 \mid x_2) \tag{1-21}$$

也就是说，两个随机变量X_1和X_2的联合概率密度，等于其中之一的概率密度，乘以在给定这一个时另一个的条件概率密度。这个公式可以类比于条件概率公式。

相应的，同样有

$$f(x_1, x_2) = f_1(x_1) f_2(x_2 \mid x_1) \tag{1-22}$$

推广到任意维度的情况：假设有 n 维随机向量 $(Y, X_1, \cdots, X_{n-1})$，其概率密度函数为 $f(y, x_1, \cdots, x_{n-1})$，则

$$f(y, x_1, \cdots, x_{n-1}) = g(x_1, \cdots, x_{n-1}) h(y \mid x_1, \cdots, x_{n-1}) \tag{1-23}$$

其中，g 是 $(X_1, \cdots, X_{n-1})$ 的概率密度，h 是在给定$X_1 = x_1$，$\cdots$，$X_{n-1} = x_{n-1}$的条件下，Y 的条件概率密度。

把上式两边对$X_1, \cdots, X_{n-1}$积分，得

$$\begin{aligned} f_Y(y) &= \int_{-\infty}^{\infty} \cdots \int_{-\infty}^{\infty} f(y, x_1, \cdots, x_{n-1}) \mathrm{d}x_1 \cdots \mathrm{d}x_{n-1} \\ &= \int_{-\infty}^{\infty} \cdots \int_{-\infty}^{\infty} h(y \mid x_1, \cdots, x_{n-1}) g(x_1, \cdots, x_{n-1}) \mathrm{d}x_1 \cdots \mathrm{d}x_{n-1} \end{aligned} \tag{1-24}$$

这个公式可以理解为：Y 的无条件密度$f_Y(y)$，是其条件密度 $h(y \mid x_1, \cdots, x_{n-1})$ 对"条件"$g(x_1, \cdots, x_{n-1})$ 的加权平均。它可以看作全概率公式在概率密度这种情况下的表现形式。这里$f_Y(y)$ 相当于全概率公式中的 $P(A)$，$h(y \mid x_1, \cdots, x_{n-1})$ 相当于条件概率 $P(A \mid B_i)$，$g(x_1, \cdots, x_{n-1})$ 相当于 $P(B_i)$。

式（1-24）对于理解和处理车辆耐久性工程中非常重要的一个 n 维连续型随机向量 $X = (d, x_1, x_2, \cdots, x_{n-1})$ 给出了重要的思路。在车辆工程中，非常关心伪损伤密度 d 的无条件概率密度$f_d(d = \hat{d})$，依据式（1-24）可得

$$f_d(\hat{d}) = \int_{-\infty}^{\infty} \cdots \int_{-\infty}^{\infty} h(\hat{d} \mid x_1, \cdots, x_{n-1}) g(x_1, \cdots, x_{n-1}) \mathrm{d}x_1 \cdots \mathrm{d}x_{n-1} \tag{1-25}$$

式中，$x_1, x_2, \cdots, x_{n-1}$是选定的、对于 d 的取值和分布有重要影响的 $n-1$ 个维度，用这 $n-1$ 个维度去划分和描述不同的工况，张成所谓 $n-1$ 维的工况空间，并用 $g(x_1, \cdots, x_{n-1})$ 来描述工况空间中各种工况的联合概率密度分布，这种概率密度相当于在$X_1 = x_1, \cdots, X_{n-1} = x_{n-1}$的工况条件下，$d$ 的条件密度 $h(\hat{d} \mid x_1, \cdots, x_{n-1})$ 的权重。d 的条件密度对所有权重的加权平均，即得伪损伤密度 d 的无条件概率密度。

之所以需要经由这一思路和技术路线，是因为工程实践中直接去获取和统计伪损伤密度 d 的无条件概率密度$f_d(\hat{d})$ 往往是不现实的，但是经由两个测试阶段分别统计和获取工况空间的联合概率密度分布 $g(x_1, \cdots, x_{n-1})$ 和各个工况下伪损伤密度 d 的条件密度 $h(\hat{d} \mid x_1, \cdots, x_{n-1})$，在经过艰苦的努力和数据积累之后是可行的，从而从统计理论上为获得 d 的无条件概率密度$f_d(\hat{d})$ 指明了一条重要的和可行的技术路线。

1.3.3　随机变量的独立性

先考虑两个变量 X_1，X_2 的情况，并假设 (X_1, X_2) 为连续型。一般来说，$f_1(x_1 \mid x_2)$ 是随着x_2的变化而变化的，这反映了 X_1 与 X_2 在概率上有相依关系的事实。如果 $f_1(x_1 \mid x_2)$ 不

依赖于 x_2，因而只是 x_1 的函数，暂记为 $g(x_1)$，则表示 X_1 的分布情况与 X_2 取什么值完全无关，这时就称 X_1，X_2 这两个随机变量独立，即 $f_1(x_1 \mid x_2) = g(x_1)$。此时，将该式代入式（1-21）有 $f(x_1, x_2) = f_2(x_2)g(x_1)$。对该式左右两边 x_2 积分，有

$$f_1(x_1) = \int_{-\infty}^{\infty} f(x_1, x_2) \mathrm{d}x_2 = \int_{-\infty}^{\infty} f_2(x_2)g(x_1) \mathrm{d}x_2 = g(x_1) \int_{-\infty}^{\infty} f_2(x_2) \mathrm{d}x_2 = g(x_1)$$

也就是说，X_1 的无条件密度 $f_1(x_1)$，就等于其条件密度 $f_1(x_1 \mid x_2)$，这本身也可以作为独立性的定义。将这层关系代入式（1-21）有

$$f(x_1, x_2) = f_2(x_2)f_1(x_1 \mid x_2) = f_1(x_1)f_2(x_2) \tag{1-26}$$

上式也可以作为 X_1，X_2 独立的定义，也就是说若 X_1，X_2 独立，则其联合密度等于各分量密度之积。这一结论可以直接推广到多个变量的情形。

设 n 维随机向量 $(X_1, X_2, \cdots, X_n)$ 的联合概率密度函数为 $f(x_1, \cdots, x_n)$，而 X_i 的边缘密度函数为 $f_i(x_i)$，如果

$$f(x_1, \cdots, x_n) = \prod_{i=1}^{n} f_i(x_i) \tag{1-27}$$

则称随机变量 X_1，X_2，$\cdots$，X_n 相互独立。同样将在第 1.4 节说明：如果 $(X_1, X_2, \cdots, X_n)$ 是 n 维随机向量，服从 n 维正态分布，那么式（1-17）中 r 这个参数，对于判断随机变量 X_1，X_2，$\cdots$，X_n 的独立性方面，发挥着非常重要和关键的作用。

1.4 随机变量的数字特征

随机变量的概率分布是随机变量概率性质最完整的刻画，而随机变量的数字特征，则是某些由随机变量的分布所决定的常数，它刻画了随机变量某一方面的性质。有时候获得随机变量的完整概率分布信息是困难的，比如说，哪怕通过间接的途径通过式（1-25）来获得伪损伤密度 d 的概率密度分布在实际的工程实践中也是很有挑战的，在此情况下，获得 d 的一些数字特征更加有可操作性，也可以对 d 的统计变异性等信息进行一个很好的量化和了解。

1.4.1 数学期望（均值）

定义 1-18：数学期望。

随机变量 X 的期望值（均值）$E(X)$，等于 X 的可能值与其概率之积的累加，也就是以概率为权的加权平均。

定义 1-19：离散型随机变量的数学期望。

如果 X 是离散型随机变量，且只取有限个可能值 $a_1, \cdots, a_m$，其概率分布为 $P(X = a_i) = p_i, i = 1, \cdots, m$，则 X 的数学期望为

$$E(X) = \sum_{i=1}^{m} a_i p_i \tag{1-28}$$

如果 X 可以取无穷多个值，则 X 的数学期望为

$$E(X) = \sum_{i=1}^{\infty} a_i p_i \tag{1-29}$$

这里，要求级数 $\sum_{i=1}^{\infty} a_i p_i$ 绝对收敛，即 $\sum_{i=1}^{\infty} |a_i| p_i < \infty$。

定义 1-20：连续型随机变量的数学期望。

如果 X 是连续型随机变量，具有概率密度函数 $f(x)$，如果 $\int_{-\infty}^{\infty} |x| f(x) \mathrm{d}x < \infty$，则 X 的数学期望为

$$E(X) = \int_{-\infty}^{\infty} x f(x) \mathrm{d}x \tag{1-30}$$

假设 X 服从正态分布 $N(\mu, \sigma^2)$，则根据式（1-30），其数学期望为

$$E(X) = \frac{1}{\sqrt{2\pi}\,\sigma} \int_{-\infty}^{\infty} x \exp\left[-\frac{(x-\mu)^2}{2\sigma^2}\right] \mathrm{d}x$$

令 $x = \mu + \sigma t$，代入上式，有

$$E(X) = \frac{1}{\sqrt{2\pi}} \int_{-\infty}^{\infty} (\mu + \sigma t) \exp\left(-\frac{t^2}{2}\right) \mathrm{d}t = \mu \frac{1}{\sqrt{2\pi}} \int_{-\infty}^{\infty} \exp\left(-\frac{t^2}{2}\right) \mathrm{d}t + \frac{\sigma}{\sqrt{2\pi}} \int_{-\infty}^{\infty} t \exp\left(-\frac{t^2}{2}\right) \mathrm{d}t = \mu$$

这样，就得到了正态分布 $N(\mu, \sigma^2)$ 中两个参数之一 μ 的解释：μ 就是数学期望。

不加证明地给出数学期望两条非常重要的性质。

性质 1：若干个随机变量之和的期望，等于各变量的期望之和，即

$$E(X_1 + X_2 + \cdots + X_n) = E(X_1) + E(X_2) + \cdots + E(X_n)$$

性质 2：若 c 为常数，则

$$E(cX) = cE(X)$$

与数学期望相关的还有一个非常重要的概念，就是条件数学期望。

定义 1-21：条件数学期望。

随机变量 Y 的条件数学期望，就是它在给定的某种附加条件之下的数学期望。对于统计学来说，最重要的情况是：在给定了某些其他随机变量 X、Z……等的值 x、z……等的条件下，Y 的条件期望，记为 $E(Y | X = x, Z = z, \cdots)$。以只有一个变量 X 为例，就是 $E(Y | X = x)$，可以简记为 $E(Y | x)$。

如果知道了 (X, Y) 的联合密度，那么 $E(Y | x)$ 的定义就可以具体化为：先定出在给定 $X = x$ 时，Y 的条件密度函数 $f(y | x)$，然后按照式（1-30）所示的定义，有

$$E(Y | x) = \int_{-\infty}^{\infty} y f(y | x) \mathrm{d}y \tag{1-31}$$

从条件数学期望的概念出发，可以求得通常的无条件数学期望的一个重要公式，这个公式与计算概率的全概率公式相当。回想全概率公式 $P(A) = \sum_i P(B_i) P(A | B_i)$，它可以理解为通过事件 A 的条件概率 $P(A | B_i)$ 去计算其无条件概率 $P(A)$，更确切地说，$P(A)$ 就是条件概率 $P(A | B_i)$ 的某种加权平均，权即事件 B_i 的概率。以此类推，变量 Y 的（无条件）期望，应等于其条件期望 $E(Y | x)$ 对 x 取加权平均，x 的权与变量 X 在 x 点的概率密度 $f_1(x)$ 成比例，即

$$E(Y) = \int_{-\infty}^{\infty} E(Y | x) f_1(x) \mathrm{d}x \tag{1-32}$$

这是第二次借助全概率公式的思想对一些概念、定义进行诠释，可见全概率公式的思想在数理统计中的重要性。下面对式（1-32）进行严格的证明。

依据定义式（1-30），变量 Y 的（无条件）期望为

$$E(Y) = \int_{-\infty}^{\infty} y f_2(y) \, dy = \int_{-\infty}^{\infty} y \left[\int_{-\infty}^{\infty} f(x,y) \, dx \right] dy = \int_{-\infty}^{\infty} \left[\int_{-\infty}^{\infty} y f(x,y) \, dy \big/ f_1(x) \right] f_1(x) \, dx$$

$$= \int_{-\infty}^{\infty} E(Y \mid x) f_1(x) \, dx$$

该式可以推广到更一般的情况，也就是说，X 不必是一维的。如果 $\boldsymbol{X}$ 为 n 维随机向量 $(X_1, X_2, \cdots, X_n)$，有联合概率密度 $f(x_1, \cdots, x_n)$，则式（1-32）可以推广为

$$E(Y) = \int_{-\infty}^{\infty} \cdots \int_{-\infty}^{\infty} E(Y \mid x_1, \cdots, x_n) f(x_1, \cdots, x_n) \, dx_1 \cdots dx_n \tag{1-33}$$

式（1-32）有另一种写法：

$$E(Y) = E \big[E(Y \mid X) \big] \tag{1-34}$$

这个公式可以形象地描述为：一个变量 Y 的期望，等于其条件期望的期望。该式是概率论中一个比较高深的公式，在车辆耐久性载荷谱的处理中也会经常使用到，但它的实际含义其实很简单，可以理解为一个"分两步走"去计算期望的方法。因为在不少情况下，直接计算 $E(Y)$ 较难，而限定其变量 X 的值以后，计算条件期望 $E(Y \mid x)$ 则较容易。因此，分两步走：第一步算出 $E(Y \mid x)$，再借助 X 的概率分布，通过 $E(Y \mid x)$ 算出 $E(Y)$。

前面已提到过车辆耐久性工程中非常重要的一个 n 维连续型随机向量 $\boldsymbol{X} = (d, X_1, X_2, \cdots, X_{n-1})$，并提出了经由式（1-25）获取伪损伤密度 d 的无条件密度函数 $f_d(\hat{d})$ 的技术路线。获得 $f_d(\hat{d})$ 当然好，但是有时候即使得不到这个"全景图"，能够获得 d 的数学期望 $E(d)$ 也是非常好的，对于工程实践也会形成重要的支撑。而式（1-33）和式（1-34）就给出了求得 $E(d)$ 的方法，即

$$E(d) = \int_{-\infty}^{\infty} \cdots \int_{-\infty}^{\infty} E(d \mid x_1, \cdots, x_{n-1}) g(x_1, \cdots, x_{n-1}) \, dx_1 \cdots dx_{n-1} \tag{1-35}$$

式中，$g(x_1, \cdots, x_{n-1})$ 为工况空间的联合概率密度分布，$E(d \mid x_1, \cdots, x_{n-1})$ 为各个工况下、伪损伤密度 d 的条件数学期望。

尽管严格地说，随机向量 $\boldsymbol{X} = (d, X_1, X_2, \cdots, X_{n-1})$ 中用以描述和构建工况空间的 $n-1$ 个维度的随机变量 $X_1, X_2, \cdots, X_{n-1}$ 都是连续型的，但是在工程实践中为了具备实际的可操作性，往往把 $X_1, X_2, \cdots, X_{n-1}$ 离散化，每个维度的随机变量都离散化成有限个区间，最终形成 k 个有限工况，具体来说即有

$$g(X_1 = x_{i1}, \cdots, X_{n-1} = x_{in-1}) = g(w_i) \tag{1-36}$$

式中，$i_1 = 1, \cdots, k_1, i_2 = 1, \cdots, k_2, \cdots, i_{n-1} = 1, \cdots, k_{n-1}$，因此有 $k = k_1 k_2 \cdots k_{n-1}$。此时，式（1-35）离散化为

$$E(d) = \sum_{i=1}^{k} E(d \mid w_i) g(w_i) \tag{1-37}$$

车辆在行驶过程中处于某一种工况 w_i 的概率密度 $g(w_i)$，或者说这个权重本身也是一个随机变量（而且实践证明其变异性很大），一个可以较好描述 $g(w_i)$ 的统计模型是 Dirichlet 分布。依据式（1-34）的思想，有

$$E(d) = E \big[E(d \mid w_i) \big] = \sum_{i=1}^{k} v_i \mu_i \tag{1-38}$$

式中，$v_i = E(d \mid w_i)$，为第 i 种工况下载荷造成伪损伤密度的数学期望；μ_i 为第 i 种工况 $\{w_i\}$ 占比（权重）的数学期望。也就是说，如果径直计算 $E(d)$ 较难，则限定其变量

$(X_1 = x_{i1}, \cdots, X_{n-1} = x_{in-1})$ 的值以后，计算条件期望 $E(d \mid w_i)$ 则较容易。也就是分两步走：第一步通过传统的满通道道路载荷数据采集获得所关心的载荷在各个工况下损伤密度的数学期望 $E(d \mid w_i)$，再借助 $(X_1 = x_{i1}, \cdots, X_{n-1} = x_{in-1})$ 的联合概率分布，通过 $E(d \mid w_i)$ 算出 $E(d)$。这是用户关联的核心思想。

1.4.2 方差和标准差

假设随机变量 X 有均值 $a = E(X)$，试验中 X 的取值当然不一定恰好就是 a，而会有所偏离，偏离 $(X-a)$ 本身也是随机的，反映了 X 在其中心位置 a 附近的散布程度。

定义 1-22：方差、标准差。

如果聚焦于 $(X-a)$ 选取一个有代表性的数字，那么，可以预见 $E(X-a)$ 是不具代表性的，因为正负偏离彼此抵消掉了；$E|X-a|$ 是一个合理的选项（称为"平均绝对差"），但是用起来并不方便。因此，想了一个办法：先把 $(X-a)$ 平方，以消除符号，然后再取均值，用 $E(X-a)^2$ 作为 X 取值散布程度的衡量，这个量就叫作 X 的"方差"，记为 $\mathrm{Var}(X)$；而其平方根（取正值）$\sqrt{E(X-a)^2}$ 称为 X 的标准差，记为 $\sqrt{\mathrm{Var}(X)}$。

由于 $(X-a)^2 = X^2 - 2aX + a^2$，按照数学期望的性质 1 和性质 2，有

$$\mathrm{Var}(X) = E(X^2) - 2aE(X) + a^2 = E(X^2) - (EX)^2 \tag{1-39}$$

不加证明地给出方差的三条非常重要的性质：

性质 1：常数的方差为 0。

性质 2：若 C 为常数，则 $\mathrm{Var}(X+C) = \mathrm{Var}(X)$。

性质 3：若 C 为常数，则 $\mathrm{Var}(CX) = C^2 \mathrm{Var}(X)$。

设 X 服从正态分布 $N(\mu, \sigma^2)$，依据定义，有

$$\mathrm{Var}(X) = E(X-\mu)^2 = \frac{1}{\sqrt{2\pi}\,\sigma} \int_{-\infty}^{\infty} (x-\mu)^2 \exp\left[-\frac{(x-\mu)^2}{2\sigma^2}\right] \mathrm{d}x$$

进行变量代换 $x = \mu + \sigma t$，得

$$\mathrm{Var}(X) = \frac{\sigma^2}{\sqrt{2\pi}} \int_{-\infty}^{\infty} t^2 \exp\left(-\frac{t^2}{2}\right) \mathrm{d}t = \sigma^2$$

由此得到正态分布 $N(\mu, \sigma^2)$ 中另一个参数 σ^2 的解释：它是分布的方差。正态分布完全由其均值 μ 和方差 σ^2 决定。

1.4.3 协方差与相关系数

以二维的情况为例，假设 (X,Y) 为二维随机向量，X、Y 本身都是一维随机变量，可以按前述定义其均值和方差，记为 $E(X) = m_1$，$E(Y) = m_2$，$\mathrm{Var}(X) = \sigma_1^2$，$\mathrm{Var}(Y) = \sigma_2^2$。在多维随机向量中，最有意义的数字特征是反映分量之间关系的量，其中最重要的，是协方差和相关系数。

定义 1-23：协方差。

定义 $E[(X-m_1)(Y-m_2)]$ 为 X 与 Y 的协方差，记作 $\mathrm{Cov}(X,Y)$。

不加证明地给出如下包含协方差重要性质的定理。

性质 1：若 X、Y 独立，则 $\mathrm{Cov}(X, Y) = 0$。

性质 2：$[\mathrm{Cov}(X,Y)]^2 \leqslant \sigma_1^2 \sigma_2^2$，等号当且仅当 X、Y 之间有严格线性关系时成立。

性质 2 给"相关系数"的定义打下了基础。

定义 1-24：相关系数。

定义 $\mathrm{Cov}(X,Y)/\sigma_1\sigma_2$ 为 X、Y 的相关系数，记为 $\mathrm{Corr}(X,Y)$。可以把相关系数理解为"标准尺度下的协方差"，这样可以更好地反映 X、Y 之间的关系，而不受所用单位的影响。

由协方差的两条性质，立即可以得到相关系数的两条重要性质。

性质 1：若 X、Y 独立，则 $\mathrm{Corr}(X,Y) = 0$。

性质 2：$-1 \leqslant \mathrm{Corr}(X,Y) \leqslant 1$，等号当且仅当 X 和 Y 有严格线性关系时成立。

相关系数也常称为"线性相关系数"，因为其并不是刻画了 X、Y 之间"一般"关系的程度，而只是"线性"关系的程度。换句话说，当且仅当 X、Y 之间有严格的"线性关系"时才能使 $|\mathrm{Corr}(X,Y)|$ 达到最大值 1；当 X、Y 之间具有某种严格的函数关系，但不是线性关系时，那么 $|\mathrm{Corr}(X,Y)|$ 不仅不一定为 1，甚至可以为 0。

如果两个随机变量独立，从上述内容可以得出，此时这两个随机变量之间无论是协方差还是相关系数，都是零；但是，反过来却不一定成立。也就是说，随机变量之间的协方差或相关系数为零，是随机变量之间相互独立的必要而不充分条件。

但是，如果随机向量 (X,Y) 是二维正态分布，那么 X 和 Y 之间独立，与 $\mathrm{Cov}(X,Y) = 0$ 或 $\mathrm{Corr}(X,Y) = 0$ 是一回事。而式（1-17）中引入的参数 r，正是随机变量 X 和 Y 之间的相关系数。

1.4.4 总方差公式

在 1.4.1 节介绍条件数学期望的时候谈到，在车辆耐久性载荷谱的处理中常常需要"分两步走"去计算期望的方法，因此，也涉及在此类问题中如何计算方差的问题，这里需要用到总方差公式，即

$$\mathrm{Var}(X) = E[\mathrm{Var}(X\mid Y)] + \mathrm{Var}[E(X\mid Y)] \tag{1-40}$$

简单证明如下：

对于右边第一项，依据式（1-39）有 $\mathrm{Var}(X\mid Y) = E(X^2\mid Y) - [E(X\mid Y)]^2$，故而 $E[\mathrm{Var}(X\mid Y)] = E[E(X^2\mid Y)] - E[E(X\mid Y)]^2$，再依据式（1-34）有 $E[\mathrm{Var}(X\mid Y)] = E(X^2) - E[E(X\mid Y)]^2$。

右边第二项，再次依据式（1-39）有 $\mathrm{Var}[E(X\mid Y)] = E[E(X\mid Y)]^2 - \{E[E(X\mid Y)]\}^2$，再次依据式（1-34）有 $\mathrm{Var}[E(X\mid Y)] = E[E(X\mid Y)]^2 - [E(X)]^2$。

因此，有

$$E[\mathrm{Var}(X\mid Y)] + \mathrm{Var}[E(X\mid Y)] = E(X^2) - E[E(X\mid Y)]^2 + E[E(X\mid Y)]^2 - [E(X)]^2$$
$$= E(X^2) - [E(X)]^2 = \mathrm{Var}(X)$$

总方差公式得证。当 X、Y 为多维随机向量时，总方差公式中还会引入多维随机变量之间的相关系数，这里不再继续证明。

前面已多次提到车辆耐久性工程中有一个非常重要的 n 维连续型随机向量 $\boldsymbol{X} = (d, X_1, X_2, \cdots, X_{n-1})$；如式（1-25）所示，在全概率公式思想的指引下，经由条件概率给出了伪损伤密度 d 的无条件概率密度 $f_d(\hat{d})$；如式（1-38）所示，给出了伪损伤密度 d 数学期望的计

算方法。在介绍了方差和相关系数之后，经由总方差公式的思想可以给出伪损伤密度 d 方差的计算方法：

$$\mathrm{Var}(d) = \left(\sum_{i=1}^{k} \sigma_i^2 v_i^2 + 2\sum_{m<n} \sigma_{m,n} v_m v_n \right) + \sum_{i=1}^{k} \rho_i^2 (\mu_i^2 + \sigma_i^2) \tag{1-41}$$

式中，v_i 与 μ_i 的定义与 1.4.1 节相同，$\rho_i^2 = \mathrm{Var}(d \mid w_i)$，为第 i 种工况下载荷造成伪损伤密度的方差；σ_i^2 为第 i 种工况占比（权重）的方差，$\sigma_{m,n}$ 为第 m 种工况和第 n 种工况占比（权重）之间的相关系数。

式（1-41）在工程实践中具有重要的意义和作用，其清晰地显示出造成损伤密度 d 波动的两个原因：一个是式（1-41）左边括号里的两项加和，来源于用户使用工况的不确定性；另一个是式（1-41）最右边一项，源于某种工况下载荷本身的不确定性，而且用户使用工况的不确定性会使这一来源造成的不确定性进一步恶化。

对于一些执行特定用户目标的特种车辆装备，由于其完成任务载荷的高度离散性，在其研制试验过程中，往往会根据任务载荷工况特点，预设具有加严考核的任务工况，其工况占比相对来讲具有很低的不确定性，这时候 σ_i^2 以及 $\sigma_{m,n}$ 可近似为零。因此，当面向这些特种车辆装备进行结构耐久性设计时，式（1-41）简化为

$$\mathrm{Var}(d) = \sum_{i=1}^{k} \mu_i^2 \rho_i^2 \tag{1-42}$$

也就是说，在这种情况下伪损伤密度的不确定性完全来源于各个不同工况下载荷本身的不确定性 ρ_i^2，并且最终的数值须依据各个工况的占比 μ_i^2 来进行"勾兑"。

对于民用车辆，由于车辆的使用工况完全是随机的，其诱发的不确定性往往占据着主导地位。这时，如果工况划分得非常细致，从而近似地忽略各个工况下载荷本身的波动造成的不确定性 ρ_i^2，则式（1-41）简化为

$$\mathrm{Var}(d) = \sum_{i=1}^{k} v_i^2 \sigma_i^2 + 2\sum_{m<n} \sigma_{m,n} v_m v_n \tag{1-43}$$

也就是说，在这种情况下伪损伤密度的不确定性主要取决于各个工况占比（权重）本身的不确定性 σ_i^2、各工况之间的统计关联性 $\sigma_{m,n}$，以及相应工况下载荷造成的伪损伤能力 v_i^2。

1.5 参数估计

1.5.1 一些重要的基本概念

1. 总体

总体是指与所研究问题有关对象（个体）的全体所构成的集合。总体随所研究的范围而定，取决于研究目的，也受人力、物力、时间等因素的限制。对于大多数实际问题，总体中的个体是一些实在的人或物，而问题中所注意的，并不在于这些人或物本身，而在于所关心的某种指标。总体概念的核心是总体的概率分布，赋有一定概率分布的总体称为统计总体。总体概念的要旨即总体是一个概率分布。两个总体，即使其所含个体的性质根本不同，只要有同一的概率分布，则在数理统计学上就视为同类总体，处理二者的统计问题的方法也

一样。

2. 样本与样本分布

样本是按一定的规定从总体中抽出的一部分个体。所谓按照一定的规定，就是指总体中的每一个个体有同等被抽出的机会，以及在这个基础上设立的某种附加条件。

样本表现为若干个数据$X_1,\cdots,X_n$，n称为样本量，把$X_1,\cdots,X_n$的全体称为一组样本，而X_i称为其中的第i个样本。在一个具体问题中，样本$X_1,\cdots,X_n$是一些具体的数据，而在理论研究上，则要把它看作一些随机变量，因为抽到哪一些个体是随机的，因而其指标值，即$X_1,\cdots,X_n$，也是随机的。既然样本是随机变量，就有一定的概率分布，这个概率分布就叫作样本分布。

3. 统计量与抽样分布

完全由样本所决定的量叫作统计量，或者说，统计量只依赖于样本，而不能依赖于任何其他未知的量。比如说从正态总体$N(\mu,\sigma^2)$中抽出$X_1,\cdots,X_n$共n个样本，则$\overline{X}=(X_1+\cdots+X_n)/n$就是统计量，因为它完全由样本决定；而$\overline{X}-\mu$就不是统计量，因为它并不完全由样本所决定，$\mu$需要由总体决定。统计量既然是样本的已知函数，则它也有概率分布，而且这个概率分布在原则上可以由样本分布决定，统计量的概率分布称为抽样分布。

统计量的一个作用，是把样本中有用的信息集中起来。一个统计量能集中样本里的多少信息，自然与统计量的具体形式有关系，但是也依赖于问题的统计模型。最好的结果是，统计量把样本中的全部信息都包含进来，换句话说，只要算出这个统计量的值，即使把原始样本舍弃，也没有任何损失。满足这种条件的统计量就是充分统计量，统计量的充分性是数理统计学中一个重要的基本概念。

1.5.2　一种重要的点估计——极大似然估计

设有一个统计总体，以$f(x,\theta_1,\cdots,\theta_k)$记其总体分布，其包含$k$个未知的参数$\theta_1,\cdots,\theta_k$。假设从总体中抽出了样本$X_1,\cdots,X_n$，要依据这些样本对参数$\theta_1,\cdots,\theta_k$的未知值做出估计。比如，为了估计$\theta_1$，需要构造适当的统计量$\hat{\theta}_1=\hat{\theta}_1(X_1,\cdots,X_n)$。当有了样本$X_1,\cdots,X_n$，就代入函数$\hat{\theta}_1(X_1,\cdots,X_n)$算出一个值，作为$\theta_1$的估计值。这样，用$\hat{\theta}_1$去估计$\theta_1$，相当于在数轴上用一个点去估计另一个点，所以，这样的估计叫作点估计。

比如说，有一个正态总体$N(\mu,\sigma^2)$，但是其均值μ和方差σ^2都不知道。为了确定这两个值，假设从总体中抽出样本$X_1,\cdots,X_n$（样本独立同分布），要依据这些样本对参数μ和σ^2做出估计。例如，为了估计μ，需要构造出适当的统计量$\overline{X}=\overline{X}(X_1,\cdots,X_n)$；为了估计$\sigma^2$，需要构造出适当的统计量$S^2=S^2(X_1,\cdots,X_n)$。将$\overline{X}$和$S^2$分别称为样本均值和样本方差。

从正态总体中抽出n个样本，由于样本独立同分布，因此，样本$(X_1,\cdots,X_n)$的分布为

$$f(X_1;\mu,\sigma^2)f(X_2;\mu,\sigma^2)\cdots f(X_n;\mu,\sigma^2)$$

记作$L(X_1,\cdots,X_n;\mu,\sigma^2)$。当已经观察到$X_1,\cdots,X_n$时（相当于将$X_1,\cdots,X_n$固定），如果$L(X_1,\cdots,X_n;\mu',\sigma'^2)>L(X_1,\cdots,X_n;\mu'',\sigma''^2)$，则被估计的参数$\mu$和$\sigma^2$是$(\mu',\sigma'^2)$的可能性要比是$(\mu'',\sigma''^2)$的可能性大。因此自然地导致如下方法：应该用$L$最大的那个点

$(\overline{X}, S^2)$ 作为 (μ, σ^2) 的估计值，因为在已经取得样本 $X_1, \cdots, X_n$ 的条件下，$(\overline{X}, S^2)$ 最像（极大似然）(μ, σ^2)。这种点估计的方法就是极大似然法。

在实际操作中，要让 L 最大，只需让 $\log L$ 最大即可，由于正态分布对 μ 和 σ^2 有连续的偏导数，因此可建立方程组：

$$\begin{cases} \dfrac{\partial \log L}{\partial \overline{X}} = \dfrac{1}{S^2} \sum_{i=1}^{n} (X_i - \overline{X}) = 0 \\ \dfrac{\partial \log L}{\partial (S^2)} = -\dfrac{n}{2S^2} + \dfrac{1}{2S^4} \sum_{i=1}^{n} (X_i - \overline{X}) = 0 \end{cases}$$

解得

$$\begin{cases} \overline{X} = \sum_{i=1}^{n} X_i / n \\ S^2 = \dfrac{1}{n} \sum_{i=1}^{n} (X_i - \overline{X})^2 \end{cases} \tag{1-44}$$

式（1-44）即为正态分布总体均值 μ 和方差 σ^2 的极大似然估计值。

一般说来，一个概率密度分布函数 $f(x, \theta_1, \cdots, \theta_n)$，只要 f 对各个参数 $\theta_1, \cdots, \theta_n$ 有连续的偏导数，那么都可以用极大似然法进行统计量的构建。但是由此可以知道，极大似然法要求分布有参数的形式，对总体分布毫无所知而要估计其均值和方差，极大似然法就无能为力。

极大似然估计法是 R. A. Fisher 先生在 1912 年的一项工作中提出来的，他在该项工作中批评了 Gauss 在 19 世纪关于最小二乘法的工作和 K. Pearson 在早些时候提出的矩估计方法。Fisher 自己和许多统计学家对极大似然估计进行了大量的研究，总的结论是：在各种估计方法中，相对来说它一般更为优良。当然，如何比较一种估计方法比另外一种估计方法更优良？在比较的过程中应该从哪些角度去评判？这本身就是一个非常有深度的问题。在这些不同的视角和准则之中，有一条准则就是无偏性。

假设某种统计总体的分布包含未知参数 $\theta_1, \cdots, \theta_k$，$X_1, \cdots, X_n$ 是从该总体中抽出的样本，要估计 $g(\theta_1, \cdots, \theta_k)$，$g$ 为一已知函数。假设 $\hat{g}(X_1, \cdots, X_n)$ 是一个估计量。如果对于任何可能的 $(\theta_1, \cdots, \theta_k)$ 都有 $E_{\theta_1, \cdots, \theta_k}[\hat{g}(X_1, \cdots, X_n)] = g(\theta_1, \cdots, \theta_k)$，则称 $\hat{g}$ 是 $g(\theta_1, \cdots, \theta_k)$ 的一个无偏估计量。记号 $E_{\theta_1, \cdots, \theta_k}$ 是指，求期望时，是在各样本 $X_1, \cdots, X_n$ 分布的参数为 $\theta_1, \cdots, \theta_k$ 时去做的，另外，在合理的取值范围内 $\theta_1, \cdots, \theta_k$ 是可流动的。

估计量的无偏性有两个含义：一个含义是没有系统性的偏差，不论用什么样的估计量 $\hat{g}$ 去估计 g，总是时而偏低，时而偏高，而无偏性表示，把这些正负偏差在概率上平均起来，其值为 0；另一个含义是，若估计量有无偏性，则在大量次数使用取平均值时，能以接近 100% 的把握无限逼近被估计的量。反之，如果没有无偏性，则无论使用多少次，其平均值也会与其真值保持一定的距离，这一距离就是系统误差。

从无偏性上考虑，假设 $X_1, \cdots, X_n$ 是从某正态总体 $N(\mu, \sigma^2)$ 中抽出的样本，其均值 μ 和方差 σ^2 都不知道，则均值 μ 和方差 σ^2 的无偏估计分别为

$$\begin{cases} \overline{X} = \sum_{i=1}^{n} X_i / n \\ S^2 = \dfrac{1}{n-1} \sum_{i=1}^{n} (X_i - \overline{X})^2 \end{cases} \tag{1-45}$$

将式（1-45）与式（1-44）相比，可以理解为，由于在对均值 μ 的估计过程中用掉了样本 $X_1, \cdots, X_n$ 的一个自由度，因此，在对方差 σ^2 进行估计时，需要减掉一个自由度（除以 $n-1$，而不是 n），否则，估计值 S^2 将系统性地偏小，特别是在样本量 n 比较小的时候，这种系统性的偏差将带来比较大的偏差。

一个需要注意的问题是，按照式（1-45），样本方差 S^2 是 σ^2 的一个无偏估计，但是，S 并不是标准差 σ 的无偏估计，而是要将 S 乘以一个大于 1 的、与样本量有关的系数 c_n，才能得到标准差 σ 的无偏估计 $c_n S$，其中

$$c_n = \sqrt{\frac{n-1}{2}} \, \Gamma\left(\frac{n-1}{2}\right) \Big/ \Gamma\left(\frac{n}{2}\right) \tag{1-46}$$

1.5.3　区间估计

如前所述，点估计是用一个点（即一个数）去估计未知参数，顾名思义，区间估计就是用一个区间去估计未知参数，即把未知参数值估计在某两个界限之间。区间估计是一种很常用的估计形式，其好处是把可能的误差醒目地标识出来。

假设 $X_1, \cdots, X_n$ 是从总体中抽出的样本，所谓 θ 的区间估计，就是满足条件 $\hat{\theta}_1(X_1, \cdots, X_n) \leqslant \hat{\theta}_2(X_1, \cdots, X_n)$ 的两个统计量 $\hat{\theta}_1$ 和 $\hat{\theta}_2$ 为端点的区间 $[\hat{\theta}_1, \hat{\theta}_2]$，一旦有了样本 $X_1, \cdots, X_n$，就把 θ 估计在区间 $[\hat{\theta}_1, \hat{\theta}_2]$ 之内。不难理解，这里有两方面的要求：

一方面，可以归结为"可靠度"方面的要求，希望在用 $[\hat{\theta}_1, \hat{\theta}_2]$ 这个区间作为 θ 的估计时，这个区间要尽可能可靠，具体来说就是让概率 $P(\hat{\theta}_1 \leqslant \theta \leqslant \hat{\theta}_2)$ 尽可能大。在这方面有一个重要的概念和指标，即置信度：给定一个很小的数 $\alpha > 0$，如果对于参数 θ 的任何值，概率 $P(\hat{\theta}_1 \leqslant \theta \leqslant \hat{\theta}_2)$ 都等于 $1-\alpha$，则称区间估计的置信度为 $1-\alpha$。

另一方面，可以归结为"精度"方面的要求，就是说，让区间 $[\hat{\theta}_1, \hat{\theta}_2]$ 的长度尽可能小，区间 $[\hat{\theta}_1, \hat{\theta}_2]$ 常被称为置信区间。

但是这两方面的要求是矛盾的。区间估计理论和方法的基本问题就是在已有样本资源的限制下，找出好的方法尽可能提高可靠度和精度，并尽量解决二者之间的矛盾。

如下一个区间估计是非常重要和常用的：从正态总体 $N(\mu, \sigma^2)$（μ 和 σ^2 都未知）中抽取样本 $X_1, \cdots, X_n$，求 μ 的区间估计。对于该 μ 区间估计的求解，基于这样一个重要的事实和结论，即在上述条件下，变量 $\sqrt{n}(\overline{X} - \mu)/S$（$\overline{X}$ 和 S 分别为样本均值和标准差）服从 $n-1$ 自由度的 t 分布。这样，μ 的区间估计为 $\left[\overline{X} - \dfrac{St_{n-1}\left(\dfrac{\alpha}{2}\right)}{\sqrt{n}}, \overline{X} + \dfrac{St_{n-1}\left(\dfrac{\alpha}{2}\right)}{\sqrt{n}}\right]$，置信度为 $1-\alpha$。在这一过程中，起到关键作用的一个变量 $\sqrt{n}(\overline{X} - \mu)/S$，称为"枢轴变量"，这一求解区间估计问题的思路和方法就称为枢轴变量法。

上述求解 μ 区间估计的方法是小样本法，给出的是精确解，但是对于应用的背景和前提有一个约束，即要从正态总体中进行抽样。如果对总体分布的情况一无所知（不知道总体的分布形态，不清楚总体的均值 μ，也不清楚总体的方差 σ^2），不能确保其是正态总体，那么，可以在大样本思想下近似求解总体均值 μ 的区间估计。大样本理论中有一个非常重要和具有实用性的定理，即 Lindeberg-Levy 中心极限定理。

定理 1-3：Lindeberg-Levy 中心极限定理。

从某总体中抽样本 $X_1, \cdots, X_n$，该总体的均值和方差分别为 μ 和 σ^2（μ 和 σ^2 都未知），则当样本量无穷大时，$\sqrt{n}(\overline{X} - \mu)/\sigma$（求解本题时的枢轴变量）服从标准正态分布。

由于当样本量无穷大时，样本标准差 S 是 σ 的一个相合估计，也就是说用 S 去估计 σ，其误差可以任意小，因此可以用 S 近似取代 σ，这样枢轴变量变化为 $\sqrt{n}(\overline{X} - \mu)/S$。因此，当样本量无穷大时，$\mu$ 的区间估计为 $\left[\overline{X} - \dfrac{S u_{\alpha/2}}{\sqrt{n}}, \overline{X} + \dfrac{S u_{\alpha/2}}{\sqrt{n}} \right]$，置信度为 $1 - \alpha$，式中 $u_{\alpha/2}$ 为标准正态分布的双侧上 α 分位数。这一解法的优点在于，对于总体没有任何限制，缺点在于，由于实际中样本量不能趋于无穷大，因此，这个解只是一个近似解。大样本法和小样本法的根本区别，也正在于是否从样本大小趋于无穷来看问题，而不在于相关样本量的谁大谁小。

上述两个区间估计问题的解，非常重要的一个应用场合就是对于均值或总量进行估计时最小样本问题的讨论。

假设从正态总体 $N(\mu, \sigma^2)$（μ 和 σ^2 都未知）中抽样本 $X_1, \cdots, X_n$，用样本均值 $\overline{X}$ 来估计总体均值 μ，当然希望两者足够接近。如果定义 $\left| \dfrac{\overline{X} - \mu}{\overline{X}} \right|$ 为相对偏差的话，希望相对偏差不要超过某一指定的值 δ。因此，当指定了置信度 $1 - \alpha$ 后，由 $P\left(\left| \sqrt{n}(\overline{X} - \mu)/S \right| \leq t_{n-1}\left(\dfrac{\alpha}{2} \right) \right) = 1 - \alpha$ 得到

$$\left| \frac{\overline{X} - \mu}{\overline{X}} \right| \leq \frac{S}{\overline{X}} \frac{t_{n-1}\left(\dfrac{\alpha}{2} \right)}{\sqrt{n}} \leq \delta$$

因此，当指定相对偏差为 δ，置信度为 $1 - \alpha$ 时，最小样本量为

$$\sqrt{n} \geq \frac{S}{\overline{X}} \frac{t_{n-1}\left(\dfrac{\alpha}{2} \right)}{\delta} \tag{1-47}$$

当对总体分布一无所知时，可以由大样本理论，在指定置信度 $1 - \alpha$ 后，由 $P\left(\left| \sqrt{n}(\overline{X} - \mu)/S \right| \leq u_{\alpha/2} \right) = 1 - \alpha$ 得到

$$\left| \frac{\overline{X} - \mu}{\overline{X}} \right| \leq \frac{S}{\overline{X}} \frac{u_{\alpha/2}}{\sqrt{n}} \leq \delta$$

因此，当指定相对偏差为 δ，置信度为 $1 - \alpha$ 时，最小样本量为

$$\sqrt{n} \geq \frac{S}{\overline{X}} \frac{u_{\alpha/2}}{\delta} \tag{1-48}$$

由式（1-47）和式（1-48）可以得出，影响最小样本量大小有三方面的因素。

1）置信度的因素。统计结果越可靠，置信度越高，相应的 $t_{n-1}\left(\dfrac{\alpha}{2} \right)$ 和 $u_{\alpha/2}$ 的值就会增大，从而引起最小样本量的增大。

2）相对偏差的因素。如果希望样本均值越来越精确地逼近总体均值，没有别的途径，唯有增加最小样本量。

3）随机变量本身的变异性。式（1-47）和式（1-48）中 $\dfrac{S}{\overline{X}}$ 是一个非常重要的量，称为变异系数，反映样本标准差和样本均值之间的相对关系。变异系数越大，说明所研究的随机变量的变异性越大，在这种情况下，需要更多的样本量来达到同等的置信度和相对偏差。

作为延伸，给出如下抽样分布问题的重要结论：假设 $X_1,\cdots,X_n$ 独立同分布于正态总体 $N(\mu,\sigma^2)$，令 $T = \sum\limits_{i=1}^{n} a_i X_i$（其中 a_i 都是常数），则 T 服从正态分布 $N(\mu\sum\limits_{i=1}^{n} a_i, \sigma^2 \sum\limits_{i=1}^{n} a_i^2)$。作为一个特例，如果 $a_1 = \cdots a_n = \dfrac{1}{n}$，则 T 服从正态分布 $N(\mu,\sigma^2/n)$。该结论对于合理利用抽样分布的统计结果去评估样本分布的参数和进行最小样本量分析都非常实用和重要。

假设一枚鸡蛋的重量 X 服从 $N(\mu,\sigma^2)$ 的正态分布，则指定相对偏差和置信度后，由样本均值 $\overline{X}$ 和样本标准差 S 可以按照式（1-47）计算获得最小样本量 n。如果在抽样的时候把随机的 10 枚鸡蛋放到一个小篮子里面称重，取平均值，这样，由这样的一小篮子鸡蛋通过取平均值获得一枚鸡蛋重量的估计值将服从 $N(\mu,\sigma^2/10)$ 的正态分布，在不改变置信度和相对偏差方面的要求时，如果用"篮筐"的数量来表示最小样本量，所需的篮筐数量将减小到 $n/10$，但是考虑到一个篮子里有 10 枚鸡蛋，所以，这实际上不会影响实质的最小样本量的确定。

1.6　假设检验问题概述

有一个总体，对总体分布做了一个假定，这个假定一般来说涉及与总体相关的某一个参数 λ。有一个命题，其正确与否完全取决于未知参数 λ 之值，因为这个值把参数 λ 的所有可能取值分成两个部分 H_0 和 H_1，H_0 内的 λ 值使上述命题成立，而 H_1 内的 λ 值则使上述命题不成立。

在数理统计学上，把类似于上述 $\lambda \in H_0$ 这种命题称为一个假设。任务是利用获得的样本 $X_1,\cdots,X_n$ 去"判断"这个假设是否成立，这种"判断"在数理统计学上一般称为"检验"。认为假设正确，统计学上称为"接受该假设"；认为假设不正确，统计学上称为"否定该假设"。而在检验一个假设时所使用的统计量称为检验统计量。

在假设检验中，常把一个被检验的假设叫作原假设（比如说原假设为 $\lambda \in H_0$），而把其对立叫作对立假设（比如说对立假设 $\lambda \in H_1$）。

1.6.1　拟合优度检验

统计学的奠基人之一 R. A. Fisher 在 1922 年发表过一篇著名的论文，把数理统计学的任务概括为 3 条[3]：

1）定模型，即确定样本分布。

2）估计，用样本估计模型中的未知参数。

3）抽样分布。

前面的内容涉及对问题2）和问题3）的些许介绍（参见1.5.2节和1.5.3小节），对于问题1），如何判断和确定样本分布的问题，构成了假设检验的一个重要组成部分——拟合优度检验，即检验观察到的一批数据是否与某种统计模型相符合。这方面一个重要的方法为 χ^2 检验法。

比如说，赌场中常见的色子，如果它被制作得均匀和"规矩"，那么投掷的时候每一个点数出现的机会（概率 p_i）都是一样的，也就是 $p_i = 1/6$，$i = 1$，2，…，6，这就是一个统计理论模型。如果做如下原假设 H_0：色子做的是"规矩"的，那么可以采用 χ^2 检验法来检验这一假设。

为此，需要做一些"统计试验"，随机地把这个色子抛 n 次（也就是统计试验重复 n 次），以获得 n 个样本，记录下每一次获得的点数。"理论"上说，如果这个色子做得不偏不倚，每一个点数都会出现 $n/6$ 次。把 n 次统计试验结果汇总，见表1-1，各个点数实际出现的次数为 v_i。

表1-1 统计试验理论和实际试验结果汇总

点数	1点	2点	3点	4点	5点	6点
理论	np_1	np_2	np_3	np_4	np_5	np_6
试验	v_1	v_2	v_3	v_4	v_5	v_6

显然，不指望每一个点数最终获得的试验结果也都是 $n/6$ 次，与理论值百分之百吻合，但是很自然的，如果表1-1中后两行差异越小，越会觉得实际结果与理论结果吻合得越好。现在要找出一个适当的量来反映这种差异。K. Pearson 采用的量是

$$Z = \sum (\text{理论值} - \text{试验值})^2 / \text{理论值} = \sum_i (np_i - v_i)^2 / np_i$$

这个重要的统计量称为 Pearson 的拟合优度 χ^2 统计量，简称 χ^2 统计量。K. Pearson 在 1900 年证明：如果统计结果服从某一分布模型（本例中，如果色子没有被做手脚而服从均匀分布模型），那么在样本大小 $n \to \infty$ 时（也就是将掷色子的试验无穷尽地进行下去），Z 的分布趋向于 $k-1$ 自由度的 χ^2 分布，即 χ^2_{k-1}，本例中 $k = 6$。这样，可以根据 K. Pearson 的重要结论对于原假设 H_0（色子做的是"规矩"的）做一个科学和明确的判断，接受该假设或否定该假设。

掷色子的例子是一个离散型的分布模型，对于连续型的随机变量，其对应的分布模型也将是连续型的分布模型。在针对该连续型的随机变量进行 χ^2 检验时，大的流程框架不变，但是在一些细节的处理上稍有不同，而且在某些情况下 χ^2 检验所仰仗的核心定理也需要有所修正。

假设想证明或判断某连续性随机变量是否服从正态分布，而该正态分布的两个参数（均值和方差）是事先不知道的（这个情形在实际工程中是最常见的），为了把这一情形转化成上述掷色子的情形，首先，把随机变量在其取值范围内分割成 k 个区间：

$$-\infty = a_0 < a_1 < a_2 < \cdots < a_{k-1} < a_k = \infty$$
$$I_1 = (a_0, a_1], \cdots, I_i = (a_{i-1}, a_i], \cdots, I_k = (a_{k-1}, a_k]$$

为了获得表 1-1 中的理论解，需要计算正态分布模型在每个区间中的概率，这一过程并不好计算，一个近似的方法是通过参数估计获得样本均值和样本方差，从而确定正态分布模型，然后计算该正态分布模型"落在"各个区间上的理论值。试验值比较好算，根据实际试验结果看看落在各个区间上的试验值是多少就可以。这样，问题就回到了"掷色子"的情形。

注意到，刚才在确定正态分布的时候，分布模型的两个参数（均值和方差）事先是不知道的，需要通过参数估计获得这两个参数的估计值。这一细节使得 K. Pearson 在 1900 年给出的定理是有瑕疵的，R. A. Fisher 在 1924 年纠正了这一缺陷，给出了如下完美的重要定理。

定理 1-4： 如果统计结果服从某一分布模型，而分布模型中有 r 个参数需要估计，那么在样本大小 $n \to \infty$ 时，Z 的分布趋向于 $k-1-r$ 自由度的 χ^2 分布，即 χ^2_{k-1-r}，其中 k 表示划分成的区间数目。

运用 χ^2 检验，可以对车辆耐久性工程中的重要随机变量，即

$X_i = $ 车辆累积行驶里程达到设计里程时车辆某处的某载荷对应的伪损伤（或伪损伤密度，或等效载荷幅值……）

服从什么样的分布得出明确的结论。

表 1-2 所列是依据大数据获得的某款乘用车达到某里程之后，车轮垂向力分量对应的伪损伤数值，一共是 35 个样本（来源于 35 辆参研参试车辆）。依据这些样本数据，讨论车辆达到设计里程后车轮垂向力分量对应的伪损伤 X 应该服从怎样的分布。

表 1-2 某乘用车达到某里程时车轮垂向力分量伪损伤数值样本

7. 261605	8. 526289	8. 600532	8. 657751	8. 700468	8. 76847	8. 807941
8. 856571	8. 880906	8. 912733	9. 088956	9. 107384	9. 302745	9. 42665
9. 492614	9. 700457	9. 723366	9. 735138	9. 948472	10. 13772	10. 23463
10. 82119	10. 83935	10. 92815	11. 50773	11. 61078	11. 82444	12. 05851
12. 2999	13. 58419	14. 0572	14. 06037	16. 56428	19. 85962	19. 92377

采用 χ^2 检验来讨论这一问题。

首先，假设 X 服从正态分布。依据表 1-2 中的 35 个样本数据，将随机变量 X 在其取值范围上划分成 7 个区间，分别为 $(-\infty, 7.193]$、$(7.193, 8.679]$、$(8.679, 10.166]$、$(10.166, 11.652]$、$(11.652, 13.138]$、$(13.138, 14.625]$ 和 $(14.625, \infty)$，按照取值范围由小到大，分别用序号 1 至 7 来代表这些区间。在样本量为 35 的情况下，这些区间所对应的理论数值，以及依据表 1-2 所列的 35 个样本，这些区间所对应的试验数值都汇总于表 1-3 及图 1-4。依据这些结果计算得到 χ^2 统计量为 $Z = 21.89$。考虑到划分了 7 个区间（$k = 7$），并且 X 所服从的正态分布尚有两个参数需要估计（$r = 2$），因此，当样本量 $n \to \infty$ 时，Z 的分布应趋向于 $k-1-r = 4$ 自由度的 χ^2 分布。查 χ^2 分布表，$K_4(21.89) = 0.9998$，故拟合优度 $p(Z) = 1 - K_4(21.89) = 0.02\%$，这说明，试验数据极不支持 X 服从正态分布的结论，原假设被拒绝。

表 1-3　服从正态分布假设下理论和试验结果汇总

区间序号	1	2	3	4	5	6	7
理论	3.696	4.234	6.113	6.909	6.113	4.234	3.696
试验	0	4	16	6	3	3	3

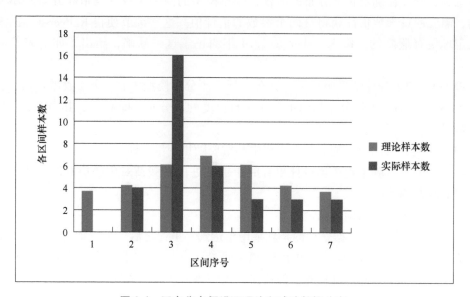

图 1-4　正态分布假设下理论和试验数据分布

假设 X 服从对数正态分布。依据表 1-2 中的 35 个样本数据，获得随机变量 X 对数的 35 个样本（以 10 为底），见表 1-4。将随机变量 X 的对数在其取值范围上划分成 7 个区间，分别为 $(-\infty, 0.897422]$、$(0.897422, 0.948453]$、$(0.948453, 0.999484]$、$(0.999484, 1.050515]$、$(1.050515, 1.101546]$、$(1.101546, 1.152577]$ 和 $(1.152577, \infty)$，按照取值范围由小到大，分别用序号 1 至 7 来代表这些区间。在样本量为 35 的情况下，这些区间所对应的理论数值，以及依据表 1-4 所列的 35 个样本，这些区间所对应的试验数值都汇总于表 1-5 及图 1-5。依据这些结果计算得到 χ^2 统计量为 $Z = 8.9$。查 χ^2 分布表，$K_4(8.9) = 0.9364$，故拟合优度 $p(Z) = 1 - K_4(8.9) = 6.36\%$，这说明对于乘用车达到某里程时车轮垂向力分量累积的伪损伤而言，对数正态分布相对于正态分布能更好地描述其分布。如果以显著性水平 0.05 作为评判标准（一个比较常用的默认标准），则由于 $p = 0.0636 > 0.05$，可以接受原假设，即 X 服从对数正态分布。

表 1-4　某乘用车达到某里程时车轮垂向力分量伪损伤对数数值样本

0.861033	0.93076	0.934525	0.937405	0.939543	0.942924	0.944947
0.947266	0.948457	0.950011	0.958514	0.959394	0.968611	0.974357
0.977386	0.986792	0.987817	0.988342	0.997756	1.00594	1.010072
1.034275	1.035003	1.038547	1.06099	1.064861	1.072781	1.081294
1.089902	1.133034	1.147899	1.147997	1.219172	1.297971	1.299371

表 1-5　服从对数正态分布假设下理论和试验结果汇总

区间序号	1	2	3	4	5	6	7
理论	3.696	4.234	6.113	6.909	6.113	4.234	3.696
试验	1	7	11	5	5	3	3

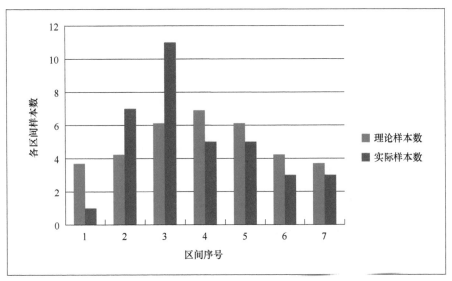

图 1-5　对数正态分布假设下理论和试验数据分布

1.6.2　重要参数检验

考虑一个单参数的情形。设被检验的原假设是 $H_0: \theta = \theta_0$，或 $\theta < \theta_0$，或 $\theta \geqslant \theta_0$。有了样本以后，先找到 θ_0 的一个适当的点估计 T，如果 $\theta = \theta_0$ 成立，那么 T 与 θ_0 相差不应该太远，直观上看，应当在 $|T - \theta_0| >$ 某一常数 C 时，就否定 H_0，而在 $|T - \theta_0| \leqslant C$ 时就接受 H_0。如果要检验的原假设是 $\theta \leqslant \theta_0$，则应当在 $T > C$ 时否定 H_0；如果要检验的原假设是 $\theta \geqslant \theta_0$，则应当在 $T < C$ 时否定 H_0。

下面用这一检验方法来解决车辆耐久性中的一个现实工程问题——乘用车辆不同的负载状态是否会对整车结构耐久性产生不可忽视的影响？同时，也借助这个案例进一步详细地解释重要参数检验的实施方法

首先说明问题的工程背景。第 1.3 节和第 1.4 节，在讨论整车结构耐久性时谈到过，由于直接测量并获得大数据以确定伪损伤密度 d 的无条件概率密度往往是不容易的，因此，提出了一条"曲线迂回"的道路——构建工况空间，然后借由全概率获得伪损伤密度 d 的无条件概率密度分布，或其重要数字特征。

在实践过程中，引入了一个 8 维连续型随机向量 $(d, X_{x0}, X_{x1}, X_y, X_z, X_{Speed}, X_{Gradient}, X_{Load})$ 作为统计分析的对象。

其中，X_{x0} 为车辆质心纵向加速度（制动踏板处于开启状态时）伪损伤密度的对数；X_{x1} 为车辆质心纵向加速度（制动踏板处于踩下状态时）伪损伤密度的对数；X_y 为车辆质心侧

向加速度伪损伤密度的对数；X_z为车辆（比如左前轮）轴头垂向加速度伪损伤密度的对数；X_{Speed}为车速；X_{Gradient}为车辆行驶路段的坡度；X_{Load}为车辆的负载，对于乘用车来说，一般将负载状态划分为空载（仅有驾驶员一人）、半载（驾驶员+一两名乘客）、全载（驾驶员+三四名乘客）三种状态，而对于商用车，可以根据其满载载货吨位划分成更多的负载状态区间。

将 $\{X_{x0}=x_1,\cdots,X_{\text{Load}}=x_7\}$ 作为一个事件，对应和代表了一种工况，而将其全集作为囊括全部工况的"工况空间"，也就是说，选取了 $X_{x0},\cdots,X_{\text{Load}}$ 这 7 个维度，张成了 7 维的工况空间，构建了一个完备事件群。在实际的数据处理过程中，对于 X_{x0},X_{x1},X_y,X_z 在其各自的值域上划分了 7 个数值区间，即 $k_1=k_2=k_3=k_4=7$；对于 X_{Speed} 划分了 8 个数值区间，即 $k_5=8$；对于 X_{Gradient} 划分了 5 个数值区间，即 $k_6=5$；对于 X_{Load} 划分了 3 个数值区间（对于乘用车而言，即空载、半载和满载，对于商用车而言这一维度的区间数量一般还会增加），即 $k_7=3$。这样由这 7 个维度构建的工况空间在理论上存在 $k=7^4\times8\times5\times3=288120$ 个工况。

车辆负载 X_{Load} 这一因素对车辆结构耐久性是否会造成显著影响这一问题，对于商用车而言几乎是不需要讨论和论证的，但是对于乘用车而言，结论似乎不那么容易预判和感知。为了让这个问题有一个清晰的结论，下面将涉及统计学中两种重要参数检验问题——两样本 t 分布问题和 Behrens-Fisher 问题。

分别抽取了由同一驾驶员驾驶同型乘用车辆，在相似地形地貌和路面条件下，在空载、半载和满载状态下，道路载荷数据采集获得的一些数据作为样本进行分析，三种负载状态下的数据样本量都在 500km 左右。为了进一步将非负载因素剔除，对三种负载状态下的样本数据都按照车速划分到较小的车速区间（每个车速区间仅有 20km/h 的车速变化），在相关的统计分析中只将相同车速区间内、不同负载状态的数据进行比较。见表 1-6 和表 1-7 分别是当车速稳定在 $40\sim60$km/h 和 $80\sim100$km/h 时，左前轮六分力垂向力分量、前稳定杆剪应变和质心垂向加速度三个典型载荷伪损伤密度的对数在不同负载状态下的样本数据。表 1-6 和表 1-7 中的数据涉及行驶里程不多，大概只有几十千米，在本小节相关结论的分析中使用的样本数据要比这多很多。表 1-6 和表 1-7 的数据供读者练习使用，但是得到的结论应该是一致的。

表 1-6　车速稳定在 $40\sim60$km/h 时不同负载下典型载荷伪损伤密度的对数

左前轮六分力垂向力分量			前稳定杆剪应变		质心垂向加速度		
空载	半载	满载	空载	满载	空载	半载	满载
−9.3598	−7.58887	−8.66894	−15.0525	−13.5601	−29.0721	−27.13	−26.8275
−8.42455	−8.31859	−8.33808	−13.6732	−13.3085	−27.2565	−27.7368	−27.2382
−7.89834	−7.93037	−8.00987	−15.4263	−12.4846	−28.1385	−27.4254	−27.3194
−9.42965	−8.89879	−6.79394	−16.6816	−12.0101	−28.967	−28.2191	−26.4898
−8.95863	−8.67065	−7.82728	−15.0618	−11.7918	−28.2876	−27.0903	−26.261
−9.37144	−7.05361	−7.11774	−16.6222	−12.0119	−29.1308	−27.0691	−26.5247
−9.41948	−9.00628	−7.47553	−16.5074	−13.3511	−29.2323	−28.3173	−27.2251

（续）

左前轮六分力垂向力分量			前稳定杆剪应变		质心垂向加速度		
空载	半载	满载	空载	满载	空载	半载	满载
-8.57111	-8.02579	-8.44038	-13.6403	-14.356	-27.879	-27.0953	-27.6226
-8.95765	-8.63228	-9.15354	-14.7318	-15.8131	-27.7499	-28.0174	-28.3129
-9.08847	-7.21663	-9.25747	-14.3279	-12.1533	-28.3907	-27.6129	-26.8114
-7.94678	-9.05015	-7.69487	-12.9263	-12.8896	-27.5805	-28.5668	-27.5333
-8.37515	-8.88698	-8.02753	-13.5582	-13.099	-27.7235	-27.981	-27.7749
-8.60297	-8.68824	-8.43792	-14.7034	-12.157	-27.8423	-27.2549	-27.5453
-8.9927	-8.20853	-7.99534	-14.994	-12.4078	-28.2906	-26.9071	-27.1748
-8.49084	-8.81231	-8.18386	-14.8224	-13.3108	-28.0556	-27.7899	-27.5646
-8.96424	-8.39752	-6.77148	-15.0654	-12.2336	-28.0682	-26.6551	-27.1394
-7.79265	-8.99916	-7.50228	-13.455	-13.9775	-27.124	-27.5017	-27.6652
-7.42726	-5.80581	-8.97094	-13.0853	-14.388	-26.5033	-24.1029	-28.5133
-8.64776	-9.13898	-8.39597	-13.6659	-13.9726	-27.6794	-28.3579	-28.3505
-8.38518	-7.71372	-8.9263	-12.7315	-13.5559	-27.2692	-27.1745	-28.474
-7.74538	-8.11864	-7.66363	-12.7323	-14.3299	-27.5933	-26.9483	-27.2226
-6.51075	-8.01107	-9.39241	-11.7666	-15.6161	-25.6011	-27.6159	-28.5124
-6.85274	-8.41124	-8.97951	-12.0558	-13.1417	-27.0922	-26.9847	-27.3065
-8.71677	-8.17469	-8.01128	-15.2626	-12.0469	-27.9756	-27.4887	-27.3127
-8.85844	-8.24002	-7.44099	-15.0397	-12.7892	-27.8894	-27.585	-26.618
-7.48489	-8.01068	-6.6965	-13.5746	-12.4485	-26.9686	-27.526	-26.6899
-6.51376	-8.85476	-6.11519	-11.1046	-12.1219	-25.7396	-27.9522	-25.8041
-9.13224	-8.67035	-8.59093	-12.7162	-13.7643	-27.9304	-27.6351	-27.9793
-7.55331	-7.7087	-7.11634	-10.7377	-13.7518	-24.8675	-27.7116	-27.3434
-9.02631	-8.90198	-8.84417	-13.4612	-13.6237	-28.214	-27.8559	-28.4269
-9.07787	-7.94706	-9.129	-15.5137	-14.8182	-28.5725	-27.1776	-28.6066
-7.79667	-7.20032	-9.28295	-13.0763	-14.8481	-27.0632	-26.2917	-28.6921
-9.16907	-7.5654	-8.89796	-14.7902	-15.1874	-28.3725	-26.5898	-28.3592
-8.97543	-9.30128	-7.46713	-13.9882	-11.3282	-27.9505	-28.0968	-27.1135
-9.30052	-7.08014	-9.08365	-14.6075	-15.7042	-28.2968	-26.5695	-28.9544
-9.34853	-7.14775	-5.77747	-14.6704	-12.8601	-28.684	-26.7941	-23.143

（续）

左前轮六分力垂向力分量			前稳定杆剪应变		质心垂向加速度		
空载	半载	满载	空载	满载	空载	半载	满载
-8.64351	-7.14244	-6.71323	-14.4435	-13.687	-27.6777	-26.2625	-23.8351
-8.86934	-6.9462	-6.21792	-16.3983	-11.8059	-28.4047	-26.8026	-25.793
-8.89636	-6.82275	-8.20003	-14.6145	-12.1453	-28.3649	-26.2321	-27.5058
-9.32815	-6.67447	-8.83795	-16.2733	-14.9156	-28.7783	-25.7753	-28.5187
-9.3795	-9.02591	-7.41328	-16.5074	-13.9255	-28.6341	-27.9021	-26.7841
-8.43177	-8.23969	-8.04254	-12.5741	-12.7295	-27.728	-28.1196	-27.9427
-8.27232	-8.97782	-8.58803	-14.7832	-12.6973	-27.1415	-28.2594	-27.4359
-7.73979	-7.53424	-8.11372	-12.854	-13.8917	-27.1458	-27.8021	-27.6284
-8.74845	-8.52528	-7.9253	-15.4549	-12.6288	-28.0927	-27.3958	-27.4395
-9.0942	-8.84188	-7.92752	-15.7843	-11.9365	-28.2736	-28.3006	-26.639
-7.18218	-8.69226	-8.57567	-13.2503	-12.4984	-26.8346	-27.5984	-28.5334
-6.80917	-7.74904	-9.06359	-10.9732	-12.0825	-26.422	-27.284	-27.0306
-7.68684	-6.03819	-9.20523	-12.7298	-15.4549	-27.2949	-25.9544	-28.6534
-8.70392	-6.72807	-5.83607	-13.5423	-11.6601	-28.0807	-26.9026	-24.566
-8.07296	-7.9886	-9.39366	-13.0237	-14.0823	-26.9194	-27.4482	-28.5044
-8.91717	-8.72602	-9.60358	-15.6713	-15.7505	-28.0285	-27.8559	-29.0415
-6.61614	-7.3399	-8.17008	-12.8411	-12.1213	-25.6842	-26.9281	-27.9584
-9.0255	-8.37654	-8.65879	-15.3033	-12.8883	-28.333	-27.8471	-28.0982
-8.66029	-8.95059	-8.49466	-14.474	-12.8616	-27.7724	-27.0462	-27.8435
-8.92157	-8.07007	-8.8064	-15.3983	-14.3873	-28.082	-26.8104	-28.5978
-8.51635	-8.18202	-8.56108	-14.816	-15.7843	-27.6751	-27.3019	-28.2034
-7.72135	-7.76308	-8.68984	-12.232	-13.6888	-26.9711	-27.313	-28.1325
-8.55851	-8.77668	-5.84866	-14.4527	-14.7671	-27.1154	-28.3231	-25.3512
-9.15152	-8.05593	-8.79806	-15.3033	-11.1835	-28.4276	-27.3477	-25.7904
-7.67327	-7.87594	-9.42952	-13.2477	-13.8317	-27.4017	-27.8122	-28.8497
-7.27074	-8.36726	-8.0068	-13.4074	-12.8224	-26.1678	-28.416	-28.5187
-7.96672	-6.43498	-7.43502	-10.7204	-13.3394	-26.3273	-26.323	-27.2324
-9.18813	-6.88037	-8.30642	-12.0262	-13.8097	-28.5685	-26.4188	-26.8288
-8.44333	-7.29468	-8.84127	-12.7174	-12.1502	-27.1045	-27.1806	-27.2626

（续）

左前轮六分力垂向力分量			前稳定杆剪应变		质心垂向加速度		
空载	半载	满载	空载	满载	空载	半载	满载
-7.81818	-7.42191	-8.09925	-12.4368	-12.2918	-26.5494	-26.6053	-27.6991
-6.6424	-8.35204	-7.92441	-10.6822	-13.6823	-25.844	-27.9099	-27.6756
-7.98783	-9.22642	-7.94016	-12.1984	-13.1663	-27.1774	-28.2985	-26.8518
-9.31699	-7.40833	-8.50943	-14.775	-12.7677	-28.5079	-26.8604	-26.8528
-8.72127	-7.19388	-7.43204	-12.6346	-12.1752	-27.6093	-27.0686	-26.9572
-7.92569	-7.5285	-8.5283	-12.8333	-13.051	-27.7552	-27.6695	-27.4419
-8.00432	-9.13742	-9.51074	-12.9966	-14.816	-27.6035	-28.4659	-28.717
-5.84415	-7.45496	-9.19759	-10.412	-14.5149	-25.5475	-26.7737	-27.7528
-7.36739	-6.22228	-8.92752	-12.3267	-13.6894	-27.0235	-26.9413	-28.1964
-7.98739	-7.4182	-8.9095	-11.7953	-14.1403	-27.8458	-27.1025	-28.5644
-7.93364	-9.00919	-8.23903	-12.0645	-13.303	-27.6862	-28.14	-28.1569
-8.3631	-7.6149	-9.13465	-12.6421	-15.5744	-27.8954	-26.5251	-29.2176
-7.28955	-8.73533	-8.50586	-11.6853	-14.1036	-26.8508	-27.64	-28.3937
-7.96537	-9.15512	-9.17131	-12.9093	-14.2216	-27.5111	-28.1875	-28.8197
-8.36298	-6.73359	-8.84373	-12.342	-14.062	-27.119	-25.8587	-28.5187
-8.07001	-8.19311	-8.43074	-12.7738	-12.2891	-27.4592	-27.6673	-28.1325
-8.41851	-7.56354	-8.77083	-13.2479	-13.1035	-27.881	-26.6307	-28.6534
-8.50054	-7.94137	-8.02809	-12.6401	-13.6782	-28.37	-26.5191	-27.7058
-8.62521	-7.7516	-7.77859	-12.9177	-13.1006	-28.345	-27.3548	-28.2554
-8.16698	-8.44347	-7.84585	-13.3941	-13.2514	-27.9276	-27.0043	-28.0664
-8.30991	-7.16595	-9.11379	-10.781	-14.3347	-26.4266	-26.7827	-28.9166
-9.1423	-7.11354	-9.30971	-13.5463	-15.7293	-28.193	-26.5078	-28.7653
-7.87995	-8.80494	-7.97266	-12.1983	-13.2402	-27.1896	-27.695	-28.1762
-7.66513	-7.19116	-9.25913	-12.141	-13.9919	-26.958	-26.5106	-28.7653
-7.2883	-6.65396	-8.92881	-11.6467	-13.8986	-26.9366	-26.1715	-28.1507
-7.60295	-6.82684	-8.48343	-12.0776	-11.9602	-27.5705	-26.1382	-27.5334
-6.86999	-9.0239	-9.01075	-11.258	-13.1643	-26.9079	-27.6268	-27.8623
-7.97523	-9.05951	-9.30356	-12.2113	-12.1189	-27.5717	-28.759	-27.7286
-7.54389	-9.27789	-9.11379	-12.0874	-14.1329	-26.4024	-28.8989	-28.8497

（续）

左前轮六分力垂向力分量			前稳定杆剪应变		质心垂向加速度		
空载	半载	满载	空载	满载	空载	半载	满载
−7.00291	−8.2041	−9.16094	−11.3512	−13.3185	−26.4604	−27.8414	−28.0613
−7.82411	−6.32001	−7.20522	−12.1332	−13.7535	−27.1641	−25.0027	−26.806
−6.10266	−6.95383	−9.00919	−11.3228	−14.2359	−25.8086	−26.3784	−28.2798
−5.89788	−7.20285	−7.63019	−11.1734	−13.2397	−25.4906	−25.7128	−27.0306
−6.94661	−6.9722	−8.94276	−11.4349	−14.5239	−26.4678	−25.3156	−28.4395

表 1-7 车速稳定在 80~100km/h 时不同负载下典型载荷伪损伤密度的对数

左前轮六分力垂向力分量			前稳定杆剪应变		质心垂向加速度		
空载	半载	满载	空载	满载	空载	半载	满载
−8.95236	−9.02217	−8.88168	−15.2802	−15.2453	−28.389	−28.6608	−28.4643
−8.20048	−8.76949	−8.13603	−14.5203	−14.1966	−27.1993	−28.1476	−27.7357
−8.31833	−8.63947	−8.77202	−14.5151	−14.0133	−27.3248	−28.0992	−28.3145
−8.33608	−8.45001	−8.31033	−14.0294	−14.3631	−27.5638	−27.7958	−27.5549
−8.04269	−8.13437	−8.76845	−13.8344	−15.6043	−26.7398	−27.2446	−28.1266
−8.60251	−8.80648	−8.48251	−14.5828	−14.6365	−27.5885	−27.3465	−27.9466
−7.04483	−8.52736	−8.69344	−12.9376	−15.0515	−26.8367	−27.2382	−28.2176
−8.73518	−8.18736	−8.61509	−14.0965	−15.219	−27.7498	−27.8495	−27.7971
−8.07819	−7.73339	−8.6093	−14.2452	−14.8474	−26.5941	−27.5062	−28.032
−8.67022	−7.73759	−8.27123	−14.8551	−14.2039	−28.0907	−27.5776	−27.7552
−8.35717	−8.78178	−8.81079	−14.6294	−14.2346	−27.6224	−28.1717	−27.9624
−8.52111	−8.94733	−8.22201	−14.7893	−14.2972	−27.9866	−28.2872	−27.4592
−8.89944	−8.85581	−9.17964	−15.1539	−14.6713	−28.3692	−27.9216	−28.0927
−7.73057	−8.21692	−9.32333	−14.1573	−15.3703	−27.268	−27.8553	−28.1385
−8.9043	−8.02065	−7.86566	−15.49	−14.2089	−28.475	−27.3099	−27.3293
−8.76314	−8.20963	−8.15123	−15.3531	−14.8474	−28.204	−27.5152	−27.5808
−8.85942	−8.43966	−7.07951	−14.8679	−14.717	−28.3413	−28.0221	−27.6819
−9.14759	−8.33473	−8.93399	−15.9355	−14.2241	−28.4931	−27.4263	−28.0415
−8.89544	−8.13296	−8.13327	−15.591	−14.0023	−28.453	−27.675	−27.9389
−8.54657	−8.47607	−8.82138	−14.8833	−14.657	−28.1424	−27.6461	−27.9389
−9.01146	−8.38053	−8.59633	−16.4563	−14.4408	−28.3977	−27.9811	−27.8623
−8.98375	−7.32403	−8.74987	−16.1622	−15.4494	−28.1699	−27.0022	−27.8083

（续）

左前轮六分力垂向力分量			前稳定杆剪应变		质心垂向加速度		
空载	半载	满载	空载	满载	空载	半载	满载
-8.59967	-8.0746	-9.08151	-15.3048	-15.6713	-27.9682	-27.5374	-28.0927
-8.86469	-7.88983	-7.82112	-15.543	-14.416	-27.9539	-27.0025	-27.5216
-8.43551	-7.76639	-8.85481	-15.1893	-13.9079	-26.737	-27.6231	-27.7653
-9.17969	-8.52963	-8.89102	-15.8846	-15.107	-28.6821	-28.1396	-27.8197
-9.00486	-8.63991	-9.14441	-15.6324	-15.8474	-28.3557	-28.3017	-27.8954
-9.18045	-8.7579	-9.15009	-15.9396	-15.8474	-29.0091	-28.2366	-28.2034
-9.15975	-8.721	-8.73205	-16.2344	-14.9443	-28.7167	-28.2979	-28.2324
-9.10457	-8.27977	-9.00152	-16.1033	-15.3703	-28.6485	-27.8798	-28.2476
-8.8745	-8.60271	-8.63996	-15.4804	-14.3033	-28.0698	-28.2231	-27.9166
-7.45905	-8.56043	-8.35056	-13.7663	-14.2851	-26.0975	-28.4342	-27.6192
-8.55113	-7.956	-8.37098	-15.1214	-14.8262	-27.651	-27.7711	-27.731
-8.61723	-8.68485	-8.9271	-14.4115	-15.3703	-27.7877	-28.1633	-28.032
-8.66581	-8.6112	-8.84338	-14.7581	-15.3703	-27.7045	-28.2574	-28.333
-8.01119	-8.47501	-9.08642	-14.38	-14.918	-27.371	-27.9365	-28.333
-8.02492	-8.45636	-8.58686	-14.3069	-15.107	-26.7817	-28.0195	-27.9958
-8.76988	-8.73485	-8.25785	-14.8899	-14.0802	-27.7168	-27.4474	-27.6494
-8.48012	-8.64675	-7.56167	-14.5377	-14.5573	-27.3861	-28.1515	-27.1856
-7.55571	-8.64855	-9.06711	-13.551	-15.4494	-26.4089	-28.1969	-28.2634
-7.41614	-9.03581	-8.93399	-12.2312	-15.3033	-26.4424	-28.8252	-27.9389
-7.55733	-8.99347	-8.41812	-12.9902	-15.0023	-26.7153	-28.4732	-28.0927
-8.89781	-9.05303	-8.58842	-14.8207	-15.3703	-28.4717	-28.4675	-28.0927
-8.43787	-8.96539	-9.08151	-15.1477	-15.5463	-27.7974	-28.5353	-28.032
-8.95879	-8.78848	-8.65069	-15.4295	-14.3703	-28.3207	-28.2163	-27.7809
-8.24011	-8.2963	-8.63123	-14.8831	-14.055	-26.6451	-27.8051	-27.9788
-8.08976	-8.59068	-7.9899	-15.7727	-14.8474	-27.869	-27.9893	-28.0415
-8.50772	-8.55609	-7.99268	-13.4725	-14.0877	-27.7958	-27.9867	-27.612
-8.68786	-8.88886	-8.02187	-13.5198	-14.3096	-27.7881	-28.3567	-27.5101
-8.57099	-8.9581	-9.01806	-15.4804	-15.0023	-27.5392	-28.2888	-28.0135
-8.99647	-8.05587	-7.46059	-15.7397	-13.4763	-28.3561	-28.0883	-27.2507
-8.93606	-9.09862	-8.31657	-16.0101	-14.2089	-28.4227	-28.4699	-27.6049

（续）

左前轮六分力垂向力分量			前稳定杆剪应变		质心垂向加速度		
空载	半载	满载	空载	满载	空载	半载	满载
-9.03623	-9.02792	-8.91033	-15.4775	-15.3703	-28.2733	-28.148	-27.8314
-8.82256	-8.55568	-8.59793	-16.1912	-14.7505	-28.2864	-27.3403	-28.1037
-8.68077	-7.84319	-8.75215	-15.2574	-14.7334	-27.9324	-27.282	-28.1896
-7.89719	-8.03768	-8.37576	-14.4943	-14.2733	-26.538	-27.5882	-27.8559
-8.89836	-8.22016	-8.88789	-15.8682	-15.0692	-28.0627	-27.597	-27.9705
-7.06047	-8.46343	-8.39441	-13.4792	-14.7867	-26.7012	-28.3145	-28.0513
-8.85174	-7.40904	-8.30174	-16.1484	-14.5356	-28.0687	-27.3075	-28.1385
-8.79364	-8.38794	-8.61426	-15.7559	-14.4672	-28.0574	-27.6972	-27.9166
-8.3095	-8.62479	-7.98052	-15.6758	-13.6529	-27.1961	-28.1845	-27.8886
-7.24117	-6.74727	-8.50586	-12.3255	-13.7453	-26.0964	-26.8147	-27.7454
-7.77112	-8.34159	-8.41706	-12.8342	-13.6599	-26.4546	-27.7964	-27.9705
-8.87225	-8.19315	-8.51107	-16.5074	-14.4241	-28.1271	-27.4768	-28.0415
-7.59827	-8.4704	-8.5007	-13.1581	-14.6299	-26.853	-27.9705	-27.7917
-7.16486	-8.94632	-8.70662	-13.2515	-15.0345	-26.0497	-27.9099	-27.7971
-8.85571	-8.69294	-8.55814	-14.795	-14.5802	-28.0658	-27.7133	-27.731
-8.86981	-8.18425	-8.90057	-15.413	-14.9723	-28.0886	-27.7176	-27.8027
-8.25356	-8.19489	-8.87861	-14.9678	-14.717	-27.4855	-27.6322	-27.9094
-8.47698	-8.5065	-8.71703	-15.2843	-15.1484	-27.5208	-27.9451	-27.9094
-8.54567	-8.47671	-8.56403	-14.4277	-15.0692	-27.5157	-28.1058	-28.1633
-8.87947	-8.75444	-9.07666	-16.5074	-14.3776	-27.7618	-27.9365	-28.0513
-7.35217	-8.56255	-9.03526	-14.1891	-15.5463	-26.5912	-28.0826	-28.1633
-8.59053	-8.922	-8.11974	-14.842	-13.9781	-27.688	-28.2957	-27.3623
-7.95287	-8.76139	-7.33028	-14.5013	-14.0877	-27.1794	-28.0927	-27.0081
-8.64474	-8.51935	-8.42024	-15.4056	-14.2089	-27.1621	-28.2204	-27.7971
-9.10743	-8.59394	-8.30991	-16.1095	-14.4241	-28.5115	-28.06	-27.6948
-7.42374	-8.56366	-8.66354	-14.4379	-14.5252	-26.9142	-28.1362	-28.3145
-9.1829	-8.81014	-8.0122	-16.0625	-12.3939	-28.5803	-28.284	-27.6777
-9.23113	-8.76786	-7.15009	-16.2556	-12.3481	-28.6302	-28.2715	-27.1646
-7.3768	-9.07908	-8.83778	-12.8737	-14.5463	-26.5201	-28.3791	-28.4395
-8.31667	-9.02124	-8.3588	-14.6262	-14.2453	-27.3819	-28.3319	-28.5187

（续）

左前轮六分力垂向力分量			前稳定杆剪应变		质心垂向加速度		
空载	半载	满载	空载	满载	空载	半载	满载
−8.48983	−8.67201	−8.51503	−16.0973	−14.3422	−27.5382	−28.1193	−28.5187
−7.36574	−7.51324	−7.9064	−14.0026	−14.8474	−26.8039	−27.4439	−27.3788
−8.91115	−8.89418	−7.80949	−15.6283	−15.1484	−28.0995	−28.2819	−27.8623
−7.54077	−9.22134	−8.25203	−12.6201	−13.9841	−26.2559	−27.9756	−28.0513
−8.06677	−8.28975	−9.03526	−13.6304	−15.3703	−26.8456	−28.0767	−28.2798
−7.27276	−8.40688	−8.49182	−12.7988	−14.5921	−26.724	−27.8389	−28.0927
−8.50862	−8.73041	−8.09691	−14.8977	−14.806	−27.4166	−28.3674	−27.6613
−6.71989	−8.37432	−8.4343	−13.2379	−15.0023	−24.7358	−27.8359	−27.7603
−7.43422	−7.69514	−8.46153	−13.5308	−14.416	−26.1001	−27.0956	−28.1266
−6.8971	−8.92284	−8.93053	−13.4976	−14.4672	−26.23	−28.0204	−28.3523
−7.50481	−8.6525	−8.08642	−12.1779	−14.7013	−26.6892	−28.2437	−28.032
−8.12922	−7.49977	−8.52304	−13.4146	−14.5252	−26.8277	−27.3962	−28.2476
−6.93942	−7.93897	−8.53814	−12.3986	−14.2139	−25.9924	−27.5079	−27.7125
−7.46136	−8.93923	−8.62266	−12.6942	−14.4002	−27.0685	−28.2777	−27.6613
−7.68233	−9.11974	−8.64529	−14.2993	−14.8931	−26.9585	−28.3649	−27.6013
−7.64085	−9.09767	−9.00971	−13.6439	−14.385	−26.431	−28.2736	−27.5842
−6.89249	−8.93226	−9.12241	−14.153	−15.3703	−24.7406	−28.0754	−28.0927

首先对车辆负载状态是否对车辆质心垂向加速度产生影响进行分析。如图 1-6a 所示，当车速处于 40~60km/h 的速度区间时，由于不同负载状态下车辆质心垂向加速度伪损伤密度对数分布的方差大致相同，假设车辆质心处垂向加速度伪损伤密度服从对数正态分布（下同），则问题归结为：分别从正态总体 $N(\theta_1, \sigma^2)$ 和 $N(\theta_2, \sigma^2)$ 抽取样本 $X_1, \cdots, X_n$ 和 $Y_1, \cdots, Y_m$，θ_1、θ_2 和 σ^2 都未知，原假设 H_0 为 $\theta_1 - \theta_2 = 0$，即相关条件下车辆负载对质心处垂向加速度没有影响。这样，问题归结为两样本 t 检验问题。为此，引入检验统计量

$$T = \sqrt{\frac{nm}{n+m}} (\overline{X} - \overline{Y})/S \tag{1-49}$$

式中，n 和 m 分别是从两个正态总体中抽取样本的数量，$\overline{X}$ 和 $\overline{Y}$ 分别是 $X_1, \cdots, X_n$ 和 $Y_1, \cdots, Y_m$ 的样本均值，而

$$S^2 = \frac{1}{n+m-2} \Big[\sum_{i=1}^{n} (X_i - \overline{X})^2 + \sum_{j=1}^{m} (Y_j - \overline{Y})^2 \Big] \tag{1-50}$$

当 $|T| \leq t_{n+m-2}\left(\dfrac{\alpha}{2}\right)$ 时接受原假设 H_0，不然就否定原假设 H_0，其中 $t_{n+m-2}\left(\dfrac{\alpha}{2}\right)$ 为 $(n+m-2)$ 自由度的 t 分布，α 为检验水平。取检验水平为 95%（下同），检验结果汇总于表 1-8。结果

显示，当车速稳定在 40~60km/h 范围时，车辆的负载不同，车辆质心垂向加速度表现不同，车辆负载对车辆质心垂向加速度有显著影响。

如图 1-6b 所示，当车速处于 80~100km/h 的速度区间时，由于不同负载状态下车辆质心垂向加速度伪损伤密度对数分布的方差不同，使得问题进一步复杂化，归结为统计学上经典的 Behrens-Fisher 问题，即分别从正态总体 $N(\theta_1, \sigma_1^2)$ 和 $N(\theta_2, \sigma_2^2)$ 抽取样本 $X_1, \cdots, X_n$ 和 $Y_1, \cdots, Y_m$ 进行比较，而所涉及的两个正态总体的四个参数皆未知。与两样本 t 检验问题相比，Behrens-Fisher 问题解除了 $\sigma_1^2 = \sigma_2^2$ 这一约束限制，σ_1^2 和 σ_2^2 可以相等，也可以不相等。Behrens-Fisher 问题至今仍没有得到完美的解决，如下是一种基于大样本法的近似解法，引入如下检验统计量：

$$T = \frac{\overline{X} - \overline{Y}}{\sqrt{\dfrac{S_1^2}{n} + \dfrac{S_2^2}{m}}} \tag{1-51}$$

式中，S_1^2 和 S_2^2 分别为两个抽样的样本方差。在 n 和 m 都比较大的时候，当 $|T| \leqslant u_{\alpha/2}$ 时接受原假设 H_0，不然就否定原假设 H_0，其中 $u_{\alpha/2}$ 为标准正态分布的双侧上分位点，α 为检验水平。同样取检验水平为 95%（下同），检验结果汇总于表 1-8。结果显示，当车速稳定在 80~100km/h 范围时，车辆负载同样对车辆质心垂向加速度有显著影响。

表 1-8　负载对三种典型载荷是否产生影响的假设检验结果汇总

所分析的载荷	速度区间/(km/h)	比较状态	$\|T\|$	$t_{n+m-2}\left(\dfrac{\alpha}{2}\right)$ 或 $u_{\alpha/2}$
质心垂向加速度	40~60	空载对比满载	6.1373	1.9617
		空载对比半载	4.6003	
		半载对比满载	2.0517	
	80~100	空载对比满载	6.7046	1.96
		空载对比半载	5.4818	
		半载对比满载	2.1199	
前稳定杆剪应变	40~60	空载对比满载	3.9669	1.9617
	80~100	空载对比满载	2.6136	1.96
左前轮六分力垂向力分量	40~60	空载对比满载	0.9709	1.9617
		空载对比半载	0.5257	
		半载对比满载	0.4981	
	80~100	空载对比满载	1.2384	1.96
		空载对比半载	2.2909	
		半载对比满载	1.0527	

从表 1-8 以及图 1-6~图 1-8 汇总的结果可以得到，对于乘用车而言，车辆的负载对以质心加速度和稳定杆剪应变为代表的不同载荷都会产生显著的影响；对于以车轮六分力垂向力分量为代表的载荷，在某一速度区间内，车辆负载对该载荷量的影响可以忽略，但是在高速区间，车辆负载对这些载荷的影响又逐渐显露出来。

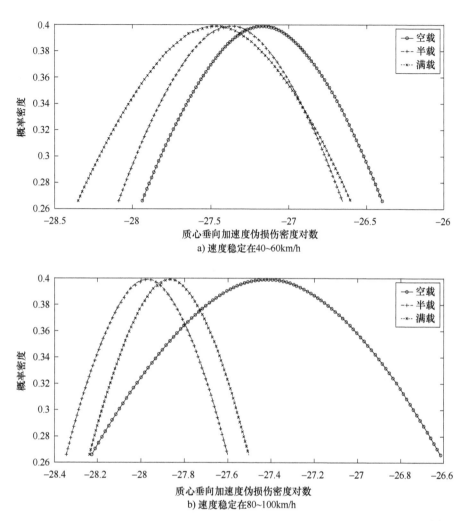

a) 速度稳定在40~60km/h

b) 速度稳定在80~100km/h

图 1-6 车速近似恒定时不同负载状态下质心垂向加速度伪损伤密度对数的分布[4]

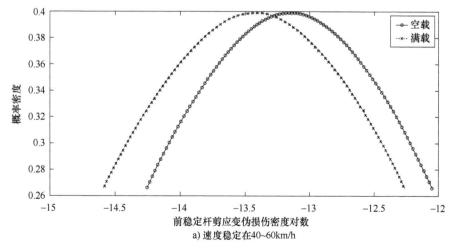

a) 速度稳定在40~60km/h

图 1-7 车速近似恒定时不同负载状态下前稳定杆剪应变伪损伤密度对数的分布[4]

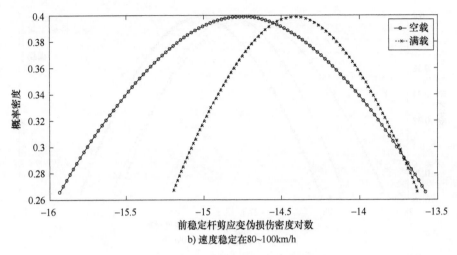

b) 速度稳定在80~100km/h

图 1-7 车速近似恒定时不同负载状态下前稳定杆剪应变伪损伤密度对数的分布[4]（续）

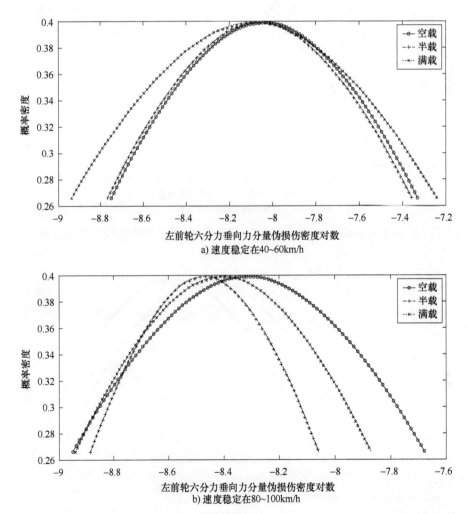

a) 速度稳定在40~60km/h

b) 速度稳定在80~100km/h

图 1-8 车速近似恒定时不同负载状态下左前轮六分力垂向力分量伪损伤密度对数的分布[4]

因此，经过重要参数检验，结论是：对于乘用车而言，在构建工况空间以及将所研究的载荷与工况空间进行关联时，必须考虑车辆负载的因素，而不能忽略这一因素。

1.7 回归分析

回归分析着重于寻求变量之间近似的函数关系。在现实世界和工程实践中，存在大量这样的情况：两个或多个变量之间有一些联系，但没有确切到可以严格决定的程度（非确定性函数关系）。例如，人的身高 X 和体重 Y 有联系，一般表现为 X 大时，Y 也倾向于大，但是由 X 并不能严格地决定 Y。在这些例子中，Y 通常称为因变量或预报量，X 则称为自变量或预报因子。

现设在一个问题中有因变量 Y，及自变量 $X_1, \cdots, X_p$，可以设想 Y 的值由两部分构成：一部分由 $X_1, \cdots, X_p$ 的影响所致，这一部分表现为 $X_1, \cdots, X_p$ 的函数形式 $f(X_1, \cdots, X_p)$；另一部分则由其他众多未加考虑的因素（包括随机因素）影响所致，它可以视为一种随机误差，记为 e，于是得到模型：

$$Y = f(X_1, \cdots, X_p) + e$$

e 作为随机误差，要求 $E(e) = 0$。于是得到 $f(X_1, \cdots, X_p)$ 就是在给定了自变量 $X_1, \cdots, X_p$ 之值的条件下，因变量 Y 的条件期望值，可写为

$$f(X_1, \cdots, X_p) = E(Y \mid X_1, \cdots, X_p)$$

函数 $f(X_1, \cdots, X_p)$ 称为 Y 对 $X_1, \cdots, X_p$ 的回归函数，而方程

$$y = f(x_1, \cdots, x_p)$$

则称为 Y 对 $X_1, \cdots, X_p$ 的回归方程。

在实际问题中，回归函数一般总是未知的，统计回归分析的任务，就是根据 $X_1, \cdots, X_p$ 和 Y 的观察值，去估计这个函数，及讨论与此有关的种种统计推断问题，如假设检验问题和区间估计问题。

在整车结构耐久性分析过程中，在如 1.6.2 节所述的基础上可以进一步在这一工程背景下加以明确说明：所观察的 Y 值一般是某一个载荷的伪损伤密度 d，而所观察的 $X_1, \cdots,$ X_p 值，一般来说是 $(X_{x0}, X_{x1}, X_y, X_z, X_{Speed}, X_{Gradient}, X_{Load})$ 这一 7 维随机变量中的某一个、某几个，甚至是全部随机变量，具体要依据所关注和观察的 d 是哪个结构上的什么载荷，与 $X_{x0}, X_{x1}, X_y, X_z, X_{Speed}, X_{Gradient}, X_{Load}$ 中的哪一个或哪几个因素密切相关（关联）来定，并且会涉及后面稍作探讨的回归自变量的选择问题，这是回归分析中很受重视的一个课题。

回归函数 f，一种情况是对 f 的数学形式并无特殊的假定，这种情况称为非参数回归；另一种情况，也是目前在应用中最多见的情况，是假定 f 的数学形式已知，只其中若干个参数未知，要通过观察值去估计，这种情况称为参数回归，其中在应用中最重要且在理论上发展最完善的是 f 为线性函数的情况：

$$f(x_1, \cdots, x_p) = b_0 + b_1 x_1 + \cdots + b_p x_p$$

这种情况称为线性回归。

对于随机误差 e，已经假定或要求 $E(e)=0$。对于 e 的另一个重要参数——e 的方差 σ^2，由于 $E[Y-f(X_1,\cdots,X_p)]^2=E(e^2)=\mathrm{Var}(e)=\sigma^2$ ［期间考虑了 $E(e)=0$ 并用到了式（1-39）］，因此，随机误差 e 的方差 σ^2 越小，用 $f(X_1,\cdots,X_p)$ 逼近 Y 所导致的均方误差就越小，回归方程就越有用。σ^2 的大小主要取决于两方面因素。

1）在选择自变量时，是否把对因变量 Y 有重要影响的那些都考虑进来了。如果是这样，则未被考虑的那些因素总的作用就比较小，因而 σ^2 就比较小；反之，如果遗漏了某些对于 Y 有重要影响的因素，则其影响进入随机误差 e，将导致 σ^2 增大。

2）回归函数的形式是否选得准。在应用上，通过观察数据对误差方差 σ^2 进行估计，也是很重要的。如果估计值很大，超过了该项应用所能承受的范围，则估计所得的方程意义就不大。在这个时候，就有必要重新考虑自变量的选择是否抓住了主要因素，以及所用的回归方程的形式是否不太符合实际。

1.7.1　一元线性回归

回归函数为线性函数的情形（包括能转化为线性函数的情形）称为线性回归，只含有一个自变量 X（因变量总是一个，记为 Y）的情况称为一元线性回归。这样，假定回归模型为

$$Y=b_0+b_1X+e \tag{1-52}$$

其中 b_0、b_1 为未知参数，b_0 称为常数项或截距，b_1 称为回归系数，e 为随机误差，并假定

$$E(e)=0,0<\mathrm{Var}(e)=\sigma^2<\infty \tag{1-53}$$

误差方差 σ^2 未知。

假设对模型（1-52）中的变量 X、Y 进行了 n 次独立观察，得样本

$$(X_1,Y_1),(X_2,Y_2),\cdots,(X_n,Y_n) \tag{1-54}$$

依据模型（1-52），这些样本的构造可以由方程

$$Y_i=b_0+b_1X_i+e_i,i=1,\cdots,n \tag{1-55}$$

来描述，这里 e_i 是第 i 次观察时随机误差 e 所取的值（它是不能观察的），有 $e_1,\cdots,e_n$ 独立同分布，且

$$E(e_i)=0,\mathrm{Var}(e_i)=\sigma^2,i=1,\cdots,n \tag{1-56}$$

式（1-55）与式（1-56）相结合，给出了样本（1-54）的概率性质，为一元线性回归模型的主体。

以上的叙述过程中，回归函数已然选定为线性形式。在实际工程中，这是一个需要谨慎考虑的紧要问题，而且只有在不多的情形下回归函数的形式可以依据某种理论的结果给出来，而在更多的工程实际中，需要依靠数据本身来假设回归函数的形式。图 1-9 所示是用约几十千米数据观察的车辆左前轮垂向力分量伪损伤密度的对数与左前轮轴头垂向加速度伪损伤密度对数之间的数值散点图（具体数值在表 1-9 中），每一个数值点都代表了在一小段等同长度行驶里程中对上述两个量的统计观察。从图 1-9 所示的散点图可以看到，似乎可以选取线性回归函数。

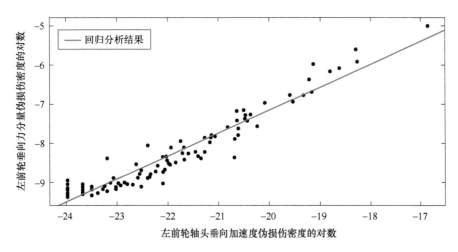

图 1-9　左前轮垂向力分量伪损伤密度的对数与轴头垂向
加速度伪损伤密度的对数之间的回归关系

表 1-9　等行驶里程观察到的相关随机变量的 100 个样本

垂向力分量伪损伤密度的对数		轴头垂向加速度伪损伤密度的对数		路面坡度	
−7.81942	−9.12107	−21.0636	−23.6731	−0.1	0.023999
−5.92109	−9.14159	−18.2607	−23.9731	−0.0395	0.015478
−8.38475	−9.05317	−21.3488	−23.6731	−0.05314	0.005486
−7.6269	−8.25711	−20.6087	−21.7199	−0.03999	−0.00303
−7.37687	−8.11287	−20.4736	−21.9417	−0.0561	−0.00549
−8.78044	−9.27217	−22.5612	−23.9731	−0.04607	0.004504
−8.4958	−9.18347	−21.8463	−23.4974	−0.00647	0.021541
−7.7976	−9.11841	−21.1322	−23.0207	−0.04508	0.016461
−9.09821	−9.16757	−23.2394	−23.9731	−0.00745	0.018509
−8.41883	−9.11182	−21.6824	−23.4974	0.011956	0.02654
−6.94074	−9.04078	−19.5332	−23.9731	0.014987	0.014987
−7.84994	−9.14089	−21.1467	−23.4974	0.028016	0.00999
−7.26824	−7.56846	−20.367	−20.2316	0.027606	0.024491
−6.77104	−9.33848	−19.3238	−23.4974	0.039992	−0.00352
−6.6916	−9.27312	−19.159	−23.3726	0.034494	0.00303
−6.16371	−9.37889	−18.8007	−23.9731	−0.0145	0.000491
−7.42473	−9.25455	−20.4317	−23.6731	−0.03802	−0.00197
−7.16059	−9.3212	−20.4991	−23.9731	−0.00794	−0.00753
−5.60687	−9.3341	−18.2917	−23.9731	−0.00401	−0.00303
−5.00101	−9.33959	−16.8583	−23.9731	0.076128	0.025967
−5.97881	−9.33629	−19.1295	−23.9731	0.029574	0.049602
−6.37323	−8.94409	−19.2157	−23.9731	0.039007	0.004995
−7.18287	−9.11444	−20.634	−22.528	0.050588	−0.04607
−6.08245	−9.15947	−18.6181	−23.9731	−0.01302	−0.05207

（续）

垂向力分量伪损伤密度的对数		轴头垂向加速度伪损伤密度的对数		路面坡度	
−7.42526	−8.88399	−20.6359	−23.0718	−0.00745	−0.03802
−7.85604	−9.17281	−21.2771	−23.0207	−0.00098	−0.03253
−7.28517	−8.73314	−20.4634	−22.1001	−0.0045	−0.01146
−7.59011	−9.06417	−20.8153	−22.6963	0.018509	−0.00205
−8.05489	−8.53971	−22.3954	−22.6327	0.046479	−0.00295
−6.7664	−8.33871	−19.5939	−22.0356	0.055029	0.009946
−8.2237	−9.00406	−21.2771	−22.8611	0.030066	0.002457
−8.35409	−9.07365	−22.1059	−22.9336	0.001965	0.000491
−8.26245	−9.04637	−21.595	−22.799	0.001965	−0.01245
−9.30867	−8.87746	−23.6731	−22.5949	0.027606	−0.00655
−7.89549	−8.69344	−20.6772	−22.528	0.033018	−0.00598
−9.02604	−6.96721	−22.975	−20.084	0.020967	−0.00246
−8.36193	−8.32847	−20.6887	−21.407	0.023508	0.004504
−9.18347	−8.10798	−23.9731	−21.6851	0.032034	0.004504
−9.16757	−8.78724	−23.6731	−22.3417	0.039582	−0.01556
−9.01648	−7.79116	−23.1298	−20.6105	0.03753	−0.03294
−9.03035	−8.51818	−22.1001	−21.9929	0.0395	−0.03162
−8.38011	−7.94641	−23.1967	−21.7473	0.044015	−0.029
−9.22387	−8.71835	−23.1967	−22.2509	0.028016	−0.02695
−9.20401	−8.21723	−23.9731	−21.4606	−0.005	−0.0045
−9.19204	−8.43692	−23.6731	−22.0209	0.001965	0.006469
−9.27788	−8.86953	−23.9731	−22.3624	0.00606	−0.00549
−8.54731	−8.67559	−21.9623	−22.0667	0.010973	0.009008
−9.17206	−7.97181	−23.2758	−21.1643	0.004012	−0.00803
−9.27981	−8.89497	−23.9731	−22.4069	0.013021	−0.03302
−9.27407	−8.58219	−23.9731	−22.2043	0.037038	−0.01851

用 $\overline{X}$（可以视为已知常数）和 $\overline{Y}$ 分别记 X_i 和 Y_i 的算术平均，式（1-55）可以改写为

$$Y_i = \beta_0 + \beta_1(X_i - \overline{X}) + e_i, i = 1, \cdots, n \tag{1-57}$$

式中

$$\beta_1 = b_1, \quad \beta_0 = b_0 + b_1\overline{X} \tag{1-58}$$

进行这样的改写后因子 $X_i - \overline{X}$ 对 $i = 1, \cdots, n$ 求和为 0，故将这种改写称为模型的中心化，这样做的好处下面可以见到。

1.7.1.1 对 β_0 和 β_1 的点估计——最小二乘法

在模型式（1-57）和式（1-58）中，利用数据（1-54）去估计 β_0 和 β_1（下面会用图 1-9 所示的数据做一个例子）。假定用 α_0 和 α_1 去估计 β_0 和 β_1，则回归函数 $\beta_0 + \beta_1(x - \overline{X})$ 将用 $\alpha_0 + \alpha_1(x - \overline{X})$ 去估计，而它在 X_i 点进行预测，结果为

$$\hat{Y}_i = \alpha_0 + \alpha_1 (X_i - \overline{X}), i = 1, \cdots, n \tag{1-59}$$

但是已经实际观察到，在 $X = X_i$ 处 Y 的取值为 Y_i，这样就有偏离 $Y_i - \hat{Y}_i$，$i = 1$，$\cdots$，n。

这里需要定一个准则，来衡量由此所导致的偏差，一个简单合理的指标是它们的平方和：

$$Q(\alpha_0, \alpha_1) = \sum_{i=1}^{n} (Y_i - \hat{Y}_i)^2 = \sum_{i=1}^{n} [Y_i - \alpha_0 - \alpha_1 (X_i - \overline{X})]^2 \tag{1-60}$$

当然是希望这些偏离越小越好，因此找 α_0、α_1 之值，使式（1-60）达到最小，故令

$$\frac{\partial Q}{\partial \alpha_0} = -2 \sum_{i=1}^{n} [Y_i - \alpha_0 - \alpha_1 (X_i - \overline{X})] = 0 \tag{1-61}$$

$$\frac{\partial Q}{\partial \alpha_1} = -2 \sum_{i=1}^{n} (X_i - \overline{X}) [Y_i - \alpha_0 - \alpha_1 (X_i - \overline{X})] = 0 \tag{1-62}$$

解式（1-61）和式（1-62）有

$$\hat{\beta}_0 = \alpha_0 = \overline{Y} \tag{1-63}$$

$$\hat{\beta}_1 = \alpha_1 = \sum_{i=1}^{n} (X_i - \overline{X})(Y_i - \overline{Y}) \Big/ \sum_{i=1}^{n} (X_i - \overline{X})^2 \tag{1-64}$$

式（1-63）和式（1-64）中分别用 $\hat{\beta}_0$ 和 $\hat{\beta}_1$ 来表达和强调相关结果是对 β_0 和 β_1 的一个合理估计，这一方法称为"最小二乘法"，可以看到 $\hat{\beta}_0$ 和 $\hat{\beta}_1$ 均是观察值 Y_1，$\cdots$，Y_n 的线性函数，且具有以下一些重要的良好性质。

1）$\hat{\beta}_0$ 和 $\hat{\beta}_1$ 是 β_0 和 β_1 的无偏估计。

2）$\hat{\beta}_0$ 和 $\hat{\beta}_1$ 的方差分别为

$$\mathrm{Var}(\hat{\beta}_0) = \sigma^2 / n \tag{1-65}$$

$$\mathrm{Var}(\hat{\beta}_1) = \frac{\sigma^2}{\sum_{i=1}^{n} (X_i - \overline{X})^2} \tag{1-66}$$

由式（1-66）可以看到，为了让 $\mathrm{Var}(\hat{\beta}_1)$ 尽可能变小，需要让 $\sum_{i=1}^{n} (X_i - \overline{X})^2$ 尽可能大，因此，在试验点有意义的范围内需要让样本点 X_1，$\cdots$，X_n 尽可能散开。

3）$\hat{\beta}_0$ 和 $\hat{\beta}_1$ 不相关。这里显示了中心化的好处，因为如果模型（1-55）中参数 b_0 和 b_1 的最小二乘估计为 $\hat{b}_0$ 和 $\hat{b}_1$，则二者并非不相关。

这里给出 $\hat{b}_0$ 和 $\hat{b}_1$ 与 $\hat{\beta}_0$ 和 $\hat{\beta}_1$ 的折算关系：

$$\hat{b}_1 = \hat{\beta}_1, \hat{b}_0 = \overline{Y} - \hat{b}_1 \overline{X} = \hat{\beta}_0 - \hat{b}_1 \overline{X} \tag{1-67}$$

此外，之前对于随机误差 e 的假定或者说要求 $E(e_i) = 0$ 以及 $\mathrm{Var}(e_i) = \sigma^2$，如果进一步加强条件，要求随机误差 e 服从正态分布，则由 $\hat{\beta}_0$ 和 $\hat{\beta}_1$ 不相关立即可以推得 $\hat{\beta}_0$ 和 $\hat{\beta}_1$ 独立。此后将保留对随机误差 e 的这一要求，并在此基础上进一步讨论。

1.7.1.2 残差

在 $X=X_i$ 处，因变量 Y 的估计值 $\hat{Y}_i$ 与实际观察值 Y_i 之差称为残差 δ_i，即

$$\delta_i = Y_i - \hat{Y}_i, i=1,\cdots,n \tag{1-68}$$

当模型式（1-56）和式（1-57）正确时，可以证明

$$\hat{\sigma}^2 = \frac{1}{n-2}\sum_{i=1}^{n}\delta_i^2 \tag{1-69}$$

是 σ^2 的一个无偏估计。

$\sum_{i=1}^{n}\delta_i^2$ 称为残差平方和（SSE），其重要性质是，当随机误差 e_i 服从正态分布 $N(0,\sigma^2)$ 时，有

$$\frac{\sum_{i=1}^{n}\delta_i^2}{\sigma^2} \sim \chi_{n-2}^2 \tag{1-70}$$

残差的另一个作用是用以考察模型式（1-56）和式（1-57）是否正确。当模型正确时，残差是误差的一种反映，因为误差 $e_1,\cdots,e_n$ 为独立同分布，具有"杂乱无章"的性质，因此，残差 $\delta_1,\cdots,\delta_n$ 也应如此。如果残差 $\delta_1,\cdots,\delta_n$ 呈现出某种规律性，则可能是模型中某方面假定与事实不符的征兆。这种通过残差去考察回归模型是否正确的做法，叫作"回归诊断"，已经发展为回归分析的一个分支。

采用以上理论和方法对图 1-9 所示的结果进行一元线性回归分析，用 X_i 表示在一小段等同长度行驶里程中左前轮轴头垂向加速度伪损伤密度对数，用 Y_i 表示左前轮垂向力伪损伤密度对数，则依据表 1-9 中的数据以及式（1-63）和式（1-64）可得 $\hat{\beta}_0 = -8.3390$，$\hat{\beta}_1 = 0.5860$，再依据式（1-67）得到 $b_0 = 4.5710$，$b_1 = 0.5860$，即 $Y = 4.5710+0.5860X$。

在以获取路面特征、地势地貌、驾驶习惯等统计变异性信息为核心目的的群体采样过程中，由于无法对每一辆样本车辆都安装复杂的传感器，只能进行所谓的"轻量化"采集，安装少量的传感器、甚至主要依靠车内总线记录的信息，因此，后期需要通过给相关车辆安装相关的传感器进行全通道采集，来寻找轻量化采集及全通道采集之间的信息关联。在这个过程中，回归分析往往会扮演重要的角色。

1.7.1.3 区间估计和预测

1.7.1.3.1 回归系数的区间估计

在误差 e_i 独立同分布于 $N(0,\sigma^2)$ 的假定下，可以证明，对于 β_1 来说，置信度为 $1-\alpha$ 的置信区间为

$$\left[\hat{\beta}_1 - \hat{\sigma}S_x^{-1}t_{n-2}\left(\frac{\alpha}{2}\right),\ \hat{\beta}_1 + \hat{\sigma}S_x^{-1}t_{n-2}\left(\frac{\alpha}{2}\right)\right] \tag{1-71}$$

而置信度为 $1-\alpha$ 的置信上、下界为

$$\hat{\beta}_1 + \hat{\sigma}S_x^{-1}t_{n-2}(\alpha) \text{ 和 } \hat{\beta}_1 - \hat{\sigma}S_x^{-1}t_{n-2}(\alpha) \tag{1-72}$$

对于 β_0 来说，置信度为 $1-\alpha$ 的置信区间为

$$\left[\overline{Y} - \frac{\hat{\sigma}}{\sqrt{n}}t_{n-2}\left(\frac{\alpha}{2}\right),\ \overline{Y} + \frac{\hat{\sigma}}{\sqrt{n}}t_{n-2}\left(\frac{\alpha}{2}\right)\right] \tag{1-73}$$

而置信度为 $1-\alpha$ 的置信上、下界为

$$\overline{Y}+\frac{\hat{\sigma}}{\sqrt{n}}t_{n-2}(\alpha)\ \text{和}\ \overline{Y}-\frac{\hat{\sigma}}{\sqrt{n}}t_{n-2}(\alpha) \tag{1-74}$$

式（1-71）~式（1-74）中，$S_x^{-1}=\dfrac{1}{\sqrt{\displaystyle\sum_{i=1}^{n}(X_i-\overline{X})^2}}$，$\hat{\sigma}$ 如式（1-69）所示，t_{n-2} 为 $n-2$ 自由度的 t 分布。

1.7.1.3.2 回归函数及预测值的区间估计

这里首先要区分两个概念：回归函数估计和预测。

假设 Y 对 X 的回归函数为 x 的线性函数 $m(x)=b_0+b_1x$，如果通过样本对 b_0 和 b_1 做出了估计 $\hat{b}_0$ 和 $\hat{b}_1$，用 $\hat{b}_0+\hat{b}_1x$ 去估计 b_0+b_1x，则称这一过程为对回归函数 $m(x)$ 进行估计。

而如果是在特定的自变量值 x_0 之下，去预测因变量 Y 将取的值 y_0，则这一过程称为预测。

需要强调和特别注意的是，回归函数估计问题与预测问题看似相似，但是实际上很不一样，预测的精度要比估计回归函数差。假设在 $X=X_0$ 处进行观察，随机误差为 e_0，而 Y 的值为 y_0，则 $y_0=f(x_0)+e_0$。可以看到为了预测 y_0，需要对 $f(x_0)$ 进行估计，同时也对随机误差 e_0 进行估计，二者相加得出 y_0。随机误差 e_0 的值随机会而定，没有什么好的估计方法。因此，相对于估计回归函数，对于预测而言，除了回归函数有的一个误差，还要加上一个随机误差 e_0。

在工程中实际应用回归分析时，有必要首先清楚所面临的问题是回归函数估计问题还是预测问题。

对于估计回归函数的问题，仍记回归函数为

$$m(x)=\beta_0+\beta_1(x_1-\overline{X}_1)$$

则 $m(x)$ 的点估计为

$$\hat{m}(x)=\hat{\beta}_0+\hat{\beta}_1(x_1-\overline{X}_1)$$

其期望值为 $m(x)$，方差为

$$\lambda^2(x)\sigma^2=\left[\frac{1}{n}+\frac{(x-\overline{X})^2}{S_x^2}\right]\sigma^2$$

可以证明 $\dfrac{\hat{m}(x)-m(x)}{\lambda(x)\hat{\sigma}}\sim t_{n-2}$，故 $m(x)$ 的区间估计为

$$\hat{m}(x)-\hat{\sigma}\left[\frac{1}{n}+\frac{(x-\overline{X})^2}{S_x^2}\right]^{\frac{1}{2}}t_{n-2}\left(\frac{\alpha}{2}\right)\leqslant m(x)\leqslant \hat{m}(x)+\hat{\sigma}\left[\frac{1}{n}+\frac{(x-\overline{X})^2}{S_x^2}\right]^{\frac{1}{2}}t_{n-2}\left(\frac{\alpha}{2}\right) \tag{1-75}$$

式中，$S_x^2=\displaystyle\sum_{i=1}^{n}(X_i-\overline{X})^2$，置信度为 $1-\alpha$。

在式（1-75）中令 $x=0$，得到模型（1-55）中的常数 b_0 的区间估计，令 $x=\overline{X}$，得到模型（1-57）中的常数 β_0 的区间估计，或者说 β_0 的区间估计为 $\hat{m}(x)\pm\dfrac{\hat{\sigma}}{\sqrt{n}}t_{n-2}\left(\dfrac{\alpha}{2}\right)$。

从式（1-75）可以看到，对于回归函数的区间估计的区间长度为 $2\hat{\sigma}\left[\dfrac{1}{n}+\dfrac{(x-\overline{X})^2}{S_x^2}\right]^{\frac{1}{2}}t_{n-2}\left(\dfrac{\alpha}{2}\right)$，这个长度与 x 有关，x 越接近样本的中心 $\overline{X}$，则 $(x-\overline{X})^2$ 越小，从而使区间长度越小。换句话说，在估计回归函数 $m(x)$ 的时候，越靠近样本中心点越准确。另外，当 n 很大的时候，上述区间的长度将趋于 0，这一点与下面的情形有所不同。

对于预测问题，在自变量的值 x_0 处预测因变量 Y 的取值 y_0，若用 $\hat{m}(x_0)$ 表示 y_0 的点估计，则其区间估计为

$$\hat{m}(x_0)-\hat{\sigma}\sqrt{1+\dfrac{1}{n}+\dfrac{(x-\overline{X})^2}{S_x^2}}t_{n-2}\left(\dfrac{\alpha}{2}\right) \leqslant y_0 \leqslant \hat{m}(x_0)+\hat{\sigma}\sqrt{1+\dfrac{1}{n}+\dfrac{(x-\overline{X})^2}{S_x^2}}t_{n-2}\left(\dfrac{\alpha}{2}\right) \quad (1\text{-}76)$$

置信度为 $1-\alpha$。

对于预测来说，其预测区间长度为 $2\hat{\sigma}\sqrt{1+\dfrac{1}{n}+\dfrac{(x-\overline{X})^2}{S_x^2}}t_{n-2}\left(\dfrac{\alpha}{2}\right)$，随着 n 趋于无穷大，$\left(1+\dfrac{1}{n}+\dfrac{(x-\overline{X})^2}{S_x^2}\right)$ 的值总是大于 1，也就是说，对于预测问题，无论有多少样本，区间预测的精度仍然有一个界限，因为上面提过，预测问题中包含了一个无法克服的随机误差项 e_0。

在通过最小二乘法完成了对于 $\hat{\beta}_0$、$\hat{\beta}_1$ 的点估计后，继续对表 1-9 中的数据进行分析，进行区间估计。

在点估计的基础上依据式（1-69）可得 $\hat{\sigma}=\sqrt{\dfrac{1}{n-2}\sum\limits_{i=1}^{n}\delta_i^2}=\sqrt{\dfrac{7.091}{98}}=0.2690$；$S_x^{-1}=\dfrac{1}{\sqrt{\sum\limits_{i=1}^{n}(X_i-\overline{X})^2}}=0.0617$；取置信度为 95%，则 98 自由度的 t 分布 97.5% 上分位点为 1.9845，

按照式（1-71）可得 β_1 置信度为 95% 的置信区间为 0.5860 ± 0.0329；考虑到 $\overline{Y}=-8.3390$，而按照式（1-73）可得 β_0 置信度为 95% 的置信区间为 -8.3390 ± 0.0534；同样可以得到 b_1 置信度为 95% 的置信区间 0.5860 ± 0.0329，而 b_0 置信度为 95% 的置信区间为 4.571 ± 0.728。

1.7.1.4 假设检验

有关一元线性回归很有实用价值的一个检验问题是：检验原假设

$$H_0:\beta_1=c \quad (1\text{-}77)$$

其中 c 是一个特定的常数，对立假设为 $H_1:\beta_1\neq c$。

这其中尤其是 $c=0$ 的情况，因为 $\beta_1=0$ 表示回归函数为一常数 β_0，与 x 无关。如果 $H_0:\beta_1=0$ 被接受了，实际意味着所选定的自变量 X 对于因变量 Y 没有什么影响，故研究两者之间的关系也就没有什么意义。

不加证明地给出如下重要结论：

当 $\left|\hat{\beta}_1-c\right|\leqslant\hat{\sigma}S_x t_{n-2}\left(\dfrac{\alpha}{2}\right)$ 时就接受 H_0，不然就否定 H_0，检验水平为 α。

在此利用表 1-9 中的数据进行分析，来看一下垂向力伪损伤密度的对数是否与轴头垂向

加速度伪损伤密度的对数有关系。由于 $\hat{\sigma} = 0.2690$，$S_x = 16.2075$，$t_{98}(0.025) = 1.9845$，$\hat{\beta}_1 = 0.5860$。

在此例中，取 $c = 0$ 是没有意义的，因为车轮轴头垂向加速度与垂向力分量的伪损伤密度是有着显著关联关系的（参看后面相关性分析一节）。如果假设检验 $\beta_1 = 0$ 即使接受了，也只能归因于样本量太小（表1-9中的样本量仅有20km左右），也不大会认为 $\beta_1 = 0$ 真的可以被接受。可以考虑的假设是 c 取一个合理的数字，例如 $c = 9$，这个假设可以理解为在另一辆车上曾经做过较大规模的测量，那里比较确切地估计出 $\beta_1 = 9$，现在换了一辆车，行驶了不多的里程，在无比较显著的证据的情况下，不愿意轻易地认为 $\beta_1 = 9$ 这个结果不适用于新的车型，因此去了一个较低的检验水平（检验水平为5%），具体按照相关公式计算得到

$$\hat{\sigma} S_x t_{n-2}\left(\frac{\alpha}{2}\right) = 0.2690 \times 16.2075 \times 1.9845 = 8.652$$

而 $|\hat{\beta}_1 - c| = |0.5860 - 9| = 8.414 < 8.652$，故应该接受原假设 $\beta_1 = 9$，而如果原假设为 $\beta_1 = 10$ 就被否定了。

最后需要强调的是，在自变量 X 和因变量 Y 都是随机的场合，往往可以把其中任一个取为自变量，这时就存在两个回归方程，如果都是线性的，则分别有形状

$$y = a + bx, \quad x = c + dy$$

需要注意的是，这两个方程并不一致，意思是，如果基于 $y = a + bx$ 解出 $x = -\dfrac{a}{b} + y/b$，则这个方程不一定就是 $x = c + dy$。例如，在对表1-9中的轴头垂向加速度伪损伤密度的对数及垂向力伪损伤密度的对数进行回归分析之后得到 $Y = 4.5710 + 0.5860X$，如果基于这个回归结果去反推，似乎有 $X = -7.800 + 1.706Y$ 的对应关系，但是，实际上把 Y 作为自变量进行一元线性回归分析的结果是 $X = -8.839 + 1.582Y$，如图1-10所示。

产生这样的结果不难理解。假设 (X, Y) 的联合分布为二维正态分布 $N(a, b, \sigma_1^2, \sigma_2^2, \rho)$，则 Y 对 X 的回归方程为 $y - b = \rho\sigma_2\sigma_1^{-1}(x - a)$，而 X 对 Y 的回归方程则为 $x - a = \rho\sigma_1\sigma_2^{-1}(y - b)$。除非 $\rho = 1$，即 X 与 Y 之间有严格的线性关系，否则两者本不一致。

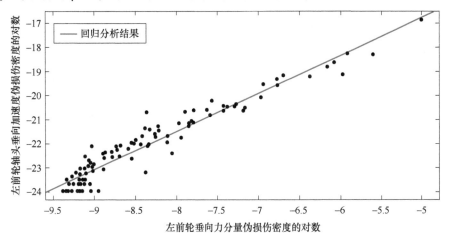

图1-10 左前轮垂向力分量伪损伤密度的对数作为自变量与轴头垂向加速度
伪损伤密度的对数之间的回归关系

1.7.2 多元线性回归

考虑有 p 个自变量 X_1，$\cdots$，X_p 的情形，因变量仍记为 Y，模型为

$$Y = b_0 + b_1 X_1 + \cdots + b_p X_p + e \tag{1-78}$$

式中，b_0 为常数项或截距，b_k 称为 Y 对 X_k 的回归系数，或偏回归系数，e 仍为随机误差。

现假设对 X_1，$\cdots$，X_p 和 Y 进行 n 次观察，第 i 次观察时它们的取值分别记为 X_{1i}，$\cdots$，X_{pi} 和 Y_i，随机误差为 e_i，则得到方程

$$Y_i = b_0 + b_1 X_{1i} + \cdots + b_p X_{pi} + e_i, i = 1, \cdots, n \tag{1-79}$$

这里假定 e_1，$\cdots$，e_n 独立同分布

$$E(e_i) = 0, 0 < \mathrm{Var}(e_i) = \sigma^2 < \infty \tag{1-80}$$

误差方差未知。

统计的问题和任务是根据观察到的 n 组数据

$$(X_{1i}, \cdots, X_{pi}, Y_i), i = 1, \cdots, n \tag{1-81}$$

对 b_0，$\cdots$，b_p 和误差方差 σ^2 进行估计，对回归函数 $b_0 + b_1 X_{1i} + \cdots + b_p X_{pi}$ 进行估计，在自变量的给定值 $(x_1^0, \cdots, x_p^0)$ 处对因变量 Y 的取值进行预测，以及有关的假设检验问题。

在讨论一元线性回归的情况时曾实行"中心化"，这一变换对于多元的情况同样有用，方法也一样。算出每个自变量 X_k 在 n 次观察中取值的算术平均 $\overline{X}_k = (X_{k1} + \cdots + X_{kn})/n$，而后令

$$X_{ki}^* = X_{ki} - \overline{X}_k, i = 1, \cdots, n; k = 1, \cdots, p \tag{1-82}$$

即可将式（1-75）写为

$$Y_i = \beta_0 + \beta_1 X_{1i}^* + \cdots + \beta_p X_{pi}^* + e_i, i = 1, \cdots, n \tag{1-83}$$

β_k 等与 b_k 等的关系是

$$\beta_k = b_k, k = 1, \cdots, p; \beta_0 = b_0 + b_1 \overline{X}_1 + \cdots + b_p \overline{X}_p \tag{1-84}$$

如在模型（1-83）之下对 β_k 等做了估计，则可用式（1-84）将其转化为对 b_k 等的估计。在本节只讨论模型（1-83），略去 X_{ki}^* 中的"$*$"号，仍记为 X_{ki}。

1.7.2.1 最小二乘估计

与一元的情形一样，令

$$Q(\alpha_0, \alpha_1, \cdots, \alpha_p) = \sum_{i=1}^{n} (Y_i - \alpha_0 - X_{1i}\alpha_1 - \cdots - X_{pi}\alpha_p)^2$$

然后找 α_0，$\cdots$，α_p 之值，记为 $\hat{\beta}_0$，$\cdots$，$\hat{\beta}_p$，使上式达到最小，$\hat{\beta}_i$ 等就是 β_i 等的最小二乘估计。求解方程

$$\frac{\partial Q}{\partial \alpha_0} = 0, \frac{\partial Q}{\partial \alpha_1} = 0, \cdots, \frac{\partial Q}{\partial \alpha_p} = 0$$

即得。

引入如下矩阵和向量对这一过程进行更加清晰的梳理。首先，用式（1-81）中的 n 组观测数据，构建如下矩阵和向量：

$$\boldsymbol{X}_{(pn)} = \begin{bmatrix} X_{11} & X_{12} & \cdots & X_{1n} \\ X_{21} & X_{22} & \cdots & X_{2n} \\ \vdots & \vdots & \vdots & \vdots \\ X_{p1} & X_{p2} & \cdots & X_{pn} \end{bmatrix} \qquad \boldsymbol{Y}_{(n)} = \begin{bmatrix} Y_1 \\ Y_2 \\ \vdots \\ Y_n \end{bmatrix} \qquad (1\text{-}85)$$

这里再次强调，式（1-85）中所有的 X_{ki} 都是"中心化"以后的数值。然后，按照算法 $l_{uv} = \sum_{i=1}^{n} X_{ui} X_{vi}$ 构造 p 阶方阵 $\boldsymbol{L}$，如果用 $\boldsymbol{X}'_{(pn)}$ 来表示矩阵 $\boldsymbol{X}_{(pn)}$ 的转置，则 $\boldsymbol{L} = \boldsymbol{X}_{(pn)} \boldsymbol{X}'_{(pn)}$

$$\boldsymbol{L} = \begin{bmatrix} l_{11} & l_{12} & \cdots & l_{1p} \\ l_{21} & l_{22} & \cdots & l_{2p} \\ \vdots & \vdots & \vdots & \vdots \\ l_{p1} & l_{p2} & \cdots & l_{pp} \end{bmatrix} \qquad (1\text{-}86)$$

并用如下向量表示参与计算的一些系数：

$$\boldsymbol{\beta} = \begin{bmatrix} \beta_1 \\ \beta_2 \\ \vdots \\ \beta_p \end{bmatrix}, \quad \hat{\boldsymbol{\beta}} = \begin{bmatrix} \hat{\beta}_1 \\ \hat{\beta}_2 \\ \vdots \\ \hat{\beta}_p \end{bmatrix}, \quad \boldsymbol{\alpha} = \begin{bmatrix} \alpha_1 \\ \alpha_2 \\ \vdots \\ \alpha_p \end{bmatrix}$$

在此基础上，最小二乘法归结为求解如下方程组：

$$\boldsymbol{L\alpha} = \boldsymbol{X}_{(pn)} \boldsymbol{Y}_{(n)} \qquad (1\text{-}87)$$

方程组（1-87）称为正则方程，其解即向量 $\boldsymbol{\beta}$ 的最小二乘估计，可表达为

$$\hat{\boldsymbol{\beta}} = \boldsymbol{L}^{-1} \boldsymbol{X}_{(pn)} \boldsymbol{Y}_{(n)} \qquad (1\text{-}88)$$

而 $\hat{\beta}_0 = \overline{Y}$。

这里有一个情况需要特别注意：如果 $|\boldsymbol{L}| = 0$，则上述方程无解。即便 $|\boldsymbol{L}| \neq 0$，但是很接近零，这时诸系数 l_{uv} 在计算上的一点点误差也会导致式（1-88）的结果出现重大改变，从而导致回归系数的估计失去了稳定性和可信性。这种情况在统计学上称为"复共线性"，意指若干个自变量之间存在着高度的线性关系。在进行多元线性回归分析的时候，复共线性很有破坏性。对于多个随机的自变量，可以通过分析其相关性（下一节的内容）并删去若干不必要的、可由其他自变量代替的自变量，否则不能使用最小二乘法。

表 1-10 给出了 5 维随机向量（X_{x0}, X_{x1}, X_y, X_z, X_{Speed}）的 100 个观察样本，这一向量的定义参见 1.6.2 节。对这 100 个样本进行计算，可以得到

$$\boldsymbol{L} = \begin{bmatrix} 90 & 21 & 38 & 37 & -801 \\ 21 & 114 & 34 & 36 & -744 \\ 38 & 34 & 102 & 65 & -869 \\ 37 & 36 & 65 & 149 & 118 \\ -801 & -744 & -869 & 118 & 50475 \end{bmatrix}$$

进而 $|\boldsymbol{L}| = 2.6628 \times 10^{12} \gg 0$，说明这五个维度之间决然不存在复共线性的问题。这一结

论可以与下一小节进行相关性分析的结果相呼应，表 1-10 中的数据也可以供读者进行下一节相关性分析的练习使用。

表 1-10 某型车辆行驶过程中 $(X_{x0}, X_{x1}, X_y, X_z, X_{Speed})$ 5 维随机向量及与六个载荷之间 100 个观察值

X_{x0}	X_{x1}	X_y	X_z	X_{Speed}	COG_ACC_z	F_ARB	LF_STR	LF_Force_x	LF_Force_y	LF_Force_z
−26.4212	−28.6197	−26.78	−18.4389	40.95282	−25.1070	−11.0374	−7.4735	−7.6049	−8.8900	−5.9469
−27.6024	−27.7753	−27.9735	−19.6686	38.24719	−26.3633	−12.3244	−9.1524	−7.5295	−9.5759	−7.0514
−29.6221	−27.5307	−27.4617	−19.9466	62.22132	−25.7752	−11.9683	−9.4321	−8.2712	−9.8203	−7.1965
−27.9144	−27.5248	−27.9346	−20.5412	45.11757	−26.2847	−12.8043	−9.7698	−7.8949	−9.9334	−7.3875
−26.7397	−27.6719	−26.7448	−19.3997	53.64059	−25.7907	−10.8993	−9.1826	−8.8727	−9.6450	−6.6609
−26.449	−26.4111	−27.0521	−18.4966	44.38941	−25.2556	−11.4206	−7.9667	−7.3173	−9.5086	−5.7598
−29.8592	−29.0671	−28.8404	−22.8367	56.37086	−28.0026	−14.1216	−11.8889	−10.3303	−10.7866	−9.0139
−28.6	−26.622	−27.3309	−20.7467	55.50349	−26.2106	−11.1147	−8.6650	−9.8633	−9.8808	−7.5227
−28.077	−28.2617	−28.2228	−20.5617	47.59377	−26.7870	−12.7926	−9.5266	−9.3102	−9.6044	−7.3017
−28.3447	−29.2363	−29.3865	−21.2293	50.81339	−27.1419	−14.0879	−10.9216	−9.4156	−10.9400	−7.6788
−30.2864	−28.5875	−28.1746	−20.3697	57.8817	−26.0450	−12.9655	−10.3398	−9.8669	−10.1308	−6.8606
−29.219	−28.7846	−28.1729	−21.0459	52.12479	−26.9333	−13.3209	−10.1795	−9.9995	−9.9740	−8.0986
−27.5055	−29.991	−28.2254	−20.2286	48.53549	−26.7091	−13.1873	−9.8498	−9.5382	−10.0682	−6.9633
−29.6186	−29.222	−29.0804	−22.095	58.68972	−26.9834	−14.3556	−11.2446	−9.8803	−11.0448	−8.3763
−27.8964	−27.5153	−29.1333	−22.0965	30.91284	−27.3417	−13.6707	−10.0428	−7.7864	−10.5032	−8.4849
−29.4567	−30.3662	−29.3168	−22.4084	60.11874	−27.5930	−14.7231	−11.4032	−10.3484	−10.9247	−8.7910
−30.2127	−29.1822	−29.2648	−21.4997	65.36533	−26.7413	−13.6902	−11.2061	−10.2424	−11.2156	−7.9547
−29.875	−28.5111	−28.6658	−22.4829	57.60549	−27.3050	−13.9607	−10.8497	−9.8889	−10.5621	−8.2221
−28.7147	−29.3358	−29.322	−21.9308	55.24691	−27.2144	−14.0519	−11.0836	−9.8153	−11.0200	−8.4254
−28.2193	−26.1231	−29.07	−22.348	53.69955	−27.3292	−14.0650	−10.2225	−7.0216	−9.5892	−8.1296
−28.9322	−27.8731	−28.9299	−21.3666	52.81927	−27.3300	−12.6722	−10.9029	−8.5018	−10.6930	−8.0887
−29.3581	−28.4834	−28.7098	−22.8824	55.30195	−28.2154	−14.5200	−11.4138	−9.0936	−10.6489	−8.9128
−28.5361	−27.3686	−28.8006	−20.4421	65.85938	−26.3976	−12.6591	−10.3128	−9.8974	−10.6700	−7.5332
−30.3059	−29.1954	−30.0376	−22.8912	62.19665	−28.5941	−15.8340	−12.4337	−10.5776	−12.0003	−9.2030
−28.1178	−27.671	−28.6624	−19.5228	60.75793	−26.0432	−12.7255	−9.9787	−9.4399	−10.2619	−7.0521
−28.1614	−27.1325	−28.0732	−18.9403	42.62596	−26.1220	−12.1830	−9.4286	−8.3272	−9.9367	−6.5650
−28.8346	−29.3767	−27.1067	−22.2735	42.10668	−27.4831	−12.8371	−9.2947	−9.5420	−8.8577	−8.1601
−27.8022	−28.9418	−27.1552	−20.1659	46.76204	−26.3282	−10.8904	−9.3979	−9.3501	−9.6993	−7.5185
−27.1593	−26.7622	−26.2932	−18.5408	38.63615	−25.0228	−10.5660	−7.5964	−7.3068	−8.4032	−5.7297
−27.9372	−29.1743	−27.312	−19.0005	46.95448	−26.1812	−11.3486	−10.0351	−8.7691	−9.6946	−6.6478
−28.3951	−29.4349	−28.974	−21.2021	34.11116	−27.4933	−13.6926	−10.7476	−9.5017	−10.9916	−7.8831
−28.575	−28.0467	−28.9029	−22.898	29.65758	−28.2539	−14.1216	−10.6821	−8.0591	−10.7743	−9.1099
−28.9617	−29.5697	−28.6244	−22.0403	37.25975	−27.2782	−13.0922	−10.8625	−8.9192	−10.5207	−8.1505
−29.5378	−29.0844	−29.5937	−22.7398	45.20327	−28.0117	−14.3622	−10.8007	−9.2200	−11.3085	−8.8780
−28.1552	−28.2227	−27.9946	−20.9812	34.18896	−26.7876	−11.7173	−9.8518	−8.5264	−10.1216	−7.7249

（续）

X_{x0}	X_{x1}	X_y	X_z	X_{Speed}	COG_ACC_z	F_ARB	LF_STR	LF_Force_x	LF_Force_y	LF_Force_z
−27.9814	−28.0785	−28.7707	−20.9714	27.50044	−27.5804	−12.6038	−7.5398	−7.7160	−9.1147	−8.1428
−28.7432	−27.6331	−28.6109	−22.4607	32.81168	−27.9100	−13.2674	−10.0372	−7.7654	−9.5930	−8.2621
−28.2438	−28.8682	−27.7662	−22.5717	40.42167	−27.6605	−12.2795	−9.8048	−8.8761	−9.9657	−8.4064
−28.6898	−29.1704	−28.4316	−21.474	47.87594	−27.4399	−12.5230	−10.5133	−9.8063	−10.4539	−8.5086
−28.2326	−28.1211	−28.3401	−19.6019	45.51444	−26.7201	−12.5984	−9.9250	−8.8710	−10.8969	−7.0555
−28.1334	−28.199	−27.7065	−19.728	35.039	−26.2998	−12.5451	−8.5833	−8.5529	−9.5389	−7.1698
−28.1304	−28.7396	−27.2303	−20.7155	33.06342	−26.3415	−11.7731	−9.3140	−8.7651	−9.0508	−7.1594
−29.9626	−27.8148	−27.3905	−20.2459	42.73478	−27.1992	−13.0996	−10.0233	−8.9236	−9.3482	−7.6103
−29.8002	−28.1156	−26.9957	−21.264	40.87741	−27.0620	−11.0041	−8.3213	−9.5972	−9.0803	−8.1211
−27.2364	−29.7722	−26.2146	−18.6874	45.58408	−24.7197	−10.4967	−7.8864	−8.6409	−8.6696	−6.2606
−28.5575	−30.4603	−28.7882	−20.7238	80.89668	−26.4312	−13.7470	−10.4452	−10.8017	−10.6524	−7.5536
−28.5262	−30.0926	−28.9277	−20.4276	75.11828	−26.7776	−14.1817	−11.2171	−10.4225	−11.0187	−7.4065
−29.2627	−29.6135	−29.6626	−21.854	76.29477	−27.0682	−14.0647	−11.5267	−10.4229	−11.4727	−8.3717
−28.9852	−28.4162	−29.1384	−20.4242	72.77512	−26.5317	−13.5244	−10.2354	−9.0385	−10.7983	−7.6909
−28.718	−28.304	−26.3188	−21.1985	42.93117	−26.7654	−12.3048	−8.8868	−8.5446	−8.5305	−7.7691
−28.7776	−28.421	−29.675	−22.2159	36.84548	−27.3715	−14.8783	−10.4442	−8.9089	−11.3899	−8.5383
−28.3213	−27.9223	−27.4799	−20.7269	32.48006	−26.6083	−11.8980	−9.9208	−8.6376	−9.1178	−7.4388
−28.7113	−27.4382	−28.6077	−20.7933	48.3731	−26.7643	−12.6107	−9.8577	−8.5895	−10.0839	−7.5548
−29.6057	−27.731	−28.6163	−21.8737	52.29195	−26.5558	−13.2111	−10.8301	−9.4730	−11.2167	−8.0029
−28.4856	−27.8777	−28.6636	−19.3581	61.73527	−26.0346	−12.5998	−9.8673	−9.1244	−11.0477	−6.6324
−29.028	−28.5044	−29.3831	−21.3871	56.30351	−27.3929	−13.8702	−10.8355	−9.5352	−11.3362	−8.4903
−27.5686	−26.8724	−27.5029	−20.6301	31.35666	−26.4421	−11.4685	−9.2937	−8.5336	−10.0406	−7.1489
−27.3295	−27.568	−27.316	−20.5872	29.85269	−26.6492	−12.2827	−8.9700	−8.4109	−8.8964	−7.3866
−27.718	−26.606	−27.9794	−21.3623	33.90864	−26.7747	−12.1757	−9.0817	−8.7002	−10.6705	−7.3734
−28.4304	−27.8037	−26.901	−20.5832	36.80947	−26.2789	−12.1131	−9.2343	−8.8199	−9.0333	−7.2140
−29.2688	−28.8594	−27.4809	−20.8448	32.68163	−26.6222	−11.9773	−9.4560	−8.8621	−9.9024	−7.3148
−29.862	−28.7964	−28.3869	−21.3113	24.45115	−26.9932	−12.4385	−10.0709	−9.0798	−10.1781	−7.7183
−26.8243	−27.4164	−27.7612	−21.7928	9.386434	−27.1378	−12.2208	−6.7694	−7.2540	−7.7922	−7.5332
−27.6423	−29.4547	−28.0101	−22.4047	15.96557	−27.8131	−13.2998	−9.3866	−8.8328	−8.4056	−8.5409
−27.6832	−29.8558	−27.2974	−22.0531	25.59697	−27.2526	−12.8798	−9.4508	−9.1010	−9.2737	−7.9949
−28.3698	−28.6397	−27.3214	−22.808	26.35573	−28.4699	−13.4703	−9.2801	−8.1327	−8.5343	−8.7832
−26.9884	−26.5911	−26.869	−21.7746	26.86708	−28.2356	−12.9546	−9.0549	−8.3545	−8.9283	−8.8756
−28.2411	−27.612	−28.1428	−21.6599	39.07439	−27.0631	−12.0693	−6.7258	−7.8071	−7.5888	−8.1776
−28.1352	−28.0223	−29.1465	−22.0123	42.00285	−27.1052	−13.1014	−9.5103	−7.6515	−9.8864	−8.2467
−26.505	−27.0789	−26.5881	−20.9822	47.73577	−27.2033	−13.1241	−9.2935	−7.7290	−10.9073	−8.0856
−26.3441	−28.2271	−26.2897	−18.3189	49.89694	−27.0580	−12.1319	−8.5711	−7.3007	−8.5196	−7.5904
−27.5347	−28.0911	−26.3472	−21.2459	49.38875	−24.8884	−11.1986	−7.5625	−7.3995	−7.9256	−5.8188
−27.8688	−27.7186	−27.8899	−21.7699	70.67046	−26.8538	−12.1297	−8.4499	−7.3699	−8.1836	−7.8398

（续）

X_{x0}	X_{x1}	X_y	X_z	X_{Speed}	COG_ACC_z	F_ARB	LF_STR	LF_Force_x	LF_Force_y	LF_Force_z
-28.6765	-28.7347	-29.0744	-20.0404	91.25316	-27.1917	-13.4497	-9.3892	-7.2791	-9.5557	-7.5635
-27.4612	-27.614	-29.9366	-22.8802	34.14305	-25.8042	-14.1387	-9.4928	-8.1699	-10.3234	-6.6788
-29.3068	-29.0108	-30.1001	-22.3989	93.44589	-27.9920	-15.4283	-9.5694	-7.7679	-11.0617	-8.8703
-29.1684	-30.4937	-30.0435	-22.2576	91.5243	-28.5685	-15.7962	-9.2389	-7.5540	-11.1821	-9.1515
-28.4658	-29.7074	-28.6214	-21.8515	94.21204	-27.6859	-15.7962	-11.5046	-8.2593	-12.0635	-8.8347
-29.1764	-28.7405	-29.188	-22.0697	82.44607	-27.5650	-15.9723	-11.0626	-9.6868	-11.8982	-8.7155
-29.0732	-29.8683	-29.248	-21.9035	91.65209	-27.1647	-12.3882	-10.7248	-10.2296	-11.7579	-8.5574
-29.8284	-26.0613	-27.2575	-19.6891	67.04811	-27.0566	-13.3697	-11.1767	-9.5684	-11.5415	-8.5872
-29.3142	-30.8202	-27.2269	-22.0976	68.93462	-27.3281	-13.3439	-10.9180	-9.3721	-11.6610	-8.5204
-29.2801	-28.6203	-26.8719	-21.5666	69.92218	-25.9346	-12.8063	-8.1977	-7.5720	-9.5112	-6.4858
-29.069	-28.2744	-27.0154	-20.6185	63.69771	-27.3063	-13.0321	-9.6909	-10.4791	-8.9237	-8.2207
-28.5901	-30.1778	-28.5311	-21.0341	103.9378	-27.0014	-12.7572	-10.0233	-9.8792	-9.1164	-8.2213
-30.5921	-26.9866	-26.5064	-18.0321	97.98292	-25.9185	-12.5133	-9.0465	-9.6079	-9.0570	-6.9520
-30.681	-27.1024	-28.0405	-18.4489	64.56632	-26.0409	-12.9748	-10.5482	-10.4976	-10.9805	-7.7782
-28.431	-30.3458	-28.6405	-20.5768	70.05782	-24.7642	-10.8523	-7.4945	-7.3562	-8.3248	-5.8746
-29.9843	-28.1167	-29.3193	-22.0285	85.96252	-25.0247	-11.0948	-8.9566	-8.6988	-9.8906	-6.0187
-28.91	-28.4922	-28.4257	-20.8016	72.07659	-25.8109	-12.1358	-10.4188	-8.3359	-10.5248	-7.1942
-26.8855	-28.7561	-27.0012	-18.5264	80.64425	-26.9981	-14.5099	-11.0046	-8.7637	-11.2793	-8.4972
-28.3655	-28.5488	-28.9407	-20.2351	105.2564	-26.6616	-13.6013	-10.3015	-9.7730	-9.7522	-7.7334
-27.9465	-27.2068	-29.509	-21.1485	87.0976	-25.1373	-11.2827	-7.6036	-8.8651	-8.9407	-5.9286
-28.5489	-29.2164	-29.4271	-21.2451	98.90105	-26.5176	-13.7351	-10.4888	-9.2745	-10.6311	-7.2330
-28.7534	-28.8116	-29.908	-22.4047	95.29628	-26.9727	-15.6713	-9.3776	-7.7952	-11.1899	-7.8193
-28.6958	-28.9361	-29.1674	-21.0085	97.92433	-26.4409	-14.6137	-10.4669	-9.3526	-11.3008	-7.8046
-28.6939	-29.9786	-29.6754	-21.1985	89.97189	-27.3992	-16.1484	-11.0046	-8.8145	-11.9109	-8.7507
-29.2822	-28.5396	-28.6443	-20.4135	103.3667	-26.8234	-14.9723	-11.1558	-10.0302	-11.6646	-7.8612
-29.3466	-30.6531	-28.7371	-22.2473	97.86077	-26.7838	-14.3439	-10.8976	-10.9001	-11.6450	-8.0355
-29.4914	-26.5679	-28.188	-22.3225	75.29532	-25.8145	-13.2138	-9.8384	-8.7302	-10.3620	-7.3054

一元情况中最小二乘估计的性质，对于多元的情况也基本适用，即

1）$\hat{\beta}_0$ 和 $\hat{\beta}$ 分别是 β_0 和 β 的无偏估计。

2）$\mathrm{Cov}(\hat{\beta}_0, \hat{\beta}_j) = 0$，$j = 1$，$\cdots$，$p$，即 $\hat{\beta}_0$ 与每个 $\hat{\beta}_j$ 都不相关。

3）$\mathrm{Var}(\hat{\beta}_0) = \dfrac{\sigma^2}{n}$，$\mathrm{Var}(\hat{\beta}_j) = c_{jj}\sigma^2$，$\mathrm{Cov}(\hat{\beta}_j, \hat{\beta}_k) = c_{jk}\sigma^2$，式中，$c_{jk}$ 表示矩阵 $\boldsymbol{L}^{-1}$ 中第 j 行第 k 列的数值。

1.7.2.2　误差方差 σ^2 的估计

同一元回归一样，定义残差

$$\delta_i = Y_i - (\hat{\beta}_0 + X_{1i}\hat{\beta}_1 + \cdots + X_{pi}\hat{\beta}_p)，i = 1，\cdots，n \tag{1-89}$$

及残差平方和 $\delta_1^2+\cdots+\delta_n^2$，可证明

$$\hat{\sigma}^2 = (\delta_1^2+\cdots+\delta_n^2)/(n-p-1) \tag{1-90}$$

是 σ^2 的一个无偏估计。

当随机误差服从正态分布时，可以证明 $\sum_{i=1}^{n}\delta_i^2/\sigma^2$ 服从自由度 $n-p-1$ 的 χ^2 分布。

1.7.2.3　区间估计与预测

在进行区间估计和预测时，需要将假设条件（1-80）增强为

$e_1,\cdots,e_n$ 独立同分布于 $N(0,\sigma^2)$，$i=1,\cdots,n$。这时，因 $\hat{\beta}_0,\cdots,\hat{\beta}_p$ 都是 $Y_1,\cdots,Y_n$ 的线性函数，所以它们都服从正态分布。

1）回归系数 β_j 的区间估计。可以证明 $\dfrac{\hat{\beta}_j-\beta_j}{\hat{\sigma}\sqrt{c_{jj}}}\sim t_{n-p-1}$，故 β_j 的区间估计为

$$\hat{\beta}_j-\hat{\sigma}\sqrt{c_{jj}}\,t_{n-p-1}(\alpha/2) \leqslant \beta_j \leqslant \hat{\beta}_j+\hat{\sigma}\sqrt{c_{jj}}\,t_{n-p-1}(\alpha/2) \tag{1-91}$$

置信度为 $1-\alpha$。

2）回归函数的区间估计。仍记回归函数为

$$m(x)=\beta_0+\beta_1(x_1-\overline{X}_1)+\cdots+\beta_p(x_p-\overline{X}_p)$$

则 $m(x)$ 的点估计为

$$\hat{m}(x)=\hat{\beta}_0+\hat{\beta}_1(x_1-\overline{X}_1)+\cdots+\hat{\beta}_p(x_p-\overline{X}_p)$$

其期望值为 $m(x)$，方差可以根据 $\hat{\beta}_0,\cdots,\hat{\beta}_p$ 的方差与协方差算出，结果为

$$\lambda^2(x)\sigma^2 = \left[\frac{1}{n}+\sum_{j,k=1}^{p}(x_j-\overline{X}_j)(x_k-\overline{X}_k)c_{jk}\right]\sigma^2$$

可以证明 $\dfrac{\hat{m}(x)-m(x)}{\lambda(x)\hat{\sigma}}\sim t_{n-p-1}$，故 $m(x)$ 的区间估计为

$$\hat{m}(x)-\hat{\sigma}\lambda(x)t_{n-p-1}\left(\frac{\alpha}{2}\right) \leqslant m(x) \leqslant \hat{m}(x)+\hat{\sigma}\lambda(x)t_{n-p-1}\left(\frac{\alpha}{2}\right) \tag{1-92}$$

置信度为 $1-\alpha$。

在式（1-92）中令 $x_1=\cdots=x_p=0$，得到模型（1-79）中常数 b_0 的区间估计。

3）在自变量的值 $x_0=(x_{10},\cdots,x_{p0})$ 处预测因变量 Y 的取值 y_0，若用 $\hat{m}(x_0)$ 表示 y_0 的点估计，则其区间估计为

$$\hat{m}(x_0)-\hat{\sigma}\sqrt{1+\lambda^2(x_0)}\,t_{n-p-1}\left(\frac{\alpha}{2}\right) \leqslant y_0 \leqslant \hat{m}(x_0)+\hat{\sigma}\sqrt{1+\lambda^2(x_0)}\,t_{n-p-1}\left(\frac{\alpha}{2}\right) \tag{1-93}$$

置信度为 $1-\alpha$。

1.7.2.4　假设检验问题

本节仍要假设随机误差服从正态分布，在此基础上讨论一部分回归系数为 0 的检验。

$$考虑原假设 H_0:\beta_1=\cdots\beta_r=0\,(1\leqslant r\leqslant p) \tag{1-94}$$

检验的背景是，全体自变量按其性质分为一些组，而 $X_1,\cdots,X_r$ 是反映某方面性质的因子。式（1-94）的意义是，这方面的因子其实不影响变量 Y 的值。

检验方法：在原模型（1-83）下结合式（1-89）计算出残差的平方和，并记为R_1，即 $R_1 = \sum_{i=1}^{n} \delta_i^n$；以$R_3$记当式（1-94）成立时残差的平方和，即

$$R_3 = \min_{\alpha_0, \alpha_{r+1}, \cdots, \alpha_p} \sum_{i=1}^{n} (Y_i - \alpha_0 - \alpha_{r+1} X_{r+1,i} - \cdots - \alpha_p X_{p,i})^2 \qquad (1\text{-}95)$$

可以证明，当随机误差服从正态分布而H_0成立时，有

$$\frac{R_3 - R_1}{r \hat{\sigma}^2} \sim F_{r, n-p-1}$$

于是得到式（1-94）的检验方法：

当$\frac{1}{r}(R_3 - R_1)/\hat{\sigma}^2 \leqslant F_{r,n-p-1}(\alpha)$时接受$H_0$，不然就否定$H_0$，检验水平为$\alpha$。这个检验通常称为假设（1-94）的$F$检验。

为了计算R_3，需要在新模型

$$Y_i = \beta_0 + \beta_{r+1} X_{r+1,i} + \cdots + \beta_p X_{p,i} + e_i, i = 1, \cdots, n$$

之下算出β_0，β_{r+1}，$\cdots$，β_p的最小二乘估计β_0^*，β_{r+1}^*，$\cdots$，β_p^*。β_0^*仍为$\overline{Y}$，但是β_{r+1}^*，$\cdots$，β_p^*已与在原模型（1-83）下求出的β_{r+1}，$\cdots$，β_p的最小二乘估计$\hat{\beta}_{r+1}$，$\cdots$，$\hat{\beta}_p$不同，涉及较多的计算。

仍然针对表1-9中的数据进行分析。用X_1表示轴头垂向加速度伪损伤密度的对数，用X_2表示路面的坡度，用Y表示车轮垂向力分量伪损伤密度的对数，建立模型

$$Y_i = \beta_0 + \beta_1 X_{1,i} + \beta_2 X_{2,i} + e_i, i = 1, \cdots, 100$$

并用表1-9中的100组数据对上述二元线性回归模型进行分析。相关计算的重要中间结果为

$$\overline{X}_1 = -22.0308, \overline{X}_2 = 0.0028, \overline{Y} = -8.3390$$

$$\boldsymbol{L} = \begin{bmatrix} 262.3836 & -0.0084 \\ -0.0084 & 0.0797 \end{bmatrix} \qquad \boldsymbol{L}^{-1} = \begin{bmatrix} 0.0038 & 0.0004 \\ 0.0004 & 12.5532 \end{bmatrix}$$

1）二元线性回归分析。常数项β_0的最小二乘估计为$\overline{Y} = -8.3390$，而回归系数β_1和β_2的最小二乘估计可由下式求得，为

$$\begin{bmatrix} \hat{\beta}_1 \\ \hat{\beta}_2 \end{bmatrix} = \boldsymbol{L}^{-1} X_{(2,100)} Y_{(100)} = \begin{bmatrix} 0.5861 \\ 2.1462 \end{bmatrix}$$

由式（1-84）可得

$$b_0 = 4.5672, b_1 = 0.5861, b_2 = 2.1462$$

故回归函数为

$$y = 4.5672 + 0.5861 x_1 + 2.1462 x_2$$

回归平面如图1-11所示。

2）假设检验。在1.7.1节的一元线性回归分析过程中得到车轮垂向力分量伪损伤密度的对数Y与轴头垂向加速度伪损伤密度的对数X之间的关系为$y = 4.5710 + 0.5860x$。比较一元线性回归分析和二元线性回归分析的结果可以发现，两个回归函数的常数项和与轴头垂向加速度伪损伤密度的对数有关的系数非常接近，给人一种直观的感觉是坡度在相关的模型中

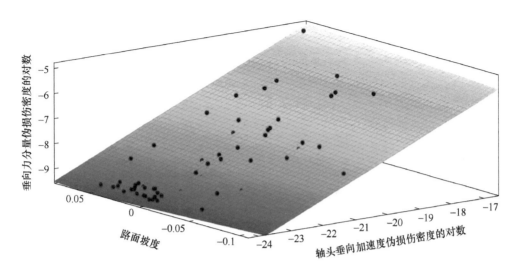

图 1-11 车轮垂向力分量伪损伤密度的对数对于轴头垂向加速度以及坡度两因素的二维线性回归平面

所起的作用不大。为了验证这一直觉，进行如下检验：

考虑原假设 $H_0:\beta_2=0(r=1)$

由式（1-89）计算得 $R_1=6.724$，由式（1-90）计算得 $\hat{\sigma}^2=0.0693$。

1.7.1 节一元线性回归分析的结果可以用来计算 $R_3=7.0909$。

从而 $\dfrac{R_3-R_1}{r\hat{\sigma}^2}=5.2944$，由于 $F_{1,100}(2.3\%)=5.3367$，所以，如果将检验水平定在 2.3%，则原假设将被接受；如果检验水平进一步提高，原假设将被否定。

如果考虑原假设 $H_0:\beta_1=0(r=1)$

则首先通过一元线性回归分析获得车轮垂向力分量伪损伤密度的对数 Y 与路面坡度 X 之间的关系为 $y=-8.345+2.084x$，进而计算 $R_3=96.849$。这样 $\dfrac{R_3-R_1}{r\hat{\sigma}^2}=1300$，原假设被接受的可能性几乎为零。

两相比较，尽管不能很有把握地说车轮垂向力分量伪损伤密度的对数这一随机变量与路面坡度毫无关联（毕竟检验水平不算高，只有 2.3%），但是几乎可以肯定的是车轮垂向力分量伪损伤密度的对数一定与轴头垂向加速度伪损伤密度的对数密切相关。

这里涉及一个选择回归自变量的问题。在一项大型的研究中，看来与因变量 Y 有关的因素往往很多，而在回归方程中却只宜选取一部分关系最密切的，选多了反而不好，统计分析在这一过程中可以起到一定的作用。

1.8 相关分析

相较而言，回归分析着重寻找变量之间的近似函数关系，相关分析则致力于寻找一些数量性的指标，以刻画有关变量之间关系深浅的程度。本小节讨论相关分析及其在车辆耐久性工程分析中的应用和作用。

1.8.1 相关系数

式（1-45）给出了均值和方差的点估计，并且在 1.4.3 节给出了随机向量（X_1，X_2）的两个一维随机变量X_1和X_2之间相关系数（用 r 来表示）的概念和定义。如果（X_{11}，X_{21}），（X_{12}，X_{22}），$\cdots$，（X_{1n}，X_{2n}）是（X_1，X_2）的 n 个独立同分布的观察值，则对于相关系数 r，可以用下式给出其估计值 R：

$$R = \frac{\sum_{i=1}^{n}(X_{1i} - \overline{X}_1)(X_{2i} - \overline{X}_2)}{\left[\sum_{i=1}^{n}(X_{1i} - \overline{X}_1)\sum_{i=1}^{n}(X_{2i} - \overline{X}_2)\right]^{1/2}} \tag{1-96}$$

式中，$\overline{X}_1$ 和 $\overline{X}_2$ 是由样本 X_{1i} 和 X_{2i} 分别按照式（1-45）计算得到的样本均值，而 R 称为样本相关系数。在统计学上，相关系数作为随机变量之间相关程度的刻画，用处很多。

在第 1.6.2 节详细解释了在车辆耐久性工程中为准确量化用户工况而引入的 7 维随机向量（X_{x0}，X_{x1}，X_y，X_z，X_{Speed}，$X_{Gradient}$，X_{Load}），在第 1.7.2.1 节通过对涉及（X_{x0}，X_{x1}，X_y，X_z，X_{Speed}）的行列式 $|\boldsymbol{L}|$ 的计算，初步证明这五个维度之间不存在复共线性的问题。本节将通过相关分析，进一步讨论在工况构建过程中为什么会选择这几个维度，并借此介绍相关分析的过程和具体做法。

从相关数据库中随机选取了约 8000km 的观测数据（表 1-10 中列出随机选出的 100 组数据，可供练习使用），这些数据是基于某型乘用车在国内某中心城市采集获取的。从数据处理的最终效果上来说，将这些样本数据按照里程切割成等长度的小块，每一个小数据块所对应的累计损伤除以小数据块的里程，就得到了每一个小数据块所对应的伪损伤密度值，将其取对数即得到X_{x0}，X_{x1}，X_y，X_z的一系列样本；对每一个小数据块的车速、坡度、负载取平均值，即得到X_{Speed}，$X_{Gradient}$，X_{Load}的一系列样本。

图 1-12a~g 所示分别为X_{x0}，X_{x1}，X_y，X_z，X_{Speed}，$X_{Gradient}$，X_{Load}这 7 个随机变量各自的边缘密度分布。可以看到，依据相关算法，从构建工况空间的 7 个随机变量各自的维度和视角去（即边缘概率密度）区分相关的工况都有很敏感的辨识力，这样就能确保所构建的整体工况空间（即联合概率密度）可以对工况有更加全面完整、细致敏感的辨识和区分，这一点可以从图 1-12h 所示的（X_z，X_{Speed}）的联合概率密度分布看出，证明通过这 7 个维度对工况进行辨识和划分是行之有效的，是具有敏感的辨识力的，这是一切工作往下推进的基础。

通过这一套数据获取和处理技术路线所构建的工况空间，所给出的统计结果信息量是非常大的，可以给出 7 个随机变量中任意两个、多个，直至 7 维联合概率密度分布信息，图 1-12h 仅仅是从这些庞大统计结果中抽取加以呈现的一个小案例。

耐久性仿真、验证性台架试验规范制定以及试验场规范制定的过程中都会有各自关心和关注的具体载荷，那么，不同的载荷与构建工况空间的 7 个维度X_{x0}，$\cdots$，X_{Load}之间是否能够展现出"显著且有区别"的整体相关性？一方面，只有相关性是显著的，以工况空间的占比作为权重对相应的载荷造成的伪损伤密度进行加权平均，在统计上才有意义和合理性；另一方面，施加在不同零部件上的载荷，其来源和成因是不同的，因此，在与构成工况空间的 7 个维度随机变量之间的相关性上，也应呈现不同的状态。对这方面开展统计研究就必须用到样本相关系数，即式（1-96）。

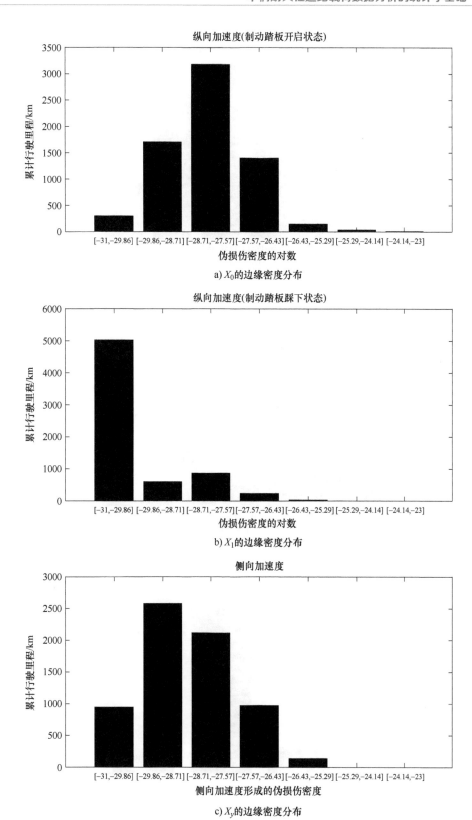

a) X_0 的边缘密度分布

b) X_1 的边缘密度分布

c) X_y 的边缘密度分布

图 1-12　构建工况空间 7 个维度随机变量各自的边缘密度分布及联合密度分布示例

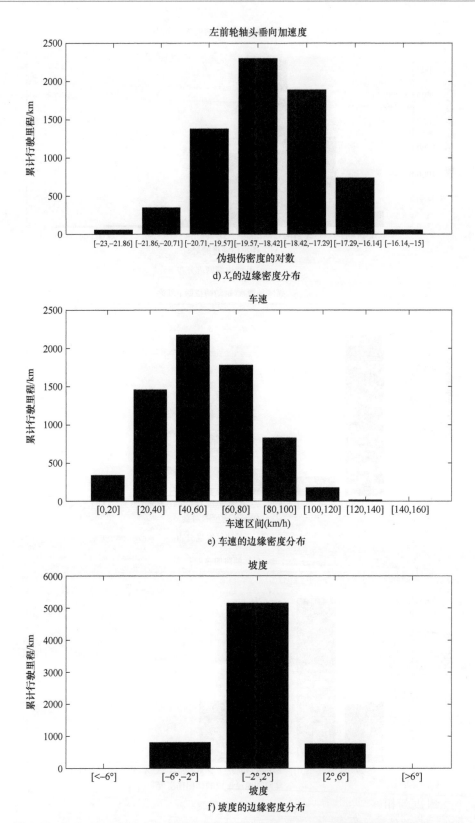

d) X_z的边缘密度分布

e) 车速的边缘密度分布

f) 坡度的边缘密度分布

图 1-12　构建工况空间 7 个维度随机变量各自的边缘密度分布及联合密度分布示例（续）

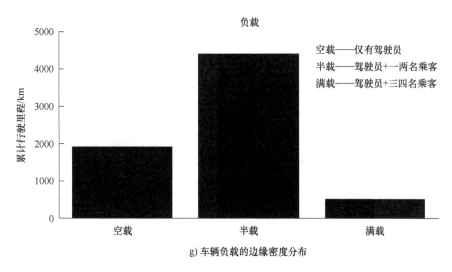

g) 车辆负载的边缘密度分布

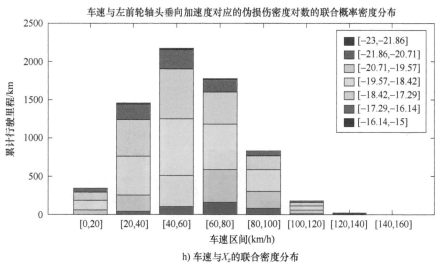

h) 车速与X_z的联合密度分布

图1-12 构建工况空间7个维度随机变量各自的边缘密度分布及联合密度分布示例（续）

图1-13分别给出了前稳定杆应变（表1-10中的F_ARB）、质心处垂向加速度（表1-10中的COG_ACC_z）、左前轮六分力的垂向力分量（表1-10中的LF_Force_z）、纵向力分量（表1-10中的LF_Force_x）、侧向力分量（表1-10中的LF_Force_y）和左前转向拉杆横向力（表1-10中的LF_STR）对应的伪损伤密度的对数，与X_{x0}（纵向加速）、X_{x1}（纵向减速）、X_y（侧向）、X_z（轴头垂向加速度）、X_{Speed}（车速）和$X_{Gradient}$（坡度）这6个维度的相关关系，从某种程度上说是这6个维度与某个载荷之间，整体相关性的一种视觉呈现。相关结果汇总于表1-11中。各个载荷与车辆负载X_{Load}这一维度的关系已经在1.6.2节运用重要参数检验的方法加以讨论，并得出了结论。

从图1-13所示的结果中，可以看到：

1）6个维度与相关载荷之间都展现出了显著的相关性。其中，前稳定杆应变、质心处垂向加速度、左前轮六分力侧向力分量和垂向力分量四个载荷，均与工况空间的一个维度

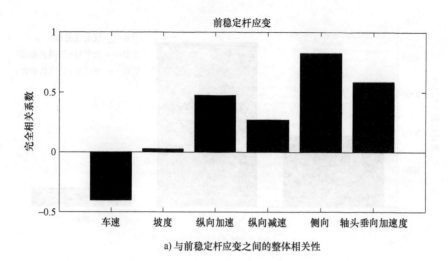

a) 与前稳定杆应变之间的整体相关性

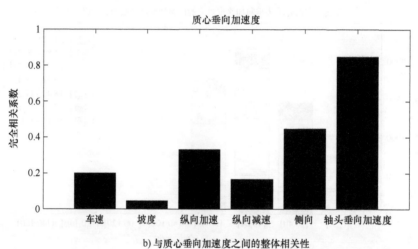

b) 与质心垂向加速度之间的整体相关性

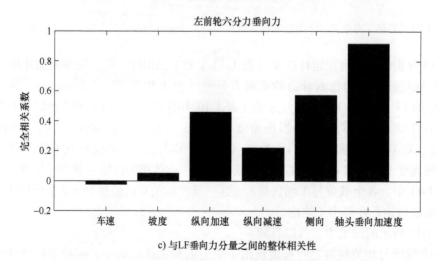

c) 与LF垂向力分量之间的整体相关性

图 1-13　6 个维度的随机变量与部分典型载荷之间的整体相关性

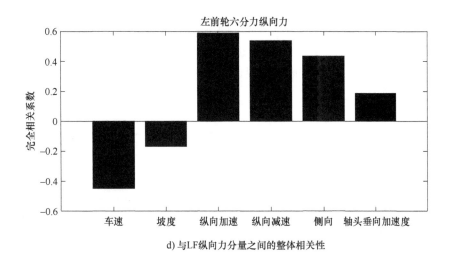

d) 与LF纵向力分量之间的整体相关性

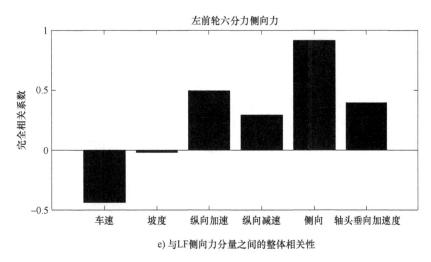

e) 与LF侧向力分量之间的整体相关性

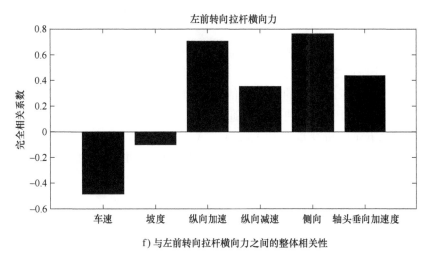

f) 与左前转向拉杆横向力之间的整体相关性

图 1-13　6个维度的随机变量与部分典型载荷之间的整体相关性（续）

（表 1-11 中加粗）产生了高度的相关性（样本相关系数高达 0.8 以上）；而左前轮六分力纵向力分量、左前转向拉杆横向力，虽然没有与工况空间的某个维度的随机变量产生高度的相关性，但是都与构建工况空间的两个维度（表 1-11 中标为斜体）的随机变量产生了显著相关（样本相关系数在 0.5~0.8），因此可以说，这两个载荷与工况空间 6 个维度之间的整体相关性同样是非常显著的。

表 1-11　典型载荷与构建工况空间 6 个维度之间的样本相关系数

维度	前稳定杆应变	质心处垂向加速度	左前轮六分力所测得的力			左前转向拉杆横向力
			纵向分量	侧向分量	垂向分量	
车速	−0.4028	−0.0254	−0.4473	−0.435	−0.0207	−0.4857
坡度	0.0294	0.0467	−0.1679	−0.0178	0.0527	−0.1048
纵向加速	0.479	0.4563	*0.5879*	0.4914	0.4588	*0.702*
纵向减速	0.2706	0.2363	*0.535*	0.2967	0.2245	0.3488
侧向	**0.8258**	0.5676	0.4347	**0.9122**	0.5734	*0.761*
轴头垂向加速度	0.5867	**0.835**	0.1889	0.394	**0.914**	0.4359

2）当面对具有相似性的载荷时（比如质心处垂向加速度与左前轮六分力垂向力分量具有一定的相似性，因为都与垂向工况因素敏感），工况空间 6 个维度与不同载荷之间的整体相关性，也会呈现一定程度的相似性（图 1-13b 和 c）；但是更多情形下，当面对成因不同的载荷时，工况空间 6 个维度与不同载荷之间也将展现出"有差别"的整体相关性。

可见，由于在构建工况空间时所选择的各个维度，分别从影响整车不同结构（特别是承载系结构）、不同载荷的角度出发，照顾到了客观条件（地形地貌、路面不平度）和主观因素（驾驶风格），形成了一个有机整体，在与整车不同结构的不同载荷进行相关时，这一有机整体所呈现出来的整体相关性，对不同载荷都普遍展现出了高度的相关性，以及与相关载荷成因有关而造成的差异性。这种面对不同载荷普遍存在的"显著且有区别"的整体相关性，是进行所谓"关联"的核心基础，也证明了选取这些维度去构建工况空间是合理和成功的。

如果要证明上述工况空间的构建方法是合理的，还需要证明 X_{x0}，X_{x1}，X_y，X_z，X_{Speed}，$X_{Gradient}$，X_{Load} 这 7 个维度之间不应该存在高度的统计相关性，否则可以缩减掉相关维度，简化工况空间的构建，挤压出其中的"泡沫信息"和水分。从统计逻辑上自然可以判断车辆的负载和路面的坡度是具有一定独立性的随机变量，因此在下面的相关性分析过程中，把关注的重点放在其余五个随机变量 X_{x0}，X_{x1}，X_y，X_z，X_{Speed} 之间。在下面的相关分析过程中，见表 1-12，获得了 X_{x0}，X_{x1}，X_y，X_z，X_{Speed} 五个随机变量，两两之间的样本相关系数 R，这些数据是基于约 8000km 样本数据获得的。读者依然可以使用表 1-10 中大概几十千米的样本数据对部分结果进行一些练习，相关结果应该与本节中的结论是接近的。

一般来说：当 $R=0$ 时，随机变量之间不相关；当 $0<|R|\leqslant0.3$ 时，随机变量之间微弱相关；当 $0.3<|R|\leqslant0.5$ 时，随机变量之间低度相关；当 $0.5<|R|\leqslant0.8$ 时，随机变量之间显著相关；当 $0.8<|R|<1$ 时，随机变量高度相关；当 $R=1$ 时，随机变量之间完全相关，呈现确定性函数关系。

可以看到，除了 X_{x0}-X_y、X_{x0}-X_z、X_{x0}-X_{Speed}、X_y-X_z 和 X_y-X_{Speed} 之间呈现低度相关之外（其散点分布图如图 1-14a~e 所示），其余随机变量之间（散点分布图如图 1-14f~j 所示）的相关性基本可以忽略。

在呈现低度相关性的五对变量之间，有的是比较容易理解的。比如 X_{x0}-X_{Speed} 之间呈现低度的负相关，意味着车速越高，进一步加速的空间和力度会减弱，这个符合认知预期。但是也有一些结果比较奇怪，比如 X_{x0}-X_y 之间呈现 0.4943 的低度相关性，已经接近显著相关了，但是加速和侧向工况（转弯）之间为什么会有关联呢？难道在转弯的时候会踩加速踏板加速？这明显说不通。再比如 X_z-X_{Speed} 之间从样本相关系数来看（0.0178）似乎没有什么关系，不过一般认为轴头垂向加速度应该与路面不平度和车速之间都有一定的相关性，在路面不平度一定的情况下，X_z-X_{Speed} 似乎应该呈现一定程度的正相关。这些都是从样本相关系数来看比较奇怪的地方，也促使我们引入偏相关系数来对多维随机变量之间的相关性进行更加深入的洞察。

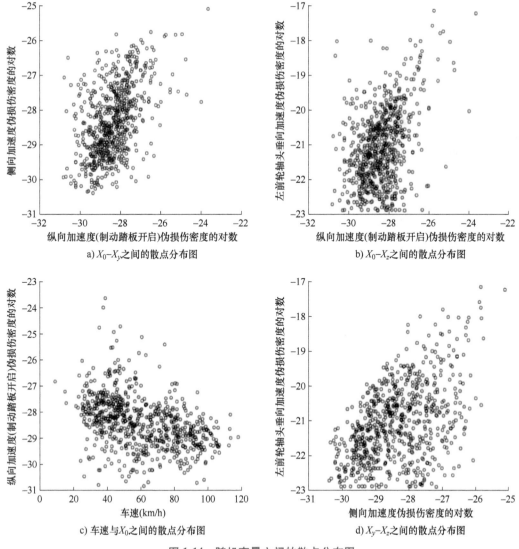

a) X_0-X_y 之间的散点分布图

b) X_0-X_z 之间的散点分布图

c) 车速与 X_0 之间的散点分布图

d) X_y-X_z 之间的散点分布图

图 1-14　随机变量之间的散点分布图

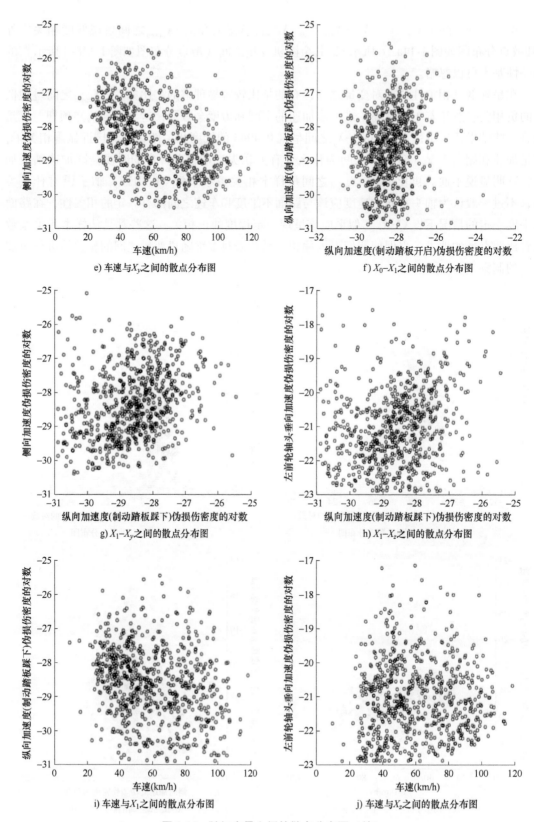

e) 车速与 X_y 之间的散点分布图

f) X_0–X_1 之间的散点分布图

g) X_1–X_y 之间的散点分布图

h) X_1–X_z 之间的散点分布图

i) 车速与 X_1 之间的散点分布图

j) 车速与 X_z 之间的散点分布图

图 1-14　随机变量之间的散点分布图（续）

表 1-12　随机变量之间的样本相关系数

变量	X_{x0}	X_{x1}	X_y	X_z	X_{Speed}
X_{x0}	1	0.1283	0.4943	0.4004	−0.3982
X_{x1}	0.1283	1	0.2743	0.1926	−0.2290
X_y	0.4943	0.2743	1	0.4669	−0.4028
X_z	0.4004	0.1926	0.4669	1	0.0178
X_{Speed}	−0.3982	−0.2290	−0.4028	0.0178	1

1.8.2　偏相关系数

如果以随机变量X_1和X_2表示一个人的月饮食消费和衣着花费，那么用式（1-96）来计算两者之间的样本相关系数，一般可以看到两者有较强的相关性，但是，这很难说二者之间有什么因果关系，不能说一个人好吃那么这个人一般就好穿，这未见得可信。

之所以会在观察结果上显示较强的相关性，是因为所考虑的变量X_1和X_2并非孤立，它们除了彼此可能有的影响外，还受到了一大批来自其他变量——比如用随机变量X_3来表示月收入的影响。一般来说，月收入高的人各类消费水平都有可能比较高，因此，随机变量X_3"带节奏"，使得随机变量X_1和X_2之间似乎也呈现了正相关。如果想某种办法把随机变量X_3的影响消除，那么随机变量X_1和X_2之间的相关性很可能由正转负（月收入不变，吃的多了，衣着的花销自然就会减少）。

一般来说，设有p个随机变量X_1，X_2，…，X_p，把X_1，…，X_{i-1}，X_{i+1}，…，X_{j-1}，X_{j+1}，…，X_p的影响从X_i和X_j中消除，剩余的部分分别记为X_i'和X_j'，则X_i'和X_j'的相关系数称为X_i和X_j对$(X_1，…，X_{i-1}，X_{i+1}，…，X_{j-1}，X_{j+1}，…，X_p)$的偏相关系数。作为区别，把之前谈到的相关系数称为"完全相关系数"。

为了计算X_i和X_j对$(X_1，…，X_{i-1}，X_{i+1}，…，X_{j-1}，X_{j+1}，…，X_p)$的偏相关系数，按照式（1-96）将这$p$个随机变量之间两两计算样本相关系数，并组成如下的矩阵：

$$\begin{bmatrix} R_{11} & R_{12} & \cdots & R_{1p} \\ R_{21} & R_{22} & \cdots & R_{2p} \\ \vdots & \vdots & \vdots & \vdots \\ R_{p1} & R_{p2} & \cdots & R_{pp} \end{bmatrix} \tag{1-97}$$

用P_{ij}表示将矩阵（1-97）中的第i行以及第j列划掉以后的行列式，则X_i和X_j对$(X_1，…，X_{i-1}，X_{i+1}，…，X_{j-1}，X_{j+1}，…，X_p)$的偏相关系数为$P_{ij}/\sqrt{P_{ii} \cdot P_{jj}}$。按照这一算法，表 1-13 得到了部分随机变量之间的偏相关系数。

表 1-13　随机变量之间的偏相关系数

变量	X_{x0}'	X_y'	X_z'	X_{Speed}'
X_{x0}'	1	0.2186	−0.3036	−0.3248
X_y'	0.2186	1	0.4153	0.3581

（续）

变量	X'_{x0}	X'_y	X'_z	X'_{Speed}
X'_z	-0.3036	0.4153	1	0.3278
X'_{Speed}	-0.3248	0.3581	0.3278	1

对比表 1-12 和表 1-13 可以看出，X_{x0} 和 X_{Speed} 两个维度之间的关联性变化不大，基本都呈现 -0.3 左右的低度负相关，这说明之前基于样本相关系数对两者之间的关系做出的解释和判断大体上是合理的。X_{x0} 和 X_y 两个维度之间的关联性，从之前的 0.4943 降至 0.2186，相关性基本可以忽略了，这种纠正符合认知预期。X_{x0} 和 X_z 两个维度之间的关联性，从之前的 0.4004 变化为 -0.3036，偏相关分析结果可以解释为：当路面不平度增加时，加速的力度会减弱。X_y 和 X_{Speed} 两个维度之间的关联性，从之前的 -0.4028 变化为 0.3581，可以解释为：转弯的时候车速越高，向心加速度（侧向）的波动越大。X_z 和 X_{Speed} 两个维度之间的关联性，从之前的 0.0178 变化为 0.3278，显示轴头垂向加速度信号除了必然包含路面不平度的统计变异性之外，还与车速有低度的相关性。

可以看到，偏相关分析结果在最大可能排除其他因素影响、干扰的情形下，进一步深入洞察和清晰展示出相关随机变量之间的关系，纠正了之前完全相关分析结果带来的一系列误导，使得分析结果符合经验预期。

7 个维度之间，X_{Load} 侧重于车辆自身的基础状态；X_{Gradient} 侧重于地形地貌特征；X_{x0}，X_{x1}，X_y，X_{Speed} 则从不同的方面综合描述了驾驶风格；X_z 则既包含路面特征的客观因素，也耦合了驾驶风格的主观因素。因此可以说，由 X_{x0}，X_{x1}，X_y，X_z，X_{Speed}，X_{Gradient}，X_{Load} 张成的 7 维工况空间，从地形地貌特征、路面不平度和驾驶风格等方面，全面细致地描述了车辆在行驶过程中所处的工况状态。

在 1.4.3 节谈到过，对于多维随机向量而言，"随机变量之间的协方差或相关系数为零，是随机变量之间相互独立的必要而不充分条件（仅对于多维正态分布而言是充分必要条件）"。而无论从表 1-12 还是表 1-13 都显示 7 个变量两两之间的相关性中，有相当一部分是不可以忽略和近似为零的。因此，在本小节的最后强调一下：X_{x0}，X_{x1}，X_y，X_z，X_{Speed}，X_{Gradient}，X_{Load} 的联合概率密度，不等于其各自边缘密度的乘积，或者一言以蔽之——这 7 个随机变量之间非独立。

在车辆工程中可以有很多不同的方法对路面等级进行合理的划分，并基于这样一种划分原则——基于大数据进行统计，但是，这样得到的是路面等级的边缘分布；在智能网联时代，可以有很多途径获取比如说车速的大数据，并基于此，对车速的分布进行统计，但是这样得到的同样是车速的边缘分布。车辆在路面上行驶时车轮所承受的垂向激励，既与车速密切相关、也与路面等级所反映的路面不平度密切相关，因此，需要通过车速和路面等级的联合分布来对车轮所承受的垂向激励进行估计。而在车速和路面等级两个随机变量不独立的情况下，不能用车速和路面等级的两个边缘密度相乘，来获得二者的联合概率密度分布。

这背后的统计学意义其实也不难理解。一条道路，即使依据其路面特征对它做了合理的归类，但是还要知道车辆行驶于其上时的状态（比如说车速）是怎样的，才能对影响载荷的因素进行相对准确和完整的辨识。一条高速路，在节假日拥堵的时候，行驶于其上的车辆的实际工况，与行驶于繁忙拥挤的城市路面没有什么大的不同。因此，离开了"车速"这一维度，单独地依据路面等级来估计车轮所承受的垂向激励，其意义和作用必然会大打折扣。

1.9 方差分析

方差分析着重考虑一个或一些变量对一特定变量的影响有无及大小，由于其方法是基于样本方差的分解，所以称为"方差分析"。这种分析方法由前面多次提及的英国伟大的统计学家 R. A. Fisher 在 20 世纪 20 年代创立，当时 Fisher 在英国的一个农业试验站工作，需要进行许多田间试验，为了分析这种试验结果，他发明了方差分析法。因此，在本节对方差分析方法原理的介绍过程中，仍然以田间试验为背景。而后这个方法被用于其他的领域，在众多的工业试验数据分析中都取得了很大的成功，它对于车辆耐久性数据分析同样非常有效和重要。

方差分析所针对的数据，是经过一定"设计"的试验数据，并非任何杂乱无章的数据都适于使用方差分析法。

1.9.1 单因素完全随机化试验的方差分析

假定田间试验的目的是确定哪一种小麦的品种最适合本产区（有最高的产量），那么这里所谓的"单因素"指的就是小麦种子的差异。

为此，选取了一块地，将其分成大小相同的 n 块（未来将对应 n 个样本）。假设供选择的品种有 k 个，则可以选择 n_1 小块地种植品种 1，n_2 小块地种植品种 2，以此类推，将有约束条件 $n_1 + n_2 + \cdots + n_k = n$。尽管没有严格的限制，但是为了方便，一种通常的选择是让 $n_1 = n_2 = \cdots = n_k$。

分配数目定了，接着就要定出哪些小块分配给哪些品种，等等，这属于试验设计的内容和任务。对于这一部分工作，Fisher 指出"试验设计三原则"，需要着重加以满足，分别是：

1）重复。即上述 n_1，n_2，$\cdots$，n_k 都大于 1。这样做的原因是因为随机误差的存在，只有通过重复才能对这种误差的影响做出估计。对于 Fisher 当时的田间试验而言，这种随机误差的来源可能是各个小块地在条件上的差别，有在进行田间操作和管理上的不均匀性（如施肥时各个小块受肥总会略有差别），等等。

2）随机化。仍以田间试验为例，试验中 n 小块地，各块的条件总会有些差别。如果某个品种正好分到了条件好的那些小块，则可能显示出较高的产量，而这并非由于该品种优于其他品种。为了使小块的分配不受人为的因素干扰而偏于某一或某些品种，在实际操作中可以采用所谓"完全随机化"的操作程序：取 n 张纸片，上面分别写上数字 1，2，$\cdots$，n，把这些纸片混乱并放于一个小盒子里，然后一张一张依次抽出来，最先抽出来的 n_1 个号码给品种 1，其次抽出来的 n_2 个号码给品种 2，以此类推。

3）分区组。"区组"就是一组其条件尽可能均匀的试验单元。在第 1.6.2 节通过重要参数检验分析车辆负载是否对车辆典型载荷产生影响的时候，为了屏蔽车速的因素，将速度区间稳定在较为狭窄的范围内，可以说，每一个速度区间就是一个区组。

在本例中所考虑的不同种子的品种有 k 个，每一个具体的品种都称为品种这个因素的一个"水平"，故品种这个因素一共有 k 个水平，因此本例中的试验称为"单因素 k 水平的试验"，而n_i称为水平i的"重复度"。

设问题中涉及一个因素 A，有k个水平，以Y_{ij}记第i个水平的第j个观察值（如在本例中Y_{ij}是种植品种i的第j小块地的亩产量），模型为

$$Y_{ij} = a_i + e_{ij}, j = 1, \cdots, n_i, i = 1, \cdots, k \tag{1-98}$$

式中，a_i表示水平i的理论平均值，称为水平i的效应，在本例中a_i就是品种i的平均亩产量；e_{ij}为随机误差，并假定

$$E(e_{ij}) = 0, 0 < \mathrm{Var}(e_{ij}) = \sigma^2 < \infty \tag{1-99}$$

因素 A 各个水平的高低优劣，取决于其理论平均值a_i的大小，因此对于模型（1-98）来说，所关心的第一重要的事项是诸a_i是否完全相同，即假设

$$H_0 : a_1 = a_2 = \cdots = a_k \tag{1-100}$$

是否成立。如果成立，则表示因素 A 对所考察的指标Y其实无影响，这时称"因素 A 的效应不显著"，否则称"显著"。自然的，如果效应显著，那么诸a_i之间的差异要大到一定程度，具体操作时需要与随机误差相比较而言。

方差分析的思路在于围绕"为什么各个Y_{ij}的值会有差异"这一问题展开分析。从模型（1-98）来看无非有两个因素：

1）各个a_i可能有差异。如果$a_1 > a_2$，就会使得Y_{1j}倾向于大于Y_{2j}。

2）随机误差e_{ij}的存在。

因此分析的思路在于，首先找一个衡量全部Y_{ij}的变异严重程度的量，并用SS来表示这一量。有过前面定义和讨论方差的基础，自然将这一量取为

$$SS = \sum_{i=1}^{k} \sum_{j=1}^{n_i} (Y_{ij} - \bar{Y})^2, \bar{Y} = \sum_{i=1}^{k} \sum_{j=1}^{n_i} Y_{ij}/n \tag{1-101}$$

然后，设法将SS拆解为两部分：一部分反映各个a_i之间的差异，用SS_A表示；一部分反映随机误差e_{ij}的影响，用SS_e表示。

对于SS_e这一部分，可以固定一个i，考虑其一切观察值Y_{i1}，Y_{i2}，$\cdots$，Y_{in_i}，它们之间的差异完全由随机误差引起，反映Y_{i1}，Y_{i2}，$\cdots$，Y_{in_i}差异程度的量是$\sum_{j=1}^{n_i} (Y_{ij} - \bar{Y}_i)^2$，其中$\bar{Y}_i = (Y_{i1} + Y_{i2} + \cdots + Y_{in_i})/n_i$，是水平$i$的观察值的算术平均，用其作为$a_i$的一个估计。把上述平方和对于$i$相加后即可作为$SS_e$的一个表征：

$$SS_e = \sum_{i=1}^{k} \sum_{j=1}^{n_i} (Y_{ij} - \bar{Y}_i)^2 \tag{1-102}$$

而SS_A就是SS与SS_e之差，可以证明

$$SS_A = SS - SS_e = \sum_{i=1}^{k} n_i (\bar{Y}_i - \bar{Y})^2 \tag{1-103}$$

统计学上，将SS称为"总平方和"，SS_A称为"因素 A 的平方和"，SS_e称为"误差平方和"，而分解式$SS_A = SS - SS_e$就称为"方差分析"。

给出假设（1-100）的一个检验方法：当比值SS_A/SS_e大于某一给定界限时，就否定H_0，不然就接受H_0。这里需要将随机误差e_{ij}满足的假设条件（1-99）加强为e_{ij}独立同分布于正态分布$N(0, \sigma^2)$。可以证明：若记

$$MS_A = \frac{SS_A}{k-1}, MS_e = SS_e / (n-k) \tag{1-104}$$

则当H_0成立时，有

$$\frac{MS_A}{MS_e} \sim F_{k-1,n-k} \tag{1-105}$$

据此，假设检验水平为α，则假设H_0的检验如下：

当$\dfrac{MS_A}{MS_e} \leqslant F_{k-1,n-k}(\alpha)$ 时，接受H_0，不然就否定H_0。

下面用这一套方法来讨论这样一个话题：车速是否受驾驶员不同驾驶习惯的影响？这里面的单因素为不同驾驶员所固有的不同驾驶习惯。在同一城市选取了相同品牌的三辆样本车辆，对应三个不同的驾驶员和三个不同的驾驶习惯。每一台车辆随机抽取 7 段 1000km 的样本数据，统计每一个 1000km 样本所对应的平均车速，结果见表 1-14。这样，一共 $n = 21$ 个样本，一共有 $k = 3$ 个水平（对应三个驾驶员），因此，这是一个"单因素 3 水平的试验"，每一个水平的重复度都为 7。

之所以选择相同品牌的车辆，并且把试验限定在同一城市，是为了把车辆性能的差异，以及地形地貌、交通状况等方面的差异尽量消除，而凸显出驾驶习惯不同这一"单因素"。试验设计满足了"重复性"，每一个驾驶员选取 7 段 1000km 的里程观察其平均车速；也满足了"随机性"，7 段里程都是随机抽取的。

可以使用表 1-15 所示的单因素完全随机化试验的方差分析表来具体汇总相关的过程数据，并自然而然地引导得出最终结论。表中显著性一栏，把算出的 F 比（即 MS_A/MS_e 之比），与 $F_{k-1,n-k}(0.05)$ 和 $F_{k-1,n-k}(0.01)$ 比较。如果 F 比大于 $F_{k-1,n-k}(0.01)$，则用双星"**"表示，说明 A 这个因素的效应"高度显著"，即使指定 $\alpha = 0.01$ 这样的检验水平，原假设（1-97）也要被否定；如果 F 比大于 $F_{k-1,n-k}(0.05)$ 但是不超过 $F_{k-1,n-k}(0.01)$，则用一颗"*"表示，说明 A 的效应"显著"；如果 F 比不超过 $F_{k-1,n-k}(0.01)$ 则说明 A 的效应"不显著"。

这里用 $\alpha = 0.01$、0.05 是比较通用的习惯做法，但也并不是非要如此。

表 1-14　三个驾驶员每 1000km 平均车速样本数据

平均车速	样本 1	样本 2	样本 3	样本 4	样本 5	样本 6	样本 7
驾驶员 1	42.3	46.9	43.9	49.3	40.7	44.6	43.6
驾驶员 2	57.2	58.1	50.8	52.0	47.2	49.1	52.6
驾驶员 3	51.7	46.4	47.8	47.8	42.9	42.2	43.0

表 1-15　单因素完全随机化试验的方差分析表

项目	SS	自由度	MS	F 比	显著性
驾驶习惯	SS_A	$k-1$	MS_A	MS_A/MS_e	*，**，无
误差	SS_e	$n-k$	MS_e	—	—
总和	SS	$n-1$	—	—	—

最终的分析结果见表 1-16，结论是：驾驶员驾驶习惯这个因素对车速的影响效应"高

度显著"。

表 1-16　单因素完全随机化试验的方差分析表在驾驶员驾驶习惯是否影响平均车速方面的应用

项目	SS	自由度	MS	F 比	显著性
驾驶习惯	250.2752	2	125.1376	10.3494	**
误差	217.6429	18	12.0913	—	—
总和	467.9181	20	—	—	—

1.9.2　多因素完全随机化试验的方差分析

在 1.9.1 节的试验设计中，为了突出不同驾驶员驾驶习惯这一个因素的唯一性（单因素，选取了三个驾驶员 $k_1=3$），从而将试验限定在同一个城市，采用同一品牌的车辆。如果在一个试验中要考虑好几个对指标可能有影响的因素，比如在不同的城市中驾驶习惯反映在车速上是否会有改变？为此，可以设计让参与 1.9.1 节试验研究的驾驶员，去（比如说）北、上、广、深这四个城市各待一段时间，在每一个城市都重复 1.9.1 节的试验，这样不同的四个城市引入 $k_2=4$ 个不同的选择。如果有需要，还可以考虑车辆性能的不同是否会对车速产生影响？为此，可以为每一个驾驶员在每一个城市开展的试验，都配备高、中、低档的三款代表车型，这样，从车辆性能这个维度又引入了 $k_3=3$ 个不同的选择。这样，这个试验称为一个"三因素 $k_1×k_2×k_3$ 水平"试验。如果每一可能的组合都做一次试验，则试验称为是"完全"的；若只对一部分组合做试验，则称为"部分实施"。

在实际应用中部分实施很常见，因为完全试验往往规模太大，或为条件所不允许，或并不必要。要进行部分实施，就有一个如何去选择那些实际进行试验的组合问题，这构成了一门专门的学科——试验设计。

为了书写方便，以下讨论两因素完全试验，更多因素的试验可以此类推。假设 A 因素仍然为不同驾驶员的不同驾驶习惯，有 k 个水平（表示有 k 个驾驶员）；而 B 因素为车辆性能，试验中引入高、中、低档三款不同的车型，因此有 $l=3$ 个水平。A 因素的水平 i 与 B 因素的水平 j 的组合记为 (i,j)，其试验结果记为 Y_{ij}，$i=1,\cdots,k$，$j=1,\cdots,l$。统计模型为

$$Y_{ij}=\mu+a_i+b_j+e_{ij}, i=1,\cdots,k, j=1,\cdots,l \tag{1-106}$$

把模型右边分为两部分：e_{ij} 为随机误差，它包含未加控制的因素（A 和 B 以外的因素）及大量随机因素的影响。假定全体 e_{ij} 独立同分布，且满足式（1-99）。

对另一部分 $\mu+a_i+b_j$，它显示水平组合 (i,j) 的平均效应，而它又分解为三部分：μ 是总平均（一切水平组合效应的平均），是一个基准；a_i 表示由 A 的水平 i 带来的增加部分，a_i 越大，表示因素 A 的水平 i 越突出，故 a_i 称为因素 A 的水平 i 的效应；b_i 有类似的解释。

这里补充要求

$$a_1+\cdots+a_k=0, b_1+\cdots+b_l=0 \tag{1-107}$$

这样给了 a_i 和 b_i 的意义一种更为清晰的解释：若 $a_i>0$，则表示 A 的水平 i 的效应，在 A 的全部水平的平均效应之上，$a_i<0$ 则相反。对于 b_i 的解释亦然。

这样，把 Y_{ij} 对一切 i,j 相加，并考虑到约束（1-107），有

$$\sum_{i=1}^{k} \sum_{j=1}^{l} Y_{ij} = kl\mu + \sum_{i=1}^{k} \sum_{j=1}^{l} e_{ij}$$

考虑到式（1-99），上式右边第二项的均值为零，故有

$$Y_{..} = \sum_{i=1}^{k} \sum_{j=1}^{l} Y_{ij}/kl \tag{1-108}$$

是 μ 的一个无偏估计。同样的逻辑：

$$\sum_{j=1}^{l} Y_{ij} = l\mu + la + \sum_{j=1}^{l} e_{ij}$$

记

$$Y_{i.} = \sum_{j=1}^{l} Y_{ij}/l, Y_{.j} = \sum_{i=1}^{k} Y_{ij}/k \tag{1-109}$$

可以看出 $Y_{i.}$ 为 $\mu+a_i$ 的一个无偏估计，于是得到 a_i 的一个无偏估计为

$$\hat{a}_i = Y_{i.} - Y_{..}, i = 1, \cdots, k \tag{1-110}$$

同法得到 b_j 的一个无偏估计为

$$\hat{b}_j = Y_{.j} - Y_{..}, j = 1, \cdots, l \tag{1-111}$$

容易看出式（1-110）和式（1-111）所示的无偏估计满足约束条件（1-107）。

在进行两因素 kl 水平方差分析时，要设法把总平方和

$$SS = \sum_{i=1}^{k} \sum_{j=1}^{l} (Y_{ij} - Y_{..})^2 \tag{1-112}$$

分解为三个部分：SS_A、SS_B 和 SS_e，分别表示因素 A、B 和随机误差的影响。不加证明地给出

$$SS = l\sum_{i=1}^{k} (Y_{i.} - Y_{..})^2 + k\sum_{j=1}^{l} (Y_{.j} - Y_{..})^2 + \sum_{i=1}^{k} \sum_{j=1}^{l} (Y_{ij} - Y_{i.} - Y_{.j} + Y_{..})^2 = SS_A + SS_B + SS_e \tag{1-113}$$

上式中第一个平方和可以作为因素 A 影响的衡量，第二个平方和可以作为因素 B 影响的衡量，第三个平方和可以作为随机误差影响的衡量。

自由度方面，SS_A 与 SS_B 的自由度为其各自的水平数减去 1；总和的自由度为全部观察值数目 kl 减去 1；剩下的就是误差平方和自由度：

$$(kl-1)-(k-1)-(l-1)=(k-1)(l-1)$$

这样，$MS_A = SS_A/(k-1)$，$MS_B = SS_B/(l-1)$，$MS_e = SS_e/[(k-1)(l-1)]$。

可以用表 1-17 所示的多因素完全随机化试验方差分析表来统筹相关的过程数据。所有的这些处理是为了检验假设：

$$H_{0A}: a_1 = \cdots = a_k = 0 \tag{1-114}$$

和

$$H_{0B}: b_1 = \cdots = b_l = 0 \tag{1-115}$$

H_{0A} 成立表示因素 A 对指标其实没有影响，同样，H_{0B} 成立表示因素 B 对指标其实没有影响。如果在 A 那一行的显著性位置上标有一个星号，就表示在水平 0.05 之下原假设 H_{0A} 被否定，两颗星则相当于水平 0.01，称为高度显著。

最后补充强调：在采纳模型（1-106）时，事实上引入了一种假定，即两因素 A、B 对

指标的效应是可以叠加的。或者说，因素 A 的各水平的优劣比较，与因素 B 处在哪个水平无关，反之亦然。

更一般的情况是 A 和 B 两种因素有"交互作用"，这时在模型中还要加上表示交互作用的项c_{ij}。是否需要考虑这种交互作用，很大程度上取决于问题的实际背景和经验，有时候，通过试验数据的分析也可以看出一些问题。比如说：如果MS_e反常得大，则有可能是因为交互作用所致。对于这些更加复杂的问题，本书不再讨论，读者可参阅有关专著或文献。

表 1-17　多因素完全随机化试验的方差分析表

项目	SS	自由度	MS	F 比	显著性
A	SS_A	$k-1$	MS_A	MS_A/MS_e	*，**，无
B	SS_B	$l-1$	MS_B	MS_B/MS_e	*，**，无
误差	SS_e	$(k-1)(l-1)$	MS_e	—	—
总和	SS	$kl-1$	—	—	—

第 **2** 章

用双干涉模型进行车辆耐久性工程中诸多不确定度的分析和量化

本章介绍双干涉模型，通过双干涉模型可以分析和量化载荷和强度两方面的不确定性对车辆耐久性研发下游的诸环节（仿真设计、台架试验规范制定）产生的影响。

失效的一种共同原因是施加的载荷超过了强度。对于车辆耐久性来说，这种强度一般来说明确为疲劳强度，可以用上一章介绍的伪损伤来从数值上加以度量和比较。尽管如上一章所述，在表征相对损伤的时候有不少大同小异的量值可以选择，在本章中为了讨论方便，约定选取"等效载荷幅值 A_{eq} ［式（1-10）］的对数（默认以 e 为底）"来量化疲劳强度。之所以还要取一个对数，是因为在等效载荷幅值服从对数正态分布的假设下，取对数后容易处理。

2.1 双干涉模型

对于大多数产品而言，载荷和强度都是不固定的，而是具有统计分布的，如图 2-1 所示。每种分布都有一均值（用 μ_L 和 μ_S 表示）和标准差（用 σ_L 和 σ_S 表示）。字母或下脚标 L 表示 Load——载荷，字母或下脚标 S 表示 Strength——强度。如果发生两种分布叠加的事件，即处在强度分布最弱端的产品承受了处在载荷分布最高端的载荷，以至于两种分布的尾部重叠，则会发生失效，如图 2-1 所示。这种表示载荷和强度之间的分布关系，并进而讨论失效率或可靠性的分布模型称为双干涉模型，是可靠性工程中非常实用和重要的一个模型，在车辆耐久性工程中同样发挥着重要的作用。

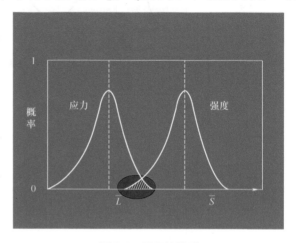

图 2-1 双干涉模型

2.1.1 载荷分布

双干涉模型的"左翼"——载荷分布，借助上一章介绍的在全概率公式启示下构建的用户关联技术体系，已经解决。比如载荷分布中，等效载荷幅值对数的样本均值为 μ_L，样本方差为 σ_L^2，等效载荷幅值的中位数为 $L_{0.50} = \exp(\mu_L)$，等等。借助大数据和用户关联技术体系，这些数值目前都有了。

2.1.2 强度分布——对企业质量管理体系和水平的考验

某 OEM 从某零部件供应商购进（比如说）排气系统。从耐久性方面说，排气系统的质量怎么样？质量是否稳定？这需要 OEM 企业的相关部门进行按时的抽样检验。

假设在一个批次的抽样中，一共抽取了 n 个样本。把这 n 个样本，逐一放在疲劳试验机上按照相关的试验规程进行试验。要记录下在疲劳试验机上从开始加载，一直到把试验件损坏期间，所施加的全部载荷历程。将这一试验载荷历程，按照之前介绍的与处理道路载荷完全相同的手段，处理成等效载荷幅值，从而获得 n 个样本 y_i。假设这 n 个样本也服从对数正态分布（可以通过卡方检测对这一假设进行拟合优度检验），把这种分布称为（广义）强度分布。可以通过极大似然估计获得其样本均值 μ_S 和方差 σ_S^2，以及强度分布中等效载荷幅值的中位数 $S_{0.50} = \exp(\mu_S)$。这样，就获得了双干涉模型的"右翼"。这种获得"右翼"的零部件试验，一般来说属于"特性"试验的范畴，区别于"验证性"试验。

"左翼"和"右翼"的形态关系，在不同行业有所不同，有着鲜明的工程背景和行业特征。如图 2-2a 所示，"左翼"的统计变异性比较低（或者称载荷粗糙度比较低），但是强度

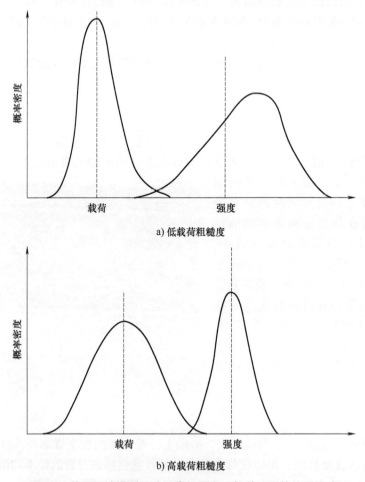

a) 低载荷粗糙度

b) 高载荷粗糙度

图 2-2 从双干涉模型区分两类问题和理解其不同的处理思路

分布的统计变异性很大，这是电子元器件可靠性工程中面临的情况——一小部分产品在经受极端载荷的时候会失效。

　　处理此类问题，往往故意施加过应力，导致薄弱产品失效，从而如图 2-3 所示，留下左边被截去的强度分布的总体，以便消除重叠，提升总体可靠性。这是电子元器件进行高应力测试的原因。

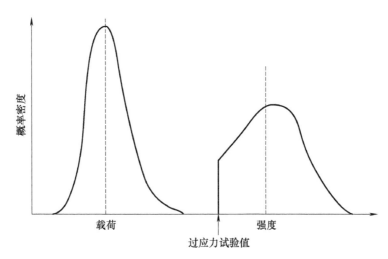

图 2-3　电子元器件工程中通过过应力试验来提升整体可靠度

　　车辆耐久性工程面临的问题属于图 2-2b 所示的类别，更加棘手和难以处理。由于"左翼"所表示的载荷粗糙度极高，因此极端应力事件会造成总体中大部分的失效。

2.2　车辆耐久性工程的核心"距离"Φ

　　当建立了双干涉模型后，可以用它把很多问题解释得很清楚。比如说，为什么有的企业在更换了零部件供应商以后，会出现原本不存在的质量事故？如图 2-4b 所示，一个可能的原因是新的零部件供应商提供的零部件，质量波动变大（反映在 σ_S^2 变大），强度也发生了降低（反映在 μ_S 左移）。在车辆的其他设计和制造元素都没有发生改变的情况下，这样两种动向必然会引发事故增多。

　　因此，在花了大气力获得了载荷分布和强度分布之后的任务，或者说，之所以要花大气力来获得载荷分布和强度分布的目的在于：通过后续一系列的设计工作和试验工作来确保双干涉模型中的载荷分布与强度分布之间拉开合适的距离。

　　这个距离太近（像刚才谈到的更换比较糟糕的零部件供应商就使得这个距离太近了），将会引发失效率飙升；这个距离太远，如图 2-4a 所示，将会引起过设计，这部车的轻量化、燃油经济性等方面的指标肯定好不到哪里去，或者说还有很大的潜力把这些指标提升得更好。

　　因此，这个距离大了不行，小了不行，要刚刚好。这是一个度的把握。车辆耐久性工程的核心问题就落脚在把握好这个度，并通过之后的一系列设计工作和试验工作来确保和落实这个度。

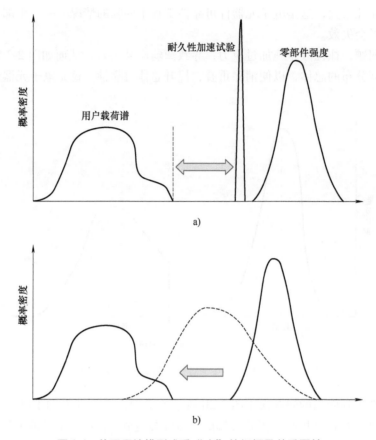

图 2-4　从双干涉模型感受"度"的把握及其重要性

如何来定量地描述这个度？习惯上使用如下这个非常重要的量来定量刻画强度分布μ_S与载荷分布μ_L之间的距离$\mu_S-\mu_L$：

$$\Phi = \exp(\mu_S-\mu_L) = \exp(\mu_S)/\exp(\mu_S) = S_{0.50}/L_{0.50} \tag{2-1}$$

可以看到，$\mu_S-\mu_L$表示的这个距离越大，Φ就越大，而Φ实际表征的是$S_{0.50}/L_{0.50}$，也就是强度中位数相对于载荷中位数的倍数。习惯上称Φ为中心安全系数（Central Safety Factor）。

不难证明，如果双干涉模型中左右两个分布都服从正态分布（根据之前的假设，对等效载荷幅值取对数后，载荷分布和强度分布都服从正态分布），那么有

$$\beta = \frac{\mu_S-\mu_L}{\sqrt{\sigma_S^2+\sigma_L^2}} \tag{2-2}$$

式中，β为标准正态分布的上p_F分位点。

这是一个至关重要的关系。因为这个关系说明：对于由两个正态分布构成的双干涉模型来说，两个分布的离散程度（$\sigma_S^2+\sigma_L^2$），与要把握的这个度$\ln\Phi=\mu_S-\mu_L$，通过标准正态分布$N(0,1)$与一个失效率p_F关联了起来。

当没有办法改变载荷分布（没有办法控制客户的使用工况）和强度分布（没有办法、或者进一步提高质量波动并不经济）的离散程度时，减小失效率p_F（或者说提高可靠性）需要拉大强度与载荷之间的距离，反之亦然。这个距离，或者说要把握好的这个度，由于与

失效率 p_F（或者说可靠性）通过标准正态分布 $N(0, 1)$ 完美地关联起来，而得到了数量上的确定性关系。在这其中发挥重要作用的分位点 β，习惯上称它为可靠性指数（Reliability Index），表征了安全裕度（Safety Margin）。

如何把握这个度？最终落脚在如何设定产品的可靠性指数，或者说安全裕度上来。对于这个度的最终确定，已经超出了耐久性工程的范畴，甚至已经远远脱离了纯技术的话题和范畴，它反映了企业对于产品质量与成本等诸多矛盾方面的妥协与平衡。

企业的终极目标，并不是不顾一切地向客户提供最耐久的产品，而是实现（长期）利润的最大化。这是一个经典的优化问题，一般来说，企业的（长期）利润是目标函数，而耐久性，或者说要选取的这个指标 p_F，只不过是众多的约束条件之一。

表2-1 给出了这样一种核心和艰难的决策结果的一个范例。可以看到，企业在进行这样一种决策时需要考虑这样一个问题：同等情况下，安全性测试方面的相对花费比较低的话，企业可以承受将可靠性提高一些；同等情况下，如果失效引发的后果很严重（这里面涉及将零部件依据其失效引发事故的严重程度进行分类的工作），企业愿意将可靠性提高一些。

一旦企业明确给出了类似表2-1 所示的企业标准或目标，如何把握耐久性工程中的这个度的问题，便迎刃而解了[⊖]：

$$\Phi_{\text{Target}} = \Phi = S_{0.50} / L_{0.50} = \exp(\mu_S - \mu_L) = \exp(\beta \sqrt{\sigma_S^2 + \sigma_L^2}) \tag{2-3}$$

把这个与特定的 β 相关联的 Φ，常常标注为 Φ_{Target}，如图2-5 所示，是在对载荷离散性和产品质量波动无法干预的情况下，为了确保一定的产品可靠性，而需要在强度和载荷之间拉开的目标距离。

表2-1　目标可靠性指数 β

安全测量的相对花费	失效后果轻微	失效后果中度	失效后果严重
大（A）	$\beta = 3.1(p_F \approx 10^{-3})$	$\beta = 3.3(p_F \approx 5 \times 10^{-4})$	$\beta = 3.7(p_F \approx 10^{-4})$
正常（B）	$\beta = 3.7(p_F \approx 10^{-4})$	$\beta = 4.2(p_F \approx 10^{-5})$	$\beta = 4.4(p_F \approx 5 \times 10^{-6})$
小（C）	$\beta = 4.2(p_F \approx 10^{-5})$	$\beta = 4.4(p_F \approx 5 \times 10^{-6})$	$\beta = 4.7(p_F \approx 10^{-6})$

将看到，耐久性工程下游所有的设计工作和试验工作，都是为了确保这一目标的实现。或者说，Φ_{Target} 的确定，为下游所有的设计工作和试验验证工作明确了目标。因此，双干涉模型的建立，对于耐久性工程具有全局性和战略性的指导意义，是一种顶层输入。在车辆工程中，相对于双干涉模型的右翼来说，左翼的载荷分布是更加难以获取和驾驭的分布，因为载荷粗糙度过大，载荷分布对于（车辆）耐久性工程来说是一种具有全局性和战略性的顶层输入。

⊖ 式中用 $\sqrt{\sigma_S^2 + \sigma_L^2}$ 来对涉及的不确定度进行量化存在一定的简化，由于实际工程中获得的样本量有时非常有限，这时需要对 σ_S 和 σ_L 进行一定的修正来提高估计的置信度，另外，在伪损伤等量值的计算过程中 S-N 曲线参数的取值也会对结果产生影响，这方面因素引入的不确定度也可以引入和加以反映。这些更加细致的处理会让不确定度的分析更加复杂化，本书中不再对此进一步展开讨论。

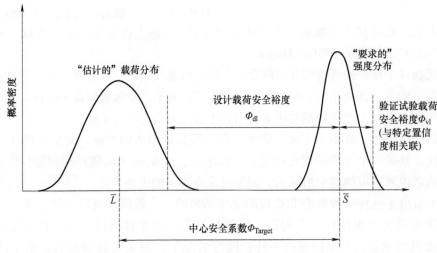

图 2-5 双干涉模型及其对（车辆）耐久性工程下游全部设计和试验工作的全局性和战略性指导作用

2.3 双干涉模型对于设计工作的指导

2.3.1 设计载荷 L_{dl} 的确定

在通过用户关联项目获取载荷分布后，一般选取覆盖 90%～95% 客户使用习惯的载荷作为设计载荷，不建议选择得更高，不建议超过 95% 的覆盖范围。

2.3.2 设计工作的任务

一切设计工作的任务，在于保证所设计的结构在设计载荷的作用下，其名义强度（Norminal Strength）满足 Φ_{Target} 所确定的强度中位数与载荷中位数之间的距离。这里面一个比较实用和具有可操作性的指标是 $\Phi_{dl} = S_{0.50}/L_{dl}$，习惯上称之为局部安全系数（Partical Safety Factor）。这一指标很明确地给出了强度中位数 $S_{0.50}$ 与设计载荷 L_{dl} 之间的距离，而通过这一距离很容易地做出比对和判断：与设计载荷对应的名义强度是不是太高了，需要修改设计降一降；或者是太低了，结构可以进一步优化。中心安全系数 Φ_{Target} 已经在前面确定了，如式（2-3）所示，一个很自然的思路是，建立 Φ_{dl} 与 Φ_{Target} 之间的关系，这个关系很简单：

$$\Phi_{dl} = \frac{S_{0.50}}{L_{dl}} = \frac{S_{0.50}/L_{0.50}}{L_{dl}/L_{0.50}} = \frac{\Phi_{Target}}{L_{dl}/L_{0.50}} \tag{2-4}$$

上式中 Φ_{Target} 已经有了（这个是核心的、困难的和全局的），$L_{dl}/L_{0.50}$ 在选择设计载荷 L_{dl} 到底准备覆盖多少客户之时就已经确定了，因此，Φ_{dl} 就确定了。

2.4 双干涉模型对于试验工作的指导

（车辆）耐久性工程中的试验有两大类：一类称为特征试验（Characterizing Test），在 2.1.2 小节谈到的为了获取强度分布而开展的试验，就属于特征试验；另一类称为验证试验（Verification Test）。双干涉模型对于全部两种试验都有重要的指导作用，下面先聚焦于验证试验。

在第 2.2 节确定了产品要达到一定的可靠性指标，强度和载荷之间要拉开的合理距离，那么验证试验实际上就是要通过试验确定，这个距离能不能保证？当作用在试验对象上的试验载荷 L_{vl} 达到甚至超过目标强度时，相关结构是否会出现异常。因此，双干涉模型对于验证试验载荷谱 L_{vl} 的指导意义在于：首先基于实际的（道路）载荷谱，按照既定的 $L_{0.50}$，将其向着试验载荷谱放大到 $\Phi_{Target}L_{0.50}$。这是在确定试验载荷谱 L_{vl} 时对于实际（道路）载荷谱 $L_{0.50}$ 的第一次放大。此次放大之后，如果被测试对象的强度分布离散程度不变（σ_S^2 不变），而且 Φ_{Target} 所表征的中心安全系数是恰好能达到的，那么在验证性试验开展一定的数量以后，应该可以发现，失效率，或者说通过率为 50%，如图 2-5 所示。

同样如图 2-5 所示，由于试验对象强度分布的固有离散性 σ_S^2 的存在，而实际中可以开展的试验次数是有限的。为了可以在选取少量甚至只进行一次验证试验时，仍然可以让验证试验结果具有统计意义和验证效力，需要把试验对象强度分布的固有离散性也考虑在内，再次加强试验载荷谱至原来的 φ 倍。在 1.5.3 小节中介绍过区间估计的概念，在确定 φ 值时就是针对试验对象的强度分布而进行的区间估计。因此可以知道，计划进行的试验次数越少、对试验对象强度分布评估的置信度要求越高、试验对象的质量波动越大，需要把 φ 值取得越大，如图 2-5 所示。故此，试验载荷为

$$L_{vl} = \varphi\Phi_{Target}L_{0.50} \tag{2-5}$$

可以类似式（2-4），定义与验证试验相关的安全系数 $\Phi_{vl}\left(\Phi_{vl} = \dfrac{1}{\varphi}\right)$ 为

$$\Phi_{vl} = \frac{S_{0.50}}{L_{vl}} = \frac{S_{0.50}/L_{0.50}}{L_{vl}/L_{0.50}} = \frac{\Phi_{Target}}{L_{vl}/L_{0.50}} \tag{2-6}$$

当然，最后再次强调一下：如果面对的是验证性试验，那么需要进行这样的处理，编制和确定验证性试验载荷 L_{vl}；如果可以把考核对象的特性做出来，也就是说相关耐久性试验一直持续到把测试对象损坏，从而得到疲劳强度，可以想象这种试验得到的信息更全面、更准确和更有力度。那么，在有几个试验样件（理论上起码有两件，以保证除了 $S_{0.50}$ 外，还能获得相关批次试验样件的 σ_S^2 数值）的特性试验结果后，按照式（2-3），通过判别 $S_{0.50}/L_{0.50}$ 是否大于 $\exp(\beta\sqrt{\sigma_S^2+\sigma_L^2})$ 来验收即可。

2.5 更复杂的情况

在本章的开始就明确，上面几节所有的讨论都"在等效载荷幅值服从对数正态分布的假设下"，但是这个假设并不见得总是得到很好的满足，或者说，强度和载荷的分布并不见得一定会满足对数正态分布。

在 1.2.2.3 小节介绍过双参数威布尔分布，由于其灵活性往往可以更广泛地应用在对载荷和强度分布的描述中。当有证据证明可以用威布尔分布更好地描述载荷和强度的分布，从而在双干涉模型中引入威布尔分布时，面对的问题将更加复杂。一方面，引入威布尔分布后将难以给出如式（2-2）和式（2-3）所示的解析解，而需要借助数值计算；

另一方面，如图 2-6 所示，由于威布尔分布形状参数 β 和尺度参数 η 的不同将影响分布的偏性，如果载荷分布左偏而强度分布右偏，则必须具备相当大的安全裕度才能获得高可靠性。

源于这种可靠性对于安全裕度、载荷粗糙度和载荷与强度分布的敏感程度，如果要基于双干涉模型对安全裕度进行合理的确定，从统计的角度来说，仅仅获得载荷分布和强度分布的统计数字特征是远远不够的，还需要对载荷分布和强度分布的整体信息有一个确切的认知和把握。一旦对载荷分布和强度分布的把握有所偏颇，将对安全裕度的确定产生很大的影响。从图 2-6 和上面的例子可以看到，在威布尔分布的范畴内，分布是"左偏"还是"右偏"会对安全裕度产生显著的影响，图 2-7 是一个更鲜明的例子。

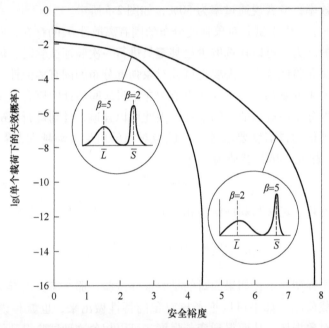

图 2-6 非对称分布的小概率-安全裕度曲线（载荷粗糙度＝0.9）[6]

如图 2-7 所示，依据有限的样本信息用几种不同的分布模型来拟合相关的样本数据。对于强度数据采用的分布模型分别是：①对数正态分布；②正态分布；③双参数威布尔分布；④对于样本数据取倒数后的双参数威布尔分布；⑤三参数威布尔分布。对于载荷数据采用的分布模型分别是：①对数正态分布；②正态分布；③对于样本数据取倒数后的双参数威布尔分布；④双参数威布尔分布；⑤对于样本数据取倒数后的三参数威布尔分布。选择的分布模型不同将严重影响干涉的结果。在图 2-7 所示的例子中，选择不同的分布模型最终计算得到的失效率分别为：①对数正态分布 0.0055；②正态分布 $5.6×10^{-6}$；③双参数威布尔分布 0.056；④取倒数后的双参数威布尔分布 $1.2×10^{-5}$；⑤三参数威布尔分布 0。由于在采用哪一种分布模型这件事上或多或少都会掺杂主观因素，在这种情形下，对于计算得到的失效率如何去理解和使用，是一个需要认真思考的问题。

解决这一问题的一个办法是建立一种判断可靠性指数的通用技术框架。Der Kiureghian 和 Ditlevsen 建议：

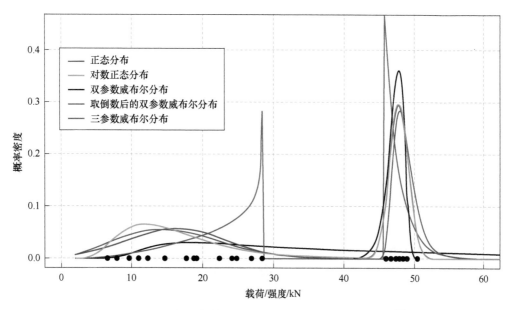

图 2-7　不同的分布模型对于失效率计算结果的巨大影响[5]

　　选择分布模型的任意性和小概率分布的"拖尾敏感性"使得需要引入概率结构设计程序来标准化载荷和强度分布模型。一种观点是基于这一架构计算的可能性应该被理解为一种"抽象数值"，而在绝对意义上使用它们时应谨慎，比如，计算小概率事件的花费。

第3章

基本载荷分析与编辑方法

前两章内容用粗线条勾勒出了车辆耐久性工程的全貌和整体流程，突出了以载荷伪损伤（密度）表征的随机变量及其分布，以及在整个车辆耐久性工程中起到的全局性和战略性的作用。

这种宏观的着眼是重要而有意义的，但是，为了获取到这些统计分析的数据样本，还需要面向道路载荷数据采集获取的时域数据，运用一系列具体的数据处理方法和技术进行信息的转化和提取，这也是将前两章"战略性"的构想在工程中具体落实时，所必需的"战术性"技术支撑。

对于这些常用的道路载荷数据分析方法的介绍构成了本章的主要内容。

3.1 基本载荷分析方法

3.1.1 幅值域载荷分析方法

3.1.1.1 雨流计数

本节围绕雨流计数依次谈论三个方面的话题：雨流计数数出来的是一个什么样的量？雨流计数是怎么数出来的？还有最重要的一个，雨流计数为什么这么数？

自 1932 年 W. Kloth 和 T. Stroppel 在农用机械上成功获取了载荷谱，对于计数技术的研究就伴随着载荷谱的成功获取和疲劳寿命评估方面的需求而成为一个重要而急迫的研究内容。以雨流计数被提出（1968）及逐步成熟和规范为标志，科学家大概花费了 40 年到半个世纪的时间，才让这样一个话题有了比较圆满的答案，期间伴随着人们对疲劳现象和机理理解的逐步深入，以及在此基础上在载荷计数方面创造性的发明。

3.1.1.1.1 雨流计数数出来的是什么——对于雨流计数结果云图的解读

对一段时域数据做雨流计数后给出的一个典型结果，如图 3-1a 所示，用一种所谓的 from-to 格式的方式呈现。比如说，图 3-1a 在 from 2 to 7 的位置上显示为 3，这就是说：被计数的随机时域载荷信号中出现了一个闭合的载荷循环，这个循环的最大值是 7，最小值是 2；这个载荷由 2 先加载到 7，然后又卸载到 2；这个循环出现了 3 次。图 3-1a 在 from 6 to 4 的位置上显示为 3，这就是说：被计数的随机时域载荷信号中出现了一个闭合的载荷循环，这个循环的最大值是 6，最小值是 4；这个载荷由 6 先卸载到 4，然后又加载到 6；这个循环出现了 3 次。当然，实际的雨流计数结果会以云图的形式呈现，某一个具体的载荷出现了几次，会对标一个色带用相应的色彩标识，如图 3-1b 第一张图所示。

总结一下，雨流计数结果给出了如下几方面的信息：

1）用 from-to 来表征某一个载荷出现的次数，而 from-to 实际上对应着这个载荷的最大值 S_{max} 和最小值 S_{min}，通过 S_{max} 和 S_{min} 可以换算得出对于疲劳寿命分析最重要的几方面信息：

幅值 $S_a = \dfrac{S_{max} - S_{min}}{2}$（直接对应 S-N 曲线的纵轴）

$Range \Delta S = 2S_a = S_{max} - S_{min}$（下面介绍的 Range Pair 计数中的"Range"即为此）

均值 $S_m = \dfrac{S_{max} + S_{min}}{2}$（疲劳寿命分析时据此进行平均应力修正）

这些信息的定义如图 3-1c 所示。

2）告知了封闭的载荷循环是先加载，然后再卸载（比如 from 2 to 7，载荷序列为 2-7-2），还是先卸载，然后再加载（比如 from 7 to 2，载荷序列为 7-2-7）。由于一般情况下，这一信息对于结构的疲劳损伤影响不大，因此，通常将雨流计数结果按照斜 45°的主对角线"对折"起来，将 from 2 to 7 和 from 7 to 2 的循环次数加起来，不再具体区分，从而形成图 3-1b 中间所示的"上三角阵"。还有一些工程师习惯用 Range（纵轴）/均值（横轴）的方式来显示雨流计数结果，如图 3-1b 第三张图所示。以上这些都没有问题，都是一些基本等价的信息。

3.1.1.1.2 雨流计数结果是怎么数出来的——四点法雨流计数简介

在 TecWare 软件中，雨流计数采用所谓的"四点法计数"。为了说明四点法雨流计数的原理和过程，如图 3-2 所示，引入了一系列反映计数过程的图片。图片的第一象限，反映的是一个结构在相关载荷作用下，结构疲劳危险点真实应力应变历程；图片的第二象限，反映的是应力的时域数据，由于在采集道路载荷数据后，获得的第一手数据就是时域信号，所以第二象限的数据是四点法雨流计数的对象；第三象限是雨流结果（即雨流矩阵）的形成过程。需要关注这三个象限的联动过程，来理解它们彼此之间的关系和形成机制。

四点法雨流计数的原则是：依据时间序列读入时域数据的四个数据点，如果中间两个数据点构成的幅值被第一个和第四个点构成的幅值包含，则将中间这两个点构成的相对较小的载荷循环记作一次计数（from-to），并从原时域数据中删除中间这两个点，然后如法炮制地对剩余的数据点构成的新的载荷序列进行四点法雨流计数。如果中间两个点构成的幅值没有被第一和第四个点构成的幅值包含，则什么都不做，对下一个"四点"如法炮制进行处理。

如图 3-2a~c 所示，依据时间序列读入时域数据的四个数据点中，中间两个数据点构成的幅值被第一个和第四个点构成的幅值所包含，因此如图 3-2c 所示，在雨流矩阵相应的 from-to 的位置，做了一次计数，并且可以看到，第一象限结构疲劳危险点应力应变的真实历程中多了一个闭合的滞后环。

如图 3-2d~f 所示，依据时间序列最后读入的四个数据点中，中间两个数据点构成的幅值又一次被第一个和第四个点构成的幅值所包含，因此如图 3-2f 所示，在雨流矩阵相应的 from-to 的位置，又做了一次计数，并且可以看到，第一象限结构疲劳危险点应力应变的真实历程中又多了一个闭合的滞后环。

以此类推，按照四点法雨流计数的原则完成整个计数过程。

如图 3-2r 所示，当这套流程进行到最后的时候，会留下一个大的载荷循环"骨架"。按照"四点法计数"规则，在不做任何处理的情况下这个"骨架"无法再计数出任何新的结果。这个"骨架"习惯上称之为 Residue。

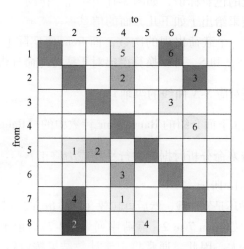

a) TecWare软件中使用from-to格式来表达雨流计数结果

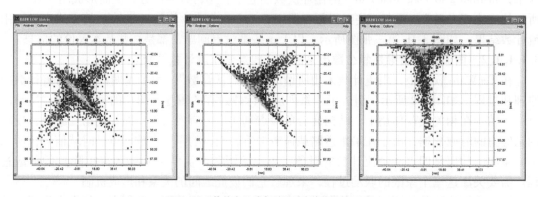

b) TecWare软件中几种主要的雨流计数结果云图

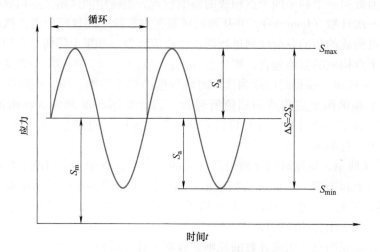

c) 幅值、均值、最大值、最小值等的定义

图 3-1　雨流计数结果的含义[2]

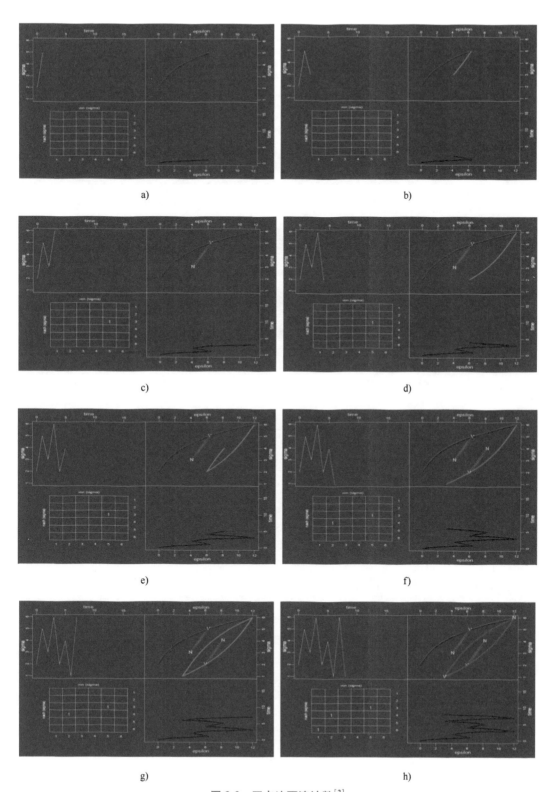

图 3-2　四点法雨流计数[2]

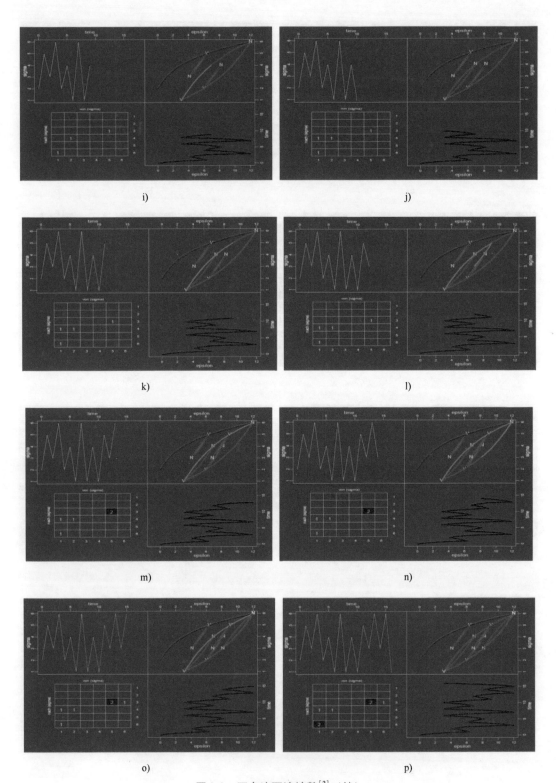

i)　　　　　　　　　　　　　　j)

k)　　　　　　　　　　　　　　l)

m)　　　　　　　　　　　　　　n)

o)　　　　　　　　　　　　　　p)

图 3-2　四点法雨流计数[2]（续）

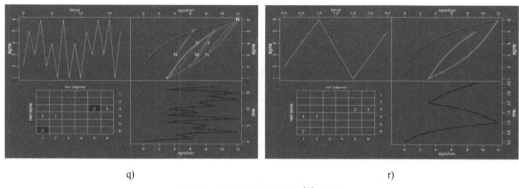

q)   r)

图 3-2　四点法雨流计数[2]（续）

对于 Residue 的处理是一个重要的事情，需要小心谨慎。TecWare 软件中存在三种处理的选项，即 none、First Block 和 Repeated Block。软件默认的选项是 Repeated Block。建议：TecWare 软件使用者不要轻易去更改这个选项，软件把 Repeated Block 作为默认选项是有原因的，因为它最适合最普遍的情况，原因如下。

想象一下，今天采集了 300km 的高速路面的载荷谱，对它进行雨流计数。但是，这个结果与设计里程相比仅仅是一小段。在将这一段载荷"外推"到设计里程的时候，相当于将好多个这一段时域数据"首尾相接"进行计数，这时候也相当于将好多段 Residue"首尾相接"进行雨流计数。这个时候，按照四点法雨流计数规则，本来数不出什么结果的 Residue 又能贡献出新的载荷循环。而且，这些载荷循环都是幅值非常大的载荷循环，循环周次不多，但是实际形成的伪损伤数值可是不小的，因此不仅不能忽略，而且是要小心谨慎和"锱铢必较"地进行处理的。在第 5 章讨论台架耐久验证性加速试验规范制定时会谈到，一种"加速"策略就是压缩掉小幅值载荷，因为它们循环周次很多，占用时间很长，但是对于损伤的实际贡献却很小。对于 Residue 的处理要持有敬畏之心，是同一道理下的反向思维和应用。

如图 3-3 所示，TecWare 软件默认的 Repeated Block 选项按照这样一个逻辑来处理 Residue：将两个 Residue 串联起来（Repeated），然后按照四点法对其进行雨流计数，对于由此生成

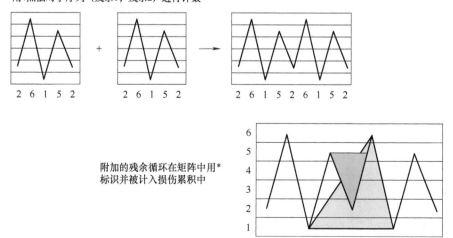

图 3-3　TecWare 软件中雨流计数默认 Repeated Block 选项对于 Residue 处理的示意图[2]

的载荷循环用 ∗ 做标志记录在生成的雨流云图上，该载荷循环涉及的伪损伤计入累计伪损伤。

因此，在默认的 Repeated Block 选项下，TecWare 的雨流计数结果包含两方面的信息：一个是正常四点法雨流计数产生的雨流矩阵，用 RFM_0 来表示，其对应的伪损伤数值用 d_0 来表示；一个是采用（默认的）Repeated Block 选项对 Residue 进行再计数产生的新的载荷循环，用 RFM_2 来表示，其对应的伪损伤数值用 d_2 来表示。可以证明：如果将这一段时域数据重复 N_b 次，则其对应的损伤"约"等于 $N_b(d_0+d_2)$。一般来说，这个结果与精确值之间仅有一点点的偏差，可以忽略不计。

3.1.1.1.3 为什么要采用这么一种方法来计数——雨流计数与疲劳寿命分析严丝合缝的关联性

在图 3-2a~f 中可以看到，雨流计数结果对于外载荷的每一次计数，都对应于结构疲劳危险点应力应变历程中（内载荷）的一个封闭的滞后环。在材料疲劳特性试验中，比如 Manson-Coffin 关系曲线测试时，通过引伸计获得工程应变，通过疲劳试验机控制这一工程应变的大小，直至试验件断裂，获得 Manson-Coffin 关系曲线上的一个数值点。无论是 Manson-Coffin 关系还是 S-N 曲线，实际上给出的都是材料在某一幅值和均值的闭合滞后环作用多少次后断裂的这样一种"载荷"与"寿命"之间的宏观标定关系。

雨流计数实际上是一个从随机外载荷序列中依次分离封闭的外载荷循环的过程，而所分离的每一个封闭的外载荷循环，都对应着内载荷的一个封闭的滞后环。这种计数法则"数"出了"本质"，依据这种计数法则生成的计数结果，结合相应的 S-N 曲线或 Manson-Coffin 关系进行后续的（高周、低周）疲劳寿命分析，相关环节严丝合缝。正因为如此，雨流计数方法在众多的计数法则中具有较为突出的优越性和重要性。

3.1.1.2 Range Pair 计数

在上一节介绍过，雨流计数结果给出的是"Range 是多少、均值是多少"（如图 3-1b 第三幅图所示）的一个封闭的外载荷循环，在被计数的那个随机时域信号中出现了多少回。如图 3-4 左图所示，雨流矩阵中相同的色块标识出的载荷循环 Range 都一样（事实上与斜 45° 主对角线平行，且与主对角线等距离的斜线上，Range 都一样），但是均值不一样。如果类似图 3-4 右

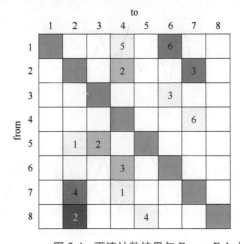

图 3-4 雨流计数结果与 Range Pair 计数结果之间的关系[2]

图所示忽略均值的信息，也就是不管均值相同还是不同，只要 Range 相同，就把相应的循环数加和在一起。把将雨流矩阵按照这样一种思路"压缩"后的信息和计数结果，称之为 Range Pair 计数。

如图 3-5 所示，由于 Range Pair 计数结果压缩掉了均值信息，只保留了 Range 信息，因此这种计数结果具有一定的局限性。两个 Range 一样而均值不一样的载荷循环，通过 Range Pair 计数，其结果将是一样的。但是，可以想象，这两个不同的载荷序列作用在某一个结构上造成的损伤肯定是不一样的。因此，Range Pair 计数结果无法支撑深入的疲劳寿命分析，只能支撑伪损伤（相对损伤）的计算和分析。

图 3-5　Range Pair 计数结果的局限性[2]

3.1.1.3　穿级计数

穿级计数的法则非常简单：如果一个载荷在变化的过程中（载荷上升或下降），"穿过"了（跨越了）某一载荷水平线，就在相应的载荷水平线上计数一次。这种穿级计数，用 symmetric 加以标识。如果在穿级计数过程中，只考虑载荷在上升的过程中对于某一条载荷水平线的跨越，那么这种计数常称为"上升沿"穿级计数，在 TecWare 软件中用 DIN 加以标识（代表 DIN 45667 标准）。

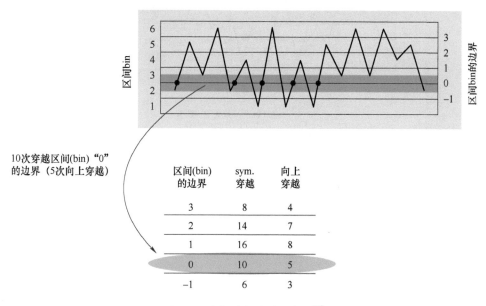

区间(bin) 的边界	sym. 穿越	向上 穿越
3	8	4
2	14	7
1	16	8
0	10	5
−1	6	3

图 3-6　穿级计数法则示意图[2]

穿级计数结果的局限性由图 3-7 可以显现出来。两个完全不一样的载荷，穿级计数结果将是一样的。

这样一种逻辑简单的计数方式有什么作用呢？实际上，穿级计数与频域疲劳寿命评估有着密切的联系。为了介绍单轴电磁振动台加速试验方法，在后面会谈到对于稳态高斯随机过程的窄带频域疲劳寿命评估模型，当理解了这个模型之后，就会明白穿级计数存在的意义。两个相似的高斯随机振动过程，其时域信号的穿级计数结果的形态应该是相似的。

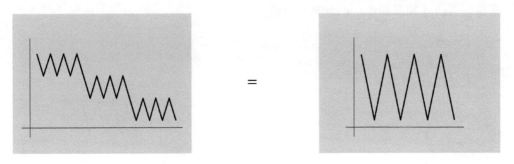

图 3-7　穿级计数结果的局限性[2]

3.1.1.4　峰值计数

峰值计数也非常简单，一句话就可以说明白：峰值计数是对一段随机时域信号"极大值"点和"极小值"点的计数结果，如图 3-8 所示。峰值计数结果的局限性如图 3-9 所示。两个完全不一样的载荷，峰值计数的结果会一样。

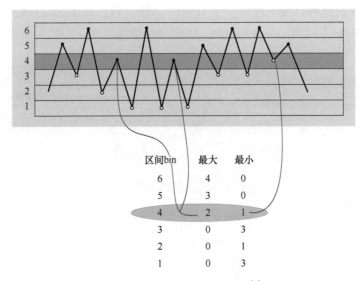

区间bin	最大	最小
6	4	0
5	3	0
4	2	1
3	0	3
2	0	1
1	0	3

图 3-8　峰值计数法则示意图[2]

峰值计数结果主要用来反映载荷对于结构可能造成的响应边界和极限。由于"极值"与"最值"之间的天然联系，峰值计数结果的一个重要应用是借助于"极值点"的统计分布信息，构建和获取"最值"的统计分布信息。

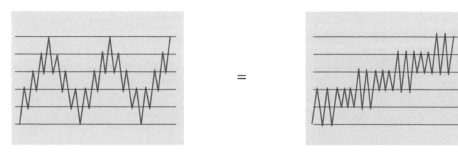

图 3-9　峰值计数结果的局限性[2]

这里不加证明地给出一个与之相关的重要统计学结论（有兴趣的读者可以自行证明一下）：

设 X_1，$\cdots$，X_n 独立同分布，X_1 有分布函数 $F(x)$ 和密度函数 $f(x)$。记

$$Y = \max(X_1, \cdots, X_n), Z = \min(X_1, \cdots, X_n)$$

则 Y 和 Z 分别有概率密度函数 $nF^{n-1}(x)f(x)$ 和 $n[1-F(x)]^{n-1}f(x)$。

3.1.1.5　旋转转矩直方图计数

3.1.1.5.1　区分"花键"和"齿轮"

在道路载荷数据采集活动中，容易通过传感器或 CAN 总线获取传动系统上某一部位的转速和转矩时域数据，它们是对（比如说）变速器齿轮的弯曲疲劳问题进行分析的载荷输入。

尽管花键和齿轮都是旋转部件，但是需要从载荷波动与其旋转行为是否相关这一角度来区分这两类旋转部件。对于花键和传动轴，承受的转矩是与其旋转行为无关的，因此，对花键和传动轴进行转矩载荷计数，使用传统的雨流计数就可以，没有任何新的技术。齿轮则不一样，由于齿轮上的每一个齿，每旋转一周要啮合一次，因此，齿轮上每一个齿所承受的载荷波动与其旋转行为有密切的关系。相对于传动轴和花键来说，齿轮的旋转使其所承受的载荷呈现高频波动的特征，波动的频率与齿轮的转速直接相关。

想象一下，如果一辆车以匀速在平直的公路上行驶，这时候，车辆的传动系统所承受的转矩是稳定的。最理想的状况下，传动轴所承受的转矩时域曲线会"拉平"成一条水平线。也就是说，在这种理想的状态瞬间，传动轴不存在疲劳问题，只存在强度问题。但是，即使在这种理想的瞬间，由于齿轮的旋转，仍然会使得齿轮上的每一个齿承受一个高频波动的周期性载荷，从而使齿产生弯曲疲劳的问题。这个是花键和齿轮非常不一样的地方，导致相应的载荷谱处理完全不一样，也导致了对齿轮载荷谱进行分析时需要用到旋转转矩直方图计数。

3.1.1.5.2　旋转转矩直方图计数原理

旋转转矩直方图计数的原理并不复杂。如图 3-10 所示，把转矩时域数据按照转矩（纵轴）切分成很多的 bin（小的区间）。如果 bin 切分的数目足够多，则每个 bin 都会足够小，或者说在每个 bin 内转矩基本处于一个恒定水平。紧接着，如图 3-10 所示，需要找出与转矩处于某一恒定状态所对应的时间区间。在这些时间区间内，转速随时间的变化关系也是已知的。因此，对相应时间区间内的转速进行积分和累加，得到转角，最终除以 2π，则如图 3-11 所示，可以获得在某一恒定转矩状态 T_i 下，齿轮转过的圈数 n_i。

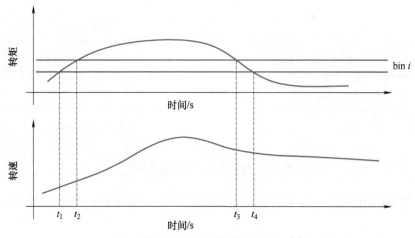

图 3-10　旋转转矩直方图计数原理[2]

在图 3-11 中，纵轴是 T_i，横轴是 n_i。图 3-11 给出的就是旋转转矩直方图计数的最终结果，这一结果中的（T_i, n_i）数据对，是在考核（比如）变速器齿轮弯曲疲劳问题时制定台架试验方案的核心依据，在后面谈论台架加速试验时会继续讲到。

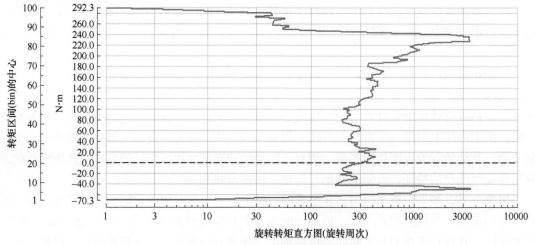

图 3-11　旋转转矩直方图计数结果[2]

3.1.1.6　旋转雨流计数

3.1.1.6.1　旋转雨流计数原理

在上一节谈到，齿轮上的每一个齿，每旋转一周要啮合一次，因此，齿轮上每一个齿所承受的载荷波动与其旋转行为有密切的关系，因此仍然需要获取传动系统上某一部位的转速和转矩时域数据，作为对（比如说）变速器齿轮的弯曲疲劳问题进行分析的载荷输入。

如图 3-12 所示，图上方的红色转矩时域数据反映了传动轴的受载，如上所述，这一数据在道路载荷数据采集过程中是容易获得的；图 3-12 上方的黑色三角波形（近似）反映了传递路径上牵扯到的齿轮的受载，可以看到，由于齿轮的旋转和啮合，形成了相对高频的载荷波动。黑色三角波形和红色转矩时域曲线之间是包络的关系，也就是说，当齿轮上某一对齿啮合在一起时，在啮合的瞬间所承受的转矩由红色（轴）转矩时域曲线给出和包络。那么，在哪些时刻齿轮上的一对齿会啮合在一起呢？这与转速有关。当图 3-12 下方红色线条所示的转速降低时，图 3-12 上方黑色三角波两个波峰之间的时间间隔会拉长，也就是说，当转速降低时，齿轮上的一对齿啮合在一起的时间间隔将拉长，反之亦然。在想明白这层关系后，可以根据图 3-12 下方的转速时域曲线估算出齿轮啮合在一起的一系列时间点。这样，在获得了转矩和转速以后，可以根据这一对输入确定齿轮啮合的一系列时间点，以及在这一系列时间点啮合的瞬间齿轮所承受和传递的转矩数值，从而根据转矩和转速数据"勾勒"出图 3-12 上方黑色的三角波形。

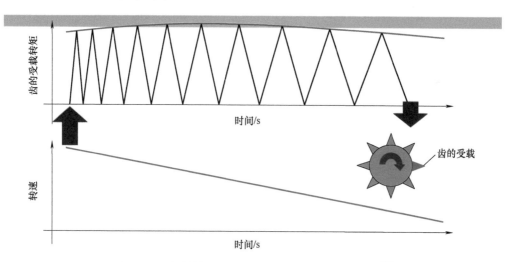

图 3-12 依据轴转矩和转速数据"勾勒"出齿轮受载[2]

在勾勒出齿轮所受的载荷时间历程后，如图 3-13 所示，对黑色的三角波形进行常规的四点法雨流计数，即可获得客观反映齿轮受载的雨流计数结果。

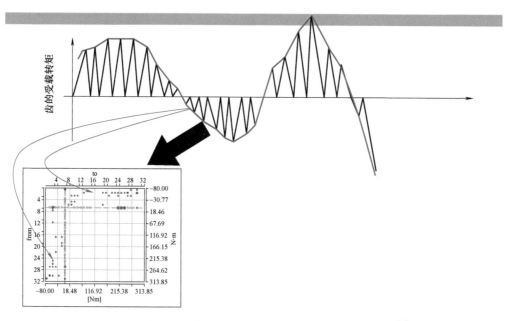

图 3-13 客观反映齿轮受载信息的雨流矩阵（RotMo 矩阵）[2]

3.1.1.6.2　旋转雨流计数输出的三个矩阵（RotMo 矩阵、Shaft 矩阵和 Total 矩阵）

　　上述是"旋转雨流计数"方法的核心和特点，一句话总结就是：根据轴转矩和转速数据勾勒出齿轮的受载历程，然后对其进行常规的四点法雨流计数。把这一组操作放在一起，称为"旋转雨流计数"。在 TecWare 软件中，所形成的矩阵默认输出名含有"RotMo"关键字，因此，姑且称之为"RotMo 矩阵"，这一矩阵客观反映了齿轮的受载信息。

　　有别于"旋转转矩直方图计数"结果将应用于针对变速器齿轮零部件弯曲疲劳问题进行稳态台架试验载荷谱的编制，"旋转雨流计数"结果着眼于针对传动系进行瞬态台架试验载荷谱的编制，这一瞬态台架试验方案将统一考核传动轴和变速器。因此，仅有如上反映齿轮受载信息的 RotMo 矩阵还不够。

　　在 TecWare 软件中，旋转雨流计数除了生成如上 RotMo 矩阵之外，还会对图 3-12 上方红线所示的轴转矩时域数据进行常规的四点法雨流计数，生成输出名含有"Shaft"关键字的雨流矩阵，姑且称之为 Shaft 矩阵。这一矩阵客观反映了传动轴的受载信息。

　　将 RotMo 矩阵和 Shaft 矩阵简单地叠加在一起，会形成第三个矩阵，输出名含有"Total"关键字，称之为 Total 矩阵。

　　这样，如图 3-14 所示，在 TecWare 软件中运行旋转雨流计数命令将生成 RotMo 矩阵、Shaft 矩阵和 Total 矩阵。其中，Total 矩阵并不包含什么额外的信息，因此，RotMo 矩阵和 Shaft 矩阵是有实际意义的，在后面的数据压缩和生成传动系瞬态台架试验载荷谱的时候，抓住这两个矩阵就够了。

RotMo矩阵：
　对一个隐式的时间序列进行雨流计数（由转矩信号和转速信号共同决定）
Shaft矩阵：
　对转矩信号进行常规的雨流计数
Total矩阵
　对以上两个矩阵的加和（仅为显示目的）

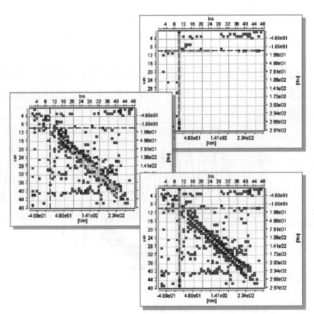

图 3-14　TecWare 软件旋转雨流计数命令生成的三个矩阵[2]

（从上到下依次是 RotMo、Shaft 和 Total）

3.1.1.6.3　旋转雨流计数与旋转转矩直方图计数结果的区别和联系

　　旋转转矩直方图计数结果所包含的信息没有旋转雨流计数结果包含的信息全面。前者包含的信息仅等价于后者的 RotMo 矩阵，不包含后者的 Shaft 矩阵信息。因此，前者只能支撑针对变速器齿轮旋转件弯曲疲劳问题的台架载荷谱制定，而后者可以支撑对于整个传动系统（包括传动轴和变速器）的台架载荷谱制定。

为什么说旋转转矩直方图计数结果所包含的信息等价于 RotMo 矩阵所包含的信息呢？要知道后者是一个二维信息，前者是一个一维信息，按道理说，后者包含的信息应该比前者更加丰富才对。原因在于（如图 3-14 中的 RotMo 矩阵所示），齿轮所承受的转矩使得齿根疲劳危险部位所承受的应力，基本上都是循环载荷比 $R=0$ 的脉动循环（在后面谈论疲劳寿命评估方法的时候会逐一展开这些概念），换句话说，RotMo 矩阵中所包含的均值信息不那么重要了，因为它太有规律了，也就基本简化成一个一维信息，与旋转转矩直方图计数结果所包含的信息相当。因此，当基于 RotMo 矩阵和旋转扭矩直方图计数结果进行疲劳寿命评估和损伤计算时，两者基本相当。

3.1.1.7　单轴幅值分布统计与多轴幅值联合分布统计

除了对于幅值循环次数的计数，一些对时域信号进行进一步的统计分析是十分有用的。如果一个持续的流程或工况需要被评估，那么需要用到 Time-at-Level 计数。尽管不能直接应用于疲劳寿命评估和预测，但是 Time-at-Level 计数经常用来描述不同工作状况的分布。与此相对应的还有在里程域中实施的类似操作，名称上也可以类似地称为 Mileage-at-Level。

3.1.1.7.1　单轴 Time-at-Level 计数

如图 3-15 所示，把某一个时域信号的纵轴划分成若干个 bin，将时域信号的纵轴落在第 i 个 bin 范围内的时间加和，即为与第 i 个 bin 这样一个 "Level" 相对应的 "Time"。

如果将与第 i 个 bin 对应的时间加和，除以这一段时域信号的总时长，那么可以从概率统计的角度比较好地理解 Time-at-Level 所给出结果的意义，如图 3-16 所示，即在某一时刻时域信号落在第 i 个 bin 的概率密度。整个 Time-at-Level 计数的过程实际上践行了古典概率统计最基本的思想，也就是频率是概率的一个估计，当样本量趋于无穷大时，频率收敛于概率。对于一维随机变量，其给出的是密度分布；对于多维随机变量，其给出的是对于某一个随机变量的边缘密度分布。

Time-at-Level 计数主要应用于对于信号（比如转速、压力、车速、温度等）的统计。一个更进一步的应用是对时域信号的算数平均值和 RMS 值进行估计。

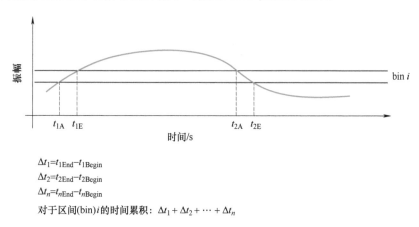

$$\Delta t_1 = t_{1End} - t_{1Begin}$$
$$\Delta t_2 = t_{2End} - t_{2Begin}$$
$$\Delta t_n = t_{nEnd} - t_{nBegin}$$

对于区间(bin)i的时间累积：$\Delta t_1 + \Delta t_2 + \cdots + \Delta t_n$

图 3-15　单轴 Time-at-Level 计数原理示意图[2]

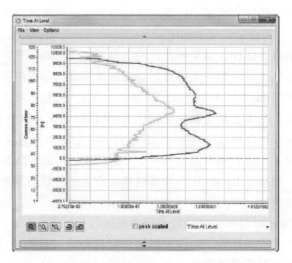

图 3-16 单轴 Time-at-Level 计数结果示意图[2]

3. 1. 1. 7. 2 多轴 Time-at-Level 计数

如图 3-17 所示，以 2 轴 Time-at-Level 计数为例，时域信号 A 沿着纵轴被划分为 4 个 bin，分别是 a1 到 a4；时域信号 B 沿着纵轴也被划分为 4 个 bin，分别为 b1 到 b4。2 轴 Time-at-Level 计数将时域信号落在 (a_i, b_j) $(i, j = 1, 2, 3, 4)$ 的时间区间分别找出并累加在一起。

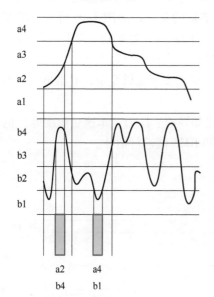

	a1	a2	a3	a4
b1		10	8	7
b2	18	21	10	6
b3		10	16	4
b4		14	14	28

图 3-17 多轴 Time-at-Level 计数原理示意图

多轴 Time-at-Level 对于"轴"的数目没有限制，但是可以看到，如果沿着某个轴划分的 bin 的个数为 k_i，则 n 个轴所对应的要统计的单元总数为 $k_1 k_2 \cdots k_n$。应当注意到，当轴的数目比较多的时候，要小心选择 bin 的个数，否则最后形成的单元总数很容易飙升。在 Tec-Ware 软件中将多轴 Time-at-Level 所形成的单元总数限定在 10^6 以内（截至 2019 版本）。

多轴 Time-at-Level 是在实施用户关联项目的过程中，面向群体采样数据处理环节非常重要和关键的计数技术，其给出了相关维度多维随机向量的联合概率密度分布。由于在构建工况空间时所涉及的相关随机变量之间并非完全独立，因此这种联合概率密度的获得非常重要。

3.1.1.8　多轴载荷与多轴雨流计数

3.1.1.8.1　为什么要进行多轴雨流计数——外载荷与内应力之间的桥梁

在外部多轴载荷 L_1、L_2……的作用下，结构将呈现应力响应，产生应力分布。基于名义应力法（在下一章将详细探讨这一问题）可知，真正决定结构（高周）疲劳寿命的是结构应力分布的状态和历程。因此，当对作用于结构之上的外部载荷进行数据分析，并且这种分析的着眼点是对这些载荷对于结构疲劳损伤贡献方面所具有的潜能进行某种挖掘、探究和量化时，常常会面对这样一种限制、窘境和背景，即没有更多额外的信息来进一步支撑这种挖掘、探究和量化工作，没有更多额外的信息来进一步详细描述这些外部载荷与结构内部应力之间的关系，从而使得这种分析缺少了一些条件，差了一层意思。而多轴雨流计数的出现和使命，正是在多轴载荷作用于结构之上时，在外部载荷和内部响应之间架起了一座桥梁，对于必然存在的某种确定性函数关系进行最大限度的抽象，来补上这层意思。

如图 3-18a 所示，假设一个构件处于 L_1 和 L_2 两个随机载荷的作用下，将问题简化为一个平面问题，但这并不影响对于相关问题的探讨和理解。在 L_1 和 L_2 两个随机载荷的作用下，如果要分析结构上某一点的疲劳寿命，则需要知道该点的应力状态。

如图 3-18 所示，在静态叠加的前提下，该点沿着 x 方向和 y 方向的正应力，以及剪应力与外载荷 L_1 和 L_2 的关系为

$$\begin{cases} \sigma_x(t) = C_{11}L_1(t) + C_{12}L_2(t) \\ \sigma_y(t) = C_{21}L_1(t) + C_{22}L_2(t) \\ \tau_x(t) = \tau_y(t) = C_{31}L_1(t) + C_{32}L_2(t) \end{cases} \tag{3-1}$$

式（3-1）中，系数 C_{ij} 可以方便地通过有限元计算或试验标定来获得。TecWare 软件 Falancs 求解器在求解多轴疲劳寿命和损伤时采用临界面法，其采用的损伤参量之一，是临界面上的法向正应力 $\sigma_\alpha^\varphi(t)$，如下式所示：

$$\sigma_\alpha^\varphi(t) = \left\{ \frac{1}{2}\left[1+\cos(2\alpha)\right]C_{11} + \frac{1}{2}\left[1-\cos(2\alpha)\right]C_{21} - \sin(2\alpha)C_{31} \right\} \cdot L_1(t) + \left\{ \frac{1}{2}\left[1+\cos(2\alpha)\right] \right.$$

$$\left. C_{12} + \frac{1}{2}\left[1-\cos(2\alpha)\right]C_{22} - \sin(2\alpha)C_{32} \right\}L_2(t) \tag{3-2}$$

式（3-2）中，$\sigma_\alpha^\varphi(t)$ 表示临界面（Critical Plane）为角度为 α 的斜截面（图 3-18b），其上的正应力几乎是 Falancs 求解器在进行多轴疲劳寿命评估时默认的损伤参量。

因此，$\sigma_\alpha^\varphi(t)$ 的历程是真正决定结构上某一点疲劳损伤和疲劳寿命的直接因素。如式（3-3）所示，可以依旧构建 $\sigma_\alpha^\varphi(t)$——这一决定结构上某一点疲劳损伤和疲劳寿命的直接因素（内因）与外部载荷 L_1 和 L_2（外因）之间的简单关系：

$$\sigma_\alpha^\varphi(t) = C_1 L_1(t) + C_2 L_2(t) \tag{3-3}$$

式中

$$C_1 = \frac{1}{2}\left[1+\cos(2\alpha)\right]C_{11} + \frac{1}{2}\left[1-\cos(2\alpha)\right]C_{21} - \sin(2\alpha)C_{31}$$

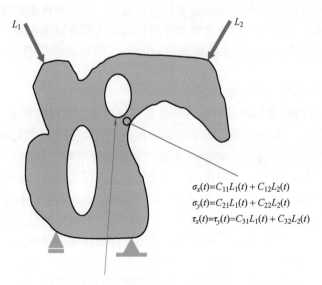

$$\sigma_x(t)=C_{11}L_1(t)+C_{12}L_2(t)$$
$$\sigma_y(t)=C_{21}L_1(t)+C_{22}L_2(t)$$
$$\tau_x(t)=\tau_y(t)=C_{31}L_1(t)+C_{32}L_2(t)$$

a) 结构上的外载荷和某点的平面应力状态[2]

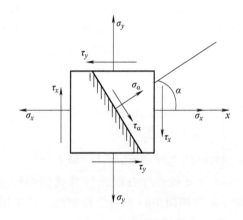

b) 结构上某点应力状态的分析

图 3-18 结构上的外部载荷和某一点的内部应力响应

$$C_2=\frac{1}{2}\big[1+\cos(2\alpha)\big]C_{12}+\frac{1}{2}\big[1-\cos(2\alpha)\big]C_{22}-\sin(2\alpha)C_{32}$$

式（3-3）可以推广到更一般的情况，即，在静态叠加的框架下，结构受 L_1，L_2，…，L_n 共 n 个外载荷的作用，结构某点临界面上的正应力与这些外载荷之间存在下式所示的简单关系：

$$\sigma_\alpha^{cp}(t)=C_1L_1(t)+C_2L_2(t)+\cdots+C_nL_n(t) \tag{3-4}$$

式中，C_1，C_2，…，C_n 为一组确定的系数。

上式表征了作用在结构上的外部因素（n 个外部载荷 L）与直接决定结构上某一点疲劳寿命和疲劳损伤的内部因素（在 Falancs 求解器中被选为损伤参量的临界面上的法向正应力 σ_α^{cp}）之间的关系。当直接对 n 个外部载荷 L 进行分析，而这种分析的着眼点是对这些载荷对于结构疲劳损伤贡献方面所具有的潜能进行挖掘和量化，并且这种挖掘和量化的前提和工作条件是没有外因与内因之间进一步详细的信息可以提供和参考时，式（3-4）就是构建一种合理分析方法所能仰仗的全部信息。这一信息是具有普遍适用性的信息，而这一种"合理分析方法"，就是多轴雨流计数方法。

3.1.1.8.2 多轴雨流计数的原理和逻辑

对于随机的多轴载荷来说，由于临界面对应的 α 是不容易事先得知的，因此，即便是通过有限元分析，也并不容易针对一个具体问题明确地给出式（3-4）中那一组确定的系数 C_1，C_2，$\cdots$，C_n。但是，当针对同一结构，比较两组载荷对其造成损伤的潜能时，从这种"比较"和"相对"的角度来应用和分析，在一些情况下，这一组系数究竟是多少，也不见得一定要知道。为此，把式（3-4）再变化一下，具体来说，做一下归一化的处理，即

$$\sigma_\alpha^{cp}(t) = \|C\| \left[C_1' L_1(t) + C_2' L_2(t) + \cdots + C_n' L_n(t) \right] \tag{3-5}$$

式（3-5）中，$\|C\| = \sqrt{\sum_{i=1}^n C_i^2}$，而 $C_i' = C_i / \|C\|$。这样处理完以后，事情发生了一些变化，描述 $\sigma_\alpha^{cp}(t)$ 的表达式分成了两个相对独立的部分：

1）$\left[C_1' L_1(t) + C_2' L_2(t) + \cdots + C_n' L_n(t) \right]$。这一部分，对于系数 C_i'，尽管其具体取值是多少仍然不知道，但是知道两件事：第一，$0 \leqslant C_i' \leqslant 1$；第二，$\sum_{i=1}^n C_i'^2 = 1$。因此，在这种情况下，可以用枚举的办法，把 C_i' 所有的取值组合枚举出来、遍历一遍。当然，多轴载荷的"轴"的数目较多时，这一工作量会急剧增加，因此，在 TecWare 软件中，只支持 6 轴及以下的情况（这已经可以做很多的事情了）。枚举和遍历之后所形成的这个集合，是一个全集，而针对某一具体结构和某一具体载荷历程，最终涉及的仅是这个全集的一个子集。这个子集到底包含哪一些组合，不知道，但是这种集合上的包容关系要清楚。

多轴雨流计数正是针对 $\left[C_1' L_1(t) + C_2' L_2(t) + \cdots + C_n' L_n(t) \right]$ 来做文章，在 6 轴及以下情况下，将 $(C_1', C_2', \cdots, C_n')$ 全部可能的组合遍历，形成若干个线性组合后的外载荷 L，即

$$L(t) = C_1' L_1(t) + C_2' L_2(t) + \cdots + C_n' L_n(t) \tag{3-6}$$

然后对这若干个线性组合后生成的外载荷 L，逐一进行雨流计数和伪损伤方面的比较、分析和呈现，从而作为多轴雨流计数结果的输出。

从几何上看，由于 $(C_1', C_2', \cdots, C_n')$ 可以看作是 n 维向量空间中沿着某一方向 s 的单位矢量 s_0，$(L_1(t), L_2(t), \cdots, L_n(t))$ 可以看作是 n 维向量空间中的载荷向量 $\boldsymbol{L}_0(t)$，线性组合后的外载荷 $L(t)$ 可以看作载荷向量 $\boldsymbol{L}_0(t)$ 在 s 方向的投影，即 $L(t) = s_0 \boldsymbol{L}_0(t)$。因此，多轴雨流计数又被称为雨流投影（RP，Rainflow Project）计数。

2）$\|C\|$。如果两组不同的系数 $(C_1^1, C_2^1, \cdots, C_n^1)$ 和 $(C_1^2, C_2^2, \cdots, C_n^2)$ 构成的矢量是共线且同向的，则在归一化以后，对应的投影方向矢量 s_0 是相同的，这使得归一化前后的向量空间不是一一映射，有可能出现多对一的情况。但是由于多轴载荷和结构响应的复杂性，这种矢量平行且同向的事情并不多见。

如果不考虑这些矢量平行且同向的特殊情况，那么可以认为，归一化前后的向量空间是一一映射的，那么，对于同一组 $(C_1', C_2', \cdots, C_n')$，其所对应的范数 $\|C\|$ 是唯一的；或者说，对于每一个投影方向矢量 s_0，有唯一一个确定的范数 $\|C\|$ 与之相对应，尽管对于 $\|C\|$ 到底是

多少，一般并不知道，后面会看到，在某些情况下，也不需要知道。

如此一来，再综合上述 1）和 2）两个方面来看看目前的处境：外部载荷向量 $\boldsymbol{L}_0(t)$ 在式（3-5）的关系下由外部因素关联到直接决定结构某一点损伤和寿命的损伤参量 σ_α^{cp}。在由外部因素关联到内部因素的过程中，首先，可以将外部载荷向量 $\boldsymbol{L}_0(t)$ 向某一方向 $\boldsymbol{s}_0$ 投影，对于其投影 $L(t)=\boldsymbol{s}_0\cdot\boldsymbol{L}_0(t)$ 进行雨流计数，甚至伪损伤计算；然后，将雨流矩阵放大或缩小 $\|C\|$，或者对于伪损伤放大或缩小一个与 $\|C\|$ 密切相关的量，就能很好地关联到 σ_α^{cp} 的雨流计数结果，或者由 σ_α^{cp} 计算得到的损伤值。

当比较两个多轴载荷对结构损伤方面具备的潜力时，由于对于同一个投影方向（用矢量 $\boldsymbol{s}_0$ 来表征），其所对应的范数 $\|C\|$ 是相同的，因此在"比较"的过程中，这个 $\|C\|$ 相当于被"约"掉了。在"比较"的时候，剩余的、需要加以"比较"的有用信息都完整地保留在对 $L(t)=\boldsymbol{s}_0\cdot\boldsymbol{L}_0(t)$ 的雨流计数和损伤计算的分析当中——这就是多轴雨流计数存在的价值、背后的逻辑、含义，以及在应用和理解多轴雨流计数结果时所应把握和理解的要点。

用如下的例子再来说明一下。

3.1.1.8.3　用多轴雨流计数比较分析两组三分力载荷

如图 3-19 所示，在两个典型路面上获得了有统计代表性的两组三分力时域数据，对这两组时域数据样本进行多轴雨流计数，最后通过损伤球来表达多轴雨流计数的分析结果。

图 3-19　用多轴雨流计数对两个试验场的三分力数据进行分析并证明其相似性[2]

如上一小节所述，此例中多轴雨流计数，首先对三维向量空间中的载荷向量沿各个方向投影，获得 $L(t)=\boldsymbol{s}_0\cdot\boldsymbol{L}_0(t)$，然后对所有的投影结果 $L(t)$ 逐一进行雨流计数，进而逐一做伪损伤计算，并且以云图的形式表征这些伪损伤沿着各个投影方向的分布。

对于结果的理解和应用，要把握如下几个方面。

1）不看标尺，定性理解。从云图上整体观察这两个损伤球，而不去关心标尺上所呈现的具体数值。三轴载荷，以同样的作用点和作用方向、作用在同一辆车上，实际结构上相关点的内部响应实际上只能对应损伤球上一个确定的子集（这个在上一小节已经介绍过了）。如果两个损伤球的形貌从整体上看都比较类似，这意味着全集都比较类似，那么这个子集一定也是类似的（而不用再进一步关注和分析子集到底对应损伤球上的哪一个区域和部分）。这样，定性地分析，两组三轴载荷数据对于该车辆产生的损伤一定具有相似性，比如说，车体上损伤相对比较严重的区域都是一致的。

2）看标尺，定量理解。通过比较各个投影方向上伪损伤的强弱，或者说关注损伤球标尺的数值，如果一组载荷在各个投影上的损伤值基本都会压过另一组载荷，那么，这意味着一组载荷对于结构造成的实际损伤在定量上将更加严重。

总的来说，由于多轴雨流计数产生的背景是对于具体结构的一种抽象，因此如何理解和应用其结果显得也有一些抽象，如果能够把握其要点，对于多轴雨流计数结果加以灵活应用，往往会带来惊喜。

3.1.2　频域载荷分析方法

3.1.2.1　自功率谱密度函数

3.1.2.1.1　名称的由来和背景——能量信号和功率信号

在非电量测量中，常把被测信号转换成电压或电流信号来处理。显然，电压信号 $x(t)$ 加到电阻 R 上，其瞬时功率 $P(t) = x^2(t)/R$。当 $R = 1$ 时，$P(t) = x^2(t)$。瞬时功率对时间积分，就是信号在该积分时间内的能量。

因此，人们不考虑信号实际的量纲，而把信号 $x(t)$ 的平方 $x^2(t)$ 及其对时间的积分分别称为信号的功率和能量。并且，把满足 $\int_{-\infty}^{\infty} x^2(t)\,\mathrm{d}t < \infty$ 的信号，称为"能量有限信号"（或能量信号）；而把满足 $\frac{1}{t_2 - t_1}\int_{t_1}^{t_2} x^2(t)\,\mathrm{d}t < \infty$ 的信号，称为"功率有限信号"（或功率信号），而 $\frac{1}{t_2 - t_1}\int_{t_1}^{t_2} x^2(t)\,\mathrm{d}t$ 则为信号在这一时间区间里的平均功率。

3.1.2.1.2　Wiener-Khintchine 公式——PSD 与自相关函数之间的关系

信号 $x(t)$ 的 PSD 为 $S_x(f)$（双边谱），信号 $x(t)$ 的自相关函数为 $R_x(\tau)$，则 Wiener-Khintchine 公式明确：$S_x(f)$ 和 $R_x(\tau)$ 之间是一个傅里叶变换对。

这使得可以从中提取两方面的信息：

1）由于自相关函数 $R_x(\tau)$ 丢失了原信号的相位信息（只保留了频率，和与原信号相关联的幅值信息），因此自然的，PSD 中也不包含原信号的相位信息。

因此，也是自然的，可以用商业软件（如 TecWare 软件）由一段 PSD 重构一段时域信号，使得该时域信号具备同样的 PSD 特征，但是，这种时域信号不能"复现"和"复原"原信号（因为相位信息丢失）；并且，这种时域信号的重建，结果自然不唯一。"重构"信号与"原信号"相比，仅有频域部分信息的相似性，丢失了相位的相似性和幅值域的相似性，因此，无论是在做台架试验还是做仿真计算，由 PSD 生成的一段时域信号应该如何合理利用，心里一定要有数，清楚其局限性。

2）由 Wiener-Khintchine 公式可知

$$R_x(0) = \lim_{T \to \infty} \frac{1}{T}\int_0^T x^2(t)\,\mathrm{d}t = \int_{-\infty}^{\infty} S_x(f)\,\mathrm{d}f \tag{3-7}$$

结合第 3.1.2.1.1 小节的背景介绍，可知 $S_x(f)$ 曲线下和 f 轴所包围的面积就是信号

$x(t)$ 的平均功率，或者说 $S_x(f)$ 就是信号 $x(t)$ 的"功率密度"沿着 f 轴的分布，这就是"自功率谱密度函数"名称的由来。

3.1.2.1.3 Parseval 定理——基于 FFT 的快速计算 PSD 的方法（周期图法）

Parseval 定理指出：时域中计算的信号总能量，一定等于频域中计算的信号总能量。因此，一定有 $\int_{-\infty}^{\infty} x^2(t)\,\mathrm{d}t = \int_{-\infty}^{\infty} |X(f)|^2 \mathrm{d}f$ 成立。式中，$X(f)$ 为信号 $x(t)$ 的幅值谱，可以经由 FFT 快速获得。与式（3-7）联合可以知道

$$S_x(f) = \lim_{T \to \infty} \frac{1}{T} |X(f)|^2 \tag{3-8}$$

因此，式（3-8）为经由 FFT 来快速计算 PSD 提供了一条途径和方法，称为"周期图法"。当然，在实际操作中还需要进行分段平均，以消除随机误差，以及必要的重叠，以消除周期性信息在分段中的遗失，这方面不再赘述。

PSD 反映了信号的频域结构，这一点与幅值谱 $|X(f)|$ 一致；但是，PSD 反映的是信号幅值的平方，因此其频域结构特征更为明显，这使得在进行结构耐久性相关的 Trouble Shooting 时，在从众多载荷分量中寻找造成结构疲劳失效的主因时，有望更加方便和明显。当然，更加明确地量化这种载荷（因）和疲劳失效部位应力/应变（果）之间因果关系的是相干函数 $\gamma_{xy}^2(f)$。

3.1.2.2 互功率谱密度函数与相干系数

假设信号 $x(t)$（加速度、力、扭矩等）是待为排查的、造成结构疲劳失效处应变历程 $y(t)$ 的主因之一，那么这两个信号之间的相干函数为 $\gamma_{xy}^2(f) = \dfrac{|S_{xy}(f)|^2}{S_x(f)S_y(f)}$ 将很好地量化和显示 $x(t)$ 和 $y(t)$ 之间的因果关系。相干函数的取值在 0 和 1 之间，取值为 0，表示两个信号毫不相干；取值为 1，表示两个信号完全相干（而且信号质量很好，且信号传递路径上涉及的系统动力学特性是线性的）。

相干函数中，$S_x(f)$ 和 $S_y(f)$ 分别为信号 $x(t)$ 和 $y(t)$ 的 PSD，$S_{xy}(f)$ 为两个信号之间的互功率谱密度函数（CSD）。与 PSD 类似，$S_{xy}(f)$ 与两个信号之间的互相关函数 $R_{xy}(\tau)$ 是一个傅里叶变换对。标准正交基的正交性，赋予了互相关函数 $R_{xy}(\tau)$ "同频相关、不同频不相关"的优美性质，可以消除信号中的噪声干扰，提取有用信号。与互相关函数有密切关系的互功率谱密度函数，也因此消除了不相干的干扰噪声影响，使得 $\gamma_{xy}^2(f)$ 可以高品质地显示相关信号之间的因果关系，也为准确求解系统的频率响应函数提供了有效途径。

3.2 载荷编辑方法

3.2.1 时域信号编辑

3.2.1.1 原始数据中信号异常的剔除

3.2.1.1.1 方差滤波

如图 3-20 所示，上面的信号含有比较尖锐的毛刺，这种干扰在日常（道路）载荷数据采集活动中是比较常见的。在去除毛刺的过程中，第一个要关心的信息是构成毛刺的信号大

概由多少个采样点组成。图 3-21 所示是把一个毛刺局部充分放大之后的图片，可以看到，这样一个典型毛刺大概由 4 个采样点组成。这里不用太纠结，不同的毛刺涉及的采样点数目可能会有一定的波动，但是在一次采集活动中基本会稳定在一个范围内，一个信号中的一根毛刺由 N 个采样点组成，这个 N 只要大体反映这样一个范围就可以。

在下面的取值过程中需要参照如下重要的黄金法则：$m = 2 \times N$（或 $3 \times N$）　$n = 2 \times 2 \times N$（或 $3 \times 3 \times N$）。

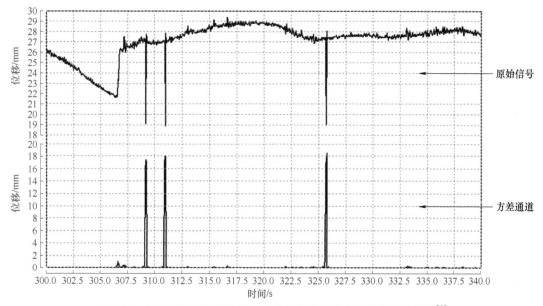

原始信号

方差通道

图 3-20　含有毛刺的原始信号以及方差滤波方法中参考的方差数值[2]

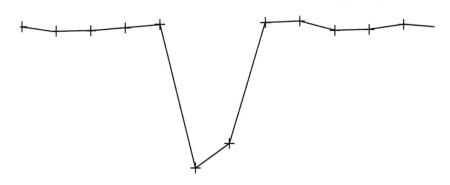

图 3-21　一个典型毛刺的局部放大及构成这一毛刺的采样点

方差滤波的第一步，是以原始信号 x_i 为中心，选取（$n+1$）个连续的数据点组成数据块，对于这个数据块的（$n+1$）个点求平均值 $\overline{x}_i$：

$$\overline{x}_i = \frac{1}{n+1} \sum_{k=i-n/2}^{i+n/2} x_k$$

这样一来，原始信号 x_i 与平均值 $\overline{x}_i$ 之间的差值 r_i 可以计算获得：

$$r_i = x_i - \overline{x}_i$$

后面的处理完全以 r_i 为处理对象。以 r_i 为中心，选取（$m+1$）个连续的数据点组成数据块，对于这个数据块的（$m+1$）个点求方差：

$$v_i = \frac{1}{m} \sum_{k=i-m/2}^{i+m/2} (r_k - \bar{r}_k)^2$$

式中，$\bar{r}_k$ 是（$m+1$）个连续数据点组成数据块的均值。

图 3-20 所示下面的曲线即为 v_i 的结果。可以看到，当数据含有毛刺的时候，与毛刺相对应的位置和时刻 v_i 的值都比较大。因此，以 v_i 作为一个判据，当 v_i 大于某一个值的时候认为对应的数据段中包含一个毛刺，这样把这个数据段的第一个点和最后一个点之间做线性连接，代替原来的数据，从而抹平毛刺。由于 v_i 在其中扮演核心判据的作用，因此将这一毛刺去除方法称为方差滤波。

所以总结起来，采用方差滤波大体要分为两个步骤和阶段：在合理地选取 m 和 n 的前提下，第一步，需要先计算和输出方差结果，并根据这一结果选取一个合理的门槛值；第二步，依据这个门槛值把相关的毛刺去除掉（方差滤波，把方差值高于门槛值的信号滤除掉）。这种两步走的方法，在操作上限制了流程化和批处理的使用，比较适合于交互式的操作模式。

因此，为了更适合通过流程的方式来去除信号中的毛刺，在 TecWare 的 ProcessBuilder 中包含了"Spike Removal（basic）"函数，这是一个算法层面更加基本的毛刺去除方法，算法做了简化，但是更适合流程化处理。在该处理中，程序对于所输入的整段完整的时域数据计算方差，将该方差线性放大或缩小（这个尺度可以由程序控制）后作为门槛值，如果一段信号（这段信号多长，可以由程序控制）中的数据变化量超过了这一门槛值，就认为这一段信号中存在毛刺，进行相应的光滑处理。这种方法在信号修正精度方面做了妥协，但是比较适应采用流程化的方式进行操作。

3.2.1.1.2　漂移及 TecWare 软件对于漂移的处理原理

如图 3-22 所示，下面的信号是一个理想的时域信号，而上面的信号则出现了漂移，它

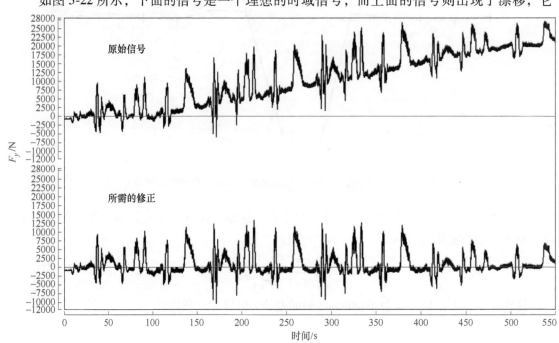

图 3-22　时域信号中的漂移[2]

是理想信号与一个缓变（低频）的干扰信号叠加后的结果。比如说，应变测量过程中常常会发生漂移，而其中的缓变（低频）干扰信号一般是由测试区域局部的温度改变而引发的。

TecWare 软件对于信号中漂移的纠正算法比较简单明了。

如图 3-23 所示，首先将时域信号分块（block），每一个块的长度（Block length）是一个比较重要的参数设置，一般来说，选取 0.5s 到 1s 的信号作为一个块的长度。如果对于所推荐的 0.5s 到 1s 的 Block length 参数没有把握，可以通过控制"Output"选项来强制输出 Correction channel 结果判断一下所选择的 Block length 长度是否是合适的。

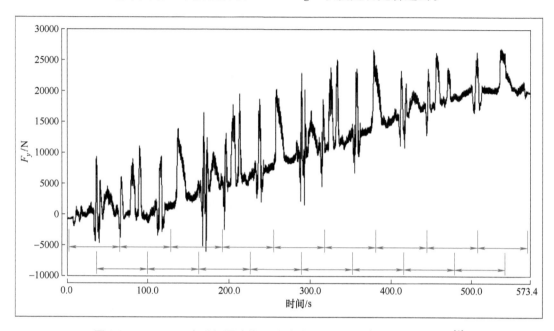

图 3-23　TecWare 在进行漂移修正时对时域信号的分块和 overlap 平均[2]

如图 3-24 所示，可以通过控制"Output"选项来控制输出的数据是"Correction channel"还是"Corrected data"。所谓"Corrected data"是指修正后的结果，如图 3-25 下方的红色数据所示，这是一个默认选项；所谓"Correction channel"是指采用相关的块长度（Block length）以及其他参数设置（主要是指 Quantile，一般设置为 0.5）计算出来的修正数值，如图 3-25 上方的红色数据所示。这一结果可以用来查看和评估所选择的 Block length 是否合适。

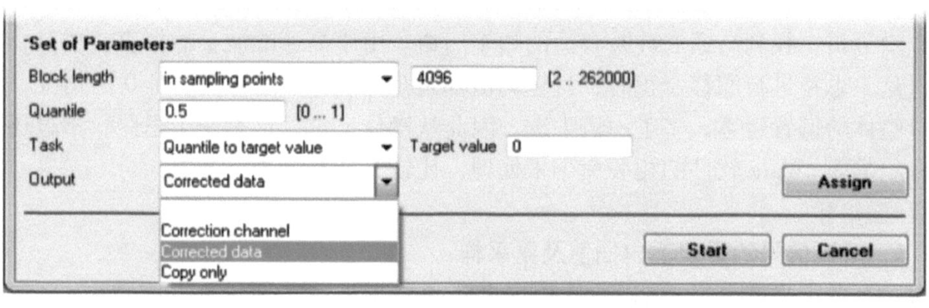

图 3-24　TecWare 软件在进行漂移修正时涉及的几个需要设置的参数

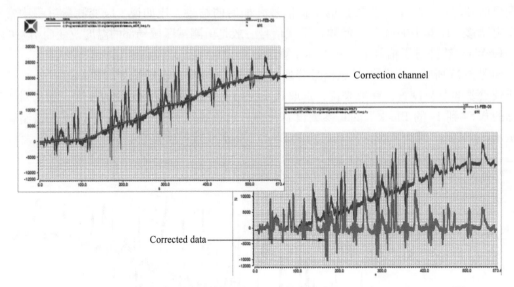

图 3-25　两个可以 Output 的数据："Correction channel" 和 "Corrected data"[2]

如果选取了比较合适的 Block length 数值，那么还要注意，TecWare 在相关的算法中"强制"采用了 50%的 overlap 平均。之所以这样做，是为了避免对稳态随机信号进行加窗之后出现频谱成分的遗漏和信号的丢失。

在选取了合适的 Block length 之后，如图 3-26 所示，程序对每一个块的数据进行统计，计算其中位数数值（如图 3-24 所示，当 Quantile 选择默认的 0.5，那么就意味着选定了中位数）。

如图 3-24 所示，Task 一般选择默认的 "Quantile to target value"，而 Target value 则是目标均值，也就是说，如果信号没有受到漂移的干扰，这个均值应该在一个怎样的水平上。然后，程序会根据每一个数据块的"中位数"，与 Target value 之间的差值，把每一个数据块做相应的"平移"，即修正。

以上就是 TecWare 软件对时域数据漂移进行修正的全部算法逻辑，以及涉及的相关操作参数的解释。

1）如果一个数据的漂移趋势比较简单，比如说是所谓的线性漂移（一直随时间的延伸以恒定的速率增大或缩小），或者是整体漂移，那么 TecWare 软件中实际上有相关的命令对这种漂移进行更轻松的处理。不过认为可以把所有漂移的修正，都统一到一个操作命令之下，用最少的软件操作命令和算法逻辑解决尽可能多的事情。

2）可以考虑通过高通滤波来解决同样的问题，那么问题的关键在于用足够的频率分辨率进行频谱分析，找到高通滤波时合适的频率门槛。由于高通滤波会滤掉直流成分，这就意味着通过这一思路进行漂移修正时，目标均值都是 0。对于目标均值不是 0 的情况，还要做一个信号整体的偏置运算，多了一道手续。因此从操作上说，这是一个思路，不过还是采用这一节介绍的 TecWare 软件的相关命令来处理，比较专业和顺手。

3.2.1.2　重采样

3.2.1.2.1　时域信号的重建、内插值及重采样

获取一个数字采样点 x，可以看作用一个 δ 函数在某一时刻与模拟信号 $x(t)$ 在某一时刻点乘的过程。以此类推，按照采样率 f_s 对模拟信号 $x(t)$ 在一系列有序时间点上进行采样

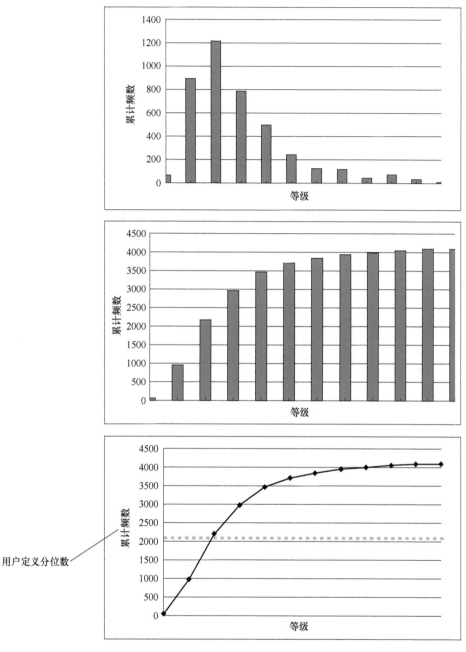

图 3-26　Quantile 设置为默认的 0.5（即中位数）[2]

的过程，在数学上可以表示为模拟信号 $x(t)$ 与一系列有序 δ 函数点乘的过程，这一过程称之为理想采样过程，这一有序 δ 函数如图 3-27 左图所示，往往称之为"梳状函数"（像梳子一样的函数），表示为

$$\text{Comb}(t,T_\text{s}) = \text{Comb}(t,1/f_\text{s}) = \sum_{k=-\infty}^{\infty} \delta(t-k/f_\text{s}) = \sum_{k=-\infty}^{\infty} \delta(t-t_k) \tag{3-9}$$

因此，理想采样过程在数学上可以表示为

$$x_k = x(t) \times \mathrm{Comb}(t, 1/f_s) \tag{3-10}$$

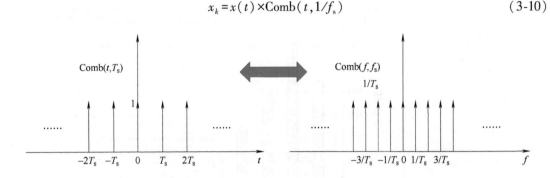

图 3-27　梳状函数

这里，$x(t)$ 为按照采样定律已经进行过抗混叠滤波预处理的载荷。有了梳状函数以及上述对于理想采样过程的数学描述，实际上不难理解甚至可以推导采样定理。不难推得，梳状函数 $\mathrm{Comb}(t, T_s)$ 的频谱 Comb (f, f_s) 也是梳状函数，如图 3-27 右图所示。

$$\mathrm{Comb}(f, f_s) = f_s \sum_{k=-\infty}^{\infty} \delta(f - k f_s) \tag{3-11}$$

根据傅里叶变换的性质：$x(t) \times \mathrm{Comb}(t, 1/f_s)$ 的傅里叶变换，等于两者傅里叶变换的卷积。因此，采样点序列 x_k 的频谱特征需要用 $x(t)$ 的频谱 $X(f)$ 与上述 $\mathrm{Comb}(f, f_s)$ 做卷积求得，即

$$X(f) \times \mathrm{Comb}(f, f_s) = f_s \sum_{k=-\infty}^{\infty} X(f - k f_s) = f_s \sum_{k=-\infty}^{\infty} X\left(f - \frac{k}{T_s}\right) \tag{3-12}$$

也就是说，如图 3-27 右图所示，采样后的频谱是将原信号的频谱依次平移 f_s 至各采样脉冲对应的频域序列点上，然后全部叠加而成。因此，如果让这种平移和重叠后的频谱不包含混叠成分，为后期信号重建打下基础，必须保证 $f_s > 2f_h$ 的采样定理得到满足。

为了讲清楚信号的重建，下面介绍矩形函数与 sinc 函数。图 3-28 左上图所示是常用的窗函数之一——矩形窗。可以证明，矩形窗函数经过傅里叶变换后的幅频函数 $W(f) = T\mathrm{sinc}(\pi f T)$，其中 T 为矩形窗的窗宽，sinc 函数为 $\mathrm{sinc}(\theta) = \dfrac{\sin\theta}{\theta}$，是信号分析中非常重要且常用的函数。

下面介绍傅里叶变换的两个重要性质。

第一，对称性。如图 3-28 所示，傅里叶变换对在时域与频域中具有对称性，也就是说，如果时域里面是一个矩形窗函数，那么频域里面对应一个 sinc 函数；同样，如果频域里面是一个矩形窗函数，那么时域里面对应一个 sinc 函数。

第二，卷积。两个时域信号乘积的傅里叶变换，等于两者傅里叶变换的卷积（这一条在上面的分析中已经碰到和使用过）；两个频域信号乘积的傅里叶逆变换，等于两者傅里叶逆变换的卷积（这个将在下面用到）。

因此，对信号进行理想采样之后，相当于将原信号的频谱进行一系列的平移然后叠加的过程。因此，在此基础上要重建信号，需要将这一采样信号的频谱进行一个（理想）低通滤波，然后再返回时域。

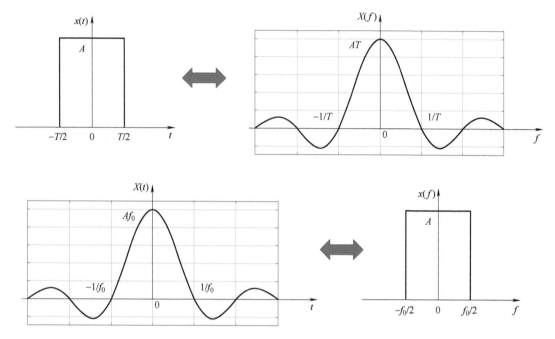

图 3-28 矩形窗与 sinc 函数，以及傅里叶变换的对称性

将采样信号的频谱进行（理想）低通滤波，相当于在频域内将其频谱点乘一个矩形窗函数。根据卷积的性质，将滤波后的信号返回时域，相当于在时域内将各自信号的傅里叶逆变换进行卷积；根据对称性，（理想）低通滤波器的傅里叶逆变换为 sinc 函数，因此，有重建后的信号 $\hat{x}(t)$ 为

$$\hat{x}(t) = x_k \frac{\sin(\pi t f_s)}{\pi t f_s} = x(t) \times \mathrm{Comb}\left(t, \frac{1}{f_s}\right) \frac{\sin(\pi t f_s)}{\pi t f_s} = x(t) \sum_{k=-\infty}^{\infty} \delta(t-t_k) \frac{\sin(\pi t f_s)}{\pi t f_s} = \sum_{k=-\infty}^{\infty} x_k$$

$$\frac{\sin[\pi(t-t_k)f_s]}{\pi(t-t_k)f_s} \tag{3-13}$$

式中，$t_k = k/f_s$。

有了如上内插值公式后，很容易完成在新的采样率 $f_{new\text{-}s}$ 下系列采样点 $\tilde{x}_l$ 的重采样过程和数值计算，即

$$\tilde{x}_l = \sum_{k=-\infty}^{\infty} x_k \frac{\sin[\pi(\tilde{t}_l - t_k)f_s]}{\pi(\tilde{t}_l - t_k)f_s} \tag{3-14}$$

式中，$\tilde{t}_l = l/f_{new\text{-}s}$

这里唯一需要注意的是，如果新的采样频率高于原来的采样频率，那么，什么也不需要做，但是，如果新的采样频率低于原来的采样频率，那么，在重采样之前，依然需要按照采样定律的要求对原来的信号进行抗混叠滤波，然后再进行采样。

3.2.1.2.2 对档位信号进行常规重采样时的 Gibbs 现象

如图 3-29 所示，如果对档位信号以及类似的矩形方波信号按照如上介绍的方法和流程进行重采样，将不可避免地产生 Gibbs 现象，因此，TecWare 软件中对于此类矩形方波信号的重采样由专门的命令来执行，其实质是一种数学逻辑上更为简单的线性插值。

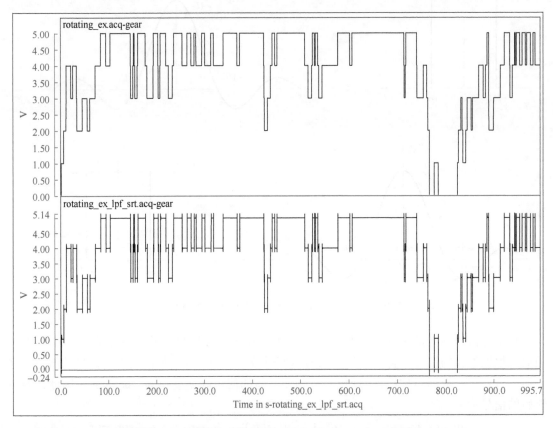

图 3-29　对档位信号进行重采样时出现的 Gibbs 现象困扰

3.2.1.3　滤波

　　（数字）滤波器的设计和应用是数字信号分析处理领域比较专业的一个分支，涉及的知识和技术要点是比较多的，这里只对 TecWare 软件涉及的四种数字滤波器做简要的介绍。

3.2.1.3.1　傅里叶滤波器

　　傅里叶滤波器是一种频域滤波器。工作时，将时域信号转化到频域中，然后将其与频域中的滤波函数相乘，之后再返回到时域，完成滤波操作。滤波函数的频域设计范围从 0Hz 到相关时域信号的 Nyquist 频率。

　　TecWare 中的傅里叶滤波器有两种：一种是简化版本，对应软件中的 Fourier Filter（band-pass/band-stop）功能，该功能只有带通和带阻两个选项；一种是通用版本，对应软件中的 Fourier Filter（general）。这一功能支持比较复杂的滤波函数设计（图 3-30）以实现相对复杂的信号滤波，设计好的滤波函数可以存储成独立文件，之后被反复调用。

3.2.1.3.2　巴特沃斯滤波器

　　巴特沃斯滤波器是时域滤波器的一种，属于无限冲激响应（IIR）滤波器。模拟巴特沃斯滤波器会产生相位平移，为了与这种典型的在线应用背景相对应，如图 3-31 所示，TecWare 软件的巴特沃斯滤波器［对应 Butterworth Filter（lowpass/highpass）］可以通过设置

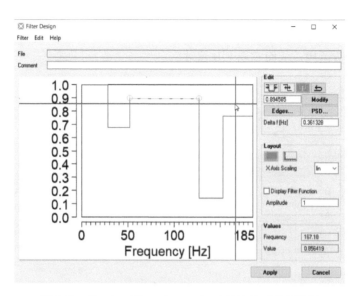

图 3-30　**Fourier Filter**（general）中的滤波函数设计器

和选择 Mode 参数中的 Phase-shifted 选项来保留这种相移。而如果选择 Zero-phase 则可以避免产生这种相移，成为一种典型的离线操作和处理风格。

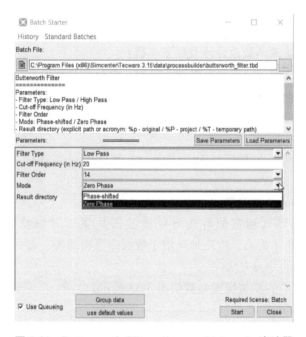

图 3-31　**Butterworth Filter**（lowpass/highpass）滤波器

3.2.1.3.3　FIR 滤波器

　　FIR 滤波器是"有限冲激响应（Finite Impulse Response）"的简称，属于时域滤波器，是数字信号处理中常用的两种基本滤波器之一，另一种即为上面谈过的 IIR 滤波器（巴特沃斯滤波器是典型的 IIR 滤波器之一）。

TecWare 中通过 FIR Filter Designer 来实现 FIR 滤波函数的设计（图 3-32），与傅里叶滤波函数设计器类似，设计好的 FIR 滤波函数可以被存储成单独的文件，然后被 FIR Filter（non-recursive）函数调用，从而实现 FIR 滤波。

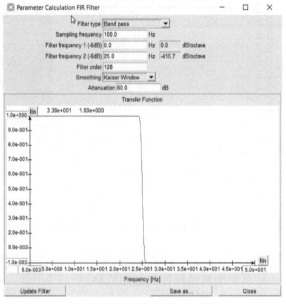

图 3-32　FIR 滤波函数设计器

TecWare 中的 FIR 滤波函数设计涉及如下参数：

1）Filter typer（滤波类型）：具有带通、带阻、差分和二重差分，共四个选项。

2）Sampling frequency（采样率），以及滤波器设计的带宽上下界（Filter frequency 1 和 2）。

3）Filter order（滤波器的阶数）：软件支持的最高阶数为 1024，但是一般取值范围在 30～300 之间。

4）平滑（Smoothing）与衰减（Attenuation）：软件中仅当选择凯塞（Kaiser）窗的时候，需要设置衰减系数。

3.2.1.3.4　Savitzky-Golay 滤波器

Savitzky-Golay 滤波器（通常简称为 S-G 滤波器）属于时域滤波器的一种，最初由 Savitzky 和 Golay 于 1964 年提出，广泛地运用于数据流平滑除噪，是一种在时域内基于局域多项式最小二乘法拟合的滤波方法。

Savitzky-Golay 滤波器的相关设置参数如图 3-33 所示。

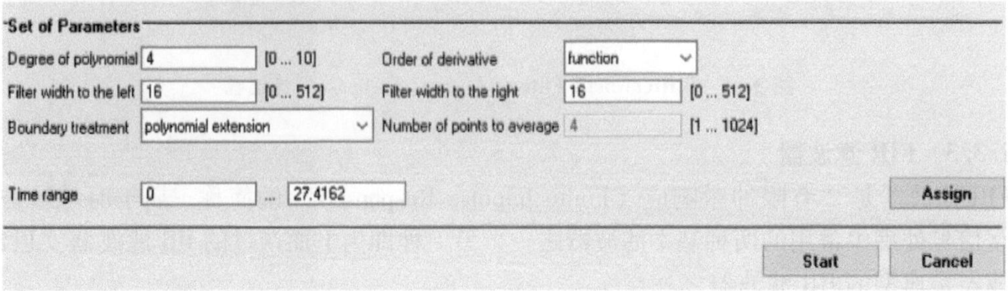

图 3-33　Savitzky-Golay 滤波器的参数设置

Degree of polynomial：定义多项式逼近函数的次数，取值范围在 0~10 之间。

Order of derivative：定义需要计算的导数的阶数，有三个选项：原函数（function）、1 阶和 2 阶。

Filter width to the left（right）：定义左边（右边）使用的点数，取值范围为 0~512。

当 Boundary treatment（数据边界的处理）选择"average of the first（last）values of the signal"（需要进行取平均处理）时，"Number of points to average"选项启动，取值范围为 1~1024。

3.2.2 幅值域信号编辑

3.2.2.1 雨流的叠加

雨流计数结果是一种非常好的中间结果（或过程结果）的文件存储方式，原因是无论多么大的一段时域信号，一旦对其进行了雨流计数，那么生成的结果仅仅是一个 Excel 表格文件。如果对应的时域数据比较长，仅仅意味着 Excel 文件中循环次数比较高罢了，Excel 文件的大小并没有太多的变化，都是比较小的文件，存放起来非常节省空间。另外，对于疲劳寿命评估和耐久性分析来说，由于雨流计数方法的先进性，相关重要信息已经都从时域信号中转化和提取出来了，这种压缩后的信息对于疲劳寿命评估来说往往是充分必要信息。所以，将一个个时域数据样本进行雨流计数之后存放、管理以及在团队之间进行信息传递，应该是耐久性工程中比较常见的一种情况。

那么就有一个问题，如果星期一我在一种工况下采集到一些数据，转化成了雨流结果进行存放，星期二、星期三我又在另外的工况下采集到了一些数据，并转化成雨流结果进行存放。现在要对周一到周三的三种工况进行混合，这就牵扯到对雨流叠加的编辑需求。

在 3.1.1.1 节谈过，应用 TecWare 软件进行雨流计数，结果分为两部分，即雨流矩阵 RFM 和 Residue（RES）。假设有 n 个工况下的雨流计数结果，对应的雨流矩阵和 Residue 分别为 RFM_1，RFM_2，…，RFM_n 和 RES_1，RES_2，…，RES_n，如果要把第一个工况重复 k_1 次，把第二个工况重复 k_2 次，以此类推，第 n 个工况重复 k_n 次，然后把所有的工况累加起来，那么雨流的叠加实际上执行的是如下操作：

$RFM = k_1 RFM_1 + k_2 RFM_2 + \cdots + k_n RFM_n$

$RES =$ 对（$k_1 RES_1$，$k_2 RES_2$，…，$k_n RES_n$）进行四点法雨流计数

图 3-34 所示是对 RFM 处理方法的诠释。在进行雨流计数的时候需要设置 limit 的上界和下界，以及选取 bin 的个数。如果参与雨流叠加的雨流矩阵在形成的过程中相关参数都一样，那么就说它们具有相同的 scale。在这种情况下对雨流矩阵部分进行雨流的叠加特别简单，相关单元的计数结果直接线性叠加就可以。如果涉及的相关雨流矩阵的 scale 不一样，那么 TecWare 软件在进行相关操作时，会事先自动将相关的 scale 进行调整，调整的原则是"就大不就小"，也就是说用相对较大的 scale 来"兼容"相对较小的 scale，如图 3-35 所示。

图 3-36 所示是对 RES 处理方法的诠释。也就是说，将涉及的相关雨流计数结果的 Residue 按照相应重复的次数首尾相接，形成一个新的"信号"，对这一信号重新进行四点法雨流计数，计数结果汇入总体雨流矩阵。计数形成的 Residue 作为雨流叠加结果的最终 Residue。在 3.1.1.1 小节强调过，对于这部分 Residue 的整合和重新四点法雨流计数，得到的载荷循环周次可能不高，但是其对损伤的贡献量绝对不可小觑。TecWare 软件对于这一部分 Residue 的处理是非常小心谨慎、锱铢必较的。

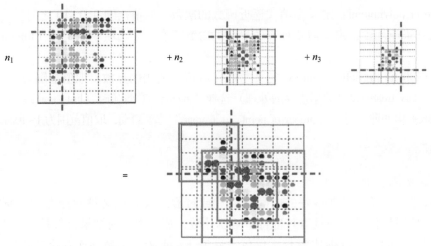

图 3-34　雨流叠加过程中对于雨流矩阵的处理[2]

相同的矩阵，相同的比例　　　　　　　　　　相同的矩阵，不同的比例

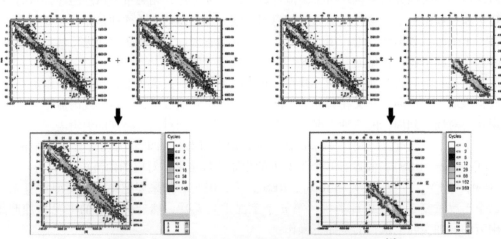

图 3-35　scale 是否一致对于雨流矩阵叠加结果的影响[2]

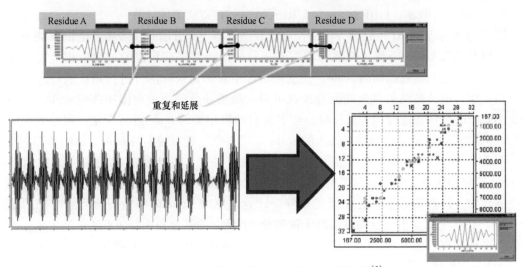

图 3-36　雨流叠加过程中对于 Residue 的处理[2]

3.2.2.2 雨流的外推

3.2.2.2.1 问题的由来

想象一下在一台机器上做一个测试，到底需要测量多长时间才能获得一个有代表性的载荷谱？这往往是一个非常关键的问题。在一个非常有限的时间内通过测试获得一个（比如说）应力谱，不足以支撑对于一个较长设计使用周期内应力状态的准确估计。依据测试对象的工作状态，当把应力信号的测试时间延长以后，可以预期，可以获得一个更有代表性的、更加准确的载荷谱。

图 3-37 所示是对一个高压磨辊轧机的扭矩时域信号进行分析获取的"扭矩幅值-循环次数"结果。从中可以发现两个特点：

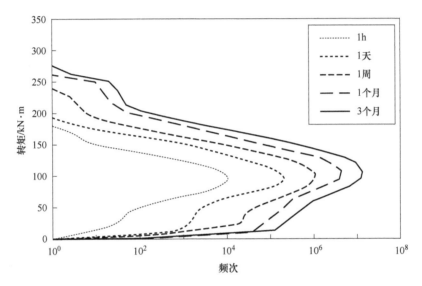

图 3-37　高压磨辊轧机工作扭矩的不同测量时长及相应的"扭矩幅值-循环次数"分析结果对比[7]

1）随着测量时间的延长，"扭矩幅值-循环次数"曲线近似地向右"平移"，并且，整体轮廓相似，这说明所测试的是同一个随机工况。

2）测试中获得的扭矩幅值的最大值，随着测试时间的增加而有升高的趋势，这是一个普遍性的特征，具有重要的意义，直接引发了对于信号"外推"问题的需求和讨论。

当对某一工况的测试时间为一有限时长时，测试过程中捕捉到的载荷的最大值是很难预测的。一个很有可能的情形是，在产品的整个使用生命周期之内，可以观察到的载荷最大值，往往比一个在有限测试时间内获得的信号最大值要更大。当测试时间"足够"长时，在有限测试时间内获得的载荷最大值将非常接近产品在整个设计使用周期内载荷的最大值，或者这两者之间的些许差别对于损伤不构成显著的差异。

如图 3-37 所示，当把高压磨辊轧机的测试时间增加到一个月时，可以说这个测试时间基本足够了，因为可以把基于这一个月的测试信号的分析结果简单向右平移三倍，来获得三个月使用周期内的载荷信息，而与真正测试三个月获取的结果并无明显差异。

对于道路载荷数据采集，以上问题也同样存在。由于成本和时间的限制，测试的里程是有限制的。但是对于车辆耐久性工程而言，关心的是一个长周期内的载荷。希望了解当把测试样本量从 20km 扩展到 200km，或者从 2 圈扩展到 200 圈时，雨流矩阵和（伪）损伤会发生怎样的变化。

即便是同一个驾驶员驾驶同一辆车在同样的路面上重复进行测试，也无法复现同样的雨流矩阵结果（驾驶员不可能重复完全相同的车速、制动力等），因此，将一个雨流矩阵简单地进行倍乘，无法合理地实现这种载荷的外推。

比如，一个驾驶员开着某一车辆在某一路面上行驶一圈，获得某一载荷如图 3-38 左上所示的雨流矩阵分析结果。如果让这一驾驶员开着这辆车在刚才的路面上继续行驶五圈，从而一共获得了六圈的数据样本，那么根据这六圈的数据样本进行分析可以获得如图 3-38 左下所示的雨流矩阵分析结果。如何由一圈的样本数据（图 3-38 左上）经过某种技术处理获得六圈的数据结果（图 3-38 左下）？直接将一圈的数据（图 3-38 左上）倍乘 6 是不行的，这种倍乘实际上采用的是上一小节的"雨流叠加"技术，形成的结果如图 3-38 右上所示。图 3-38 左下与图 3-38 右上结果相比，雨流矩阵显得更加"丰富"，对应的伪损伤数值也更大。希望有一种更加优越的数据处理技术，能将雨流矩阵"外推"，基于一圈的数据样本（图 3-38 左上），"外推"形成六圈的结果（图 3-38 右下）。

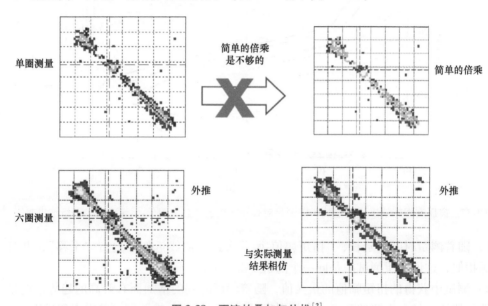

图 3-38　雨流的叠加与外推[2]

总结一下，由于载荷的随机性和测试时长的有限性之间的矛盾，使得对于如下问题很关心：有限时长的测试结果如何进行"外推"，可以得到具有代表性的、反映长周期内载荷特征的结果？

3.2.2.2.2　核密度估计与雨流矩阵的外推

当对雨流矩阵进行外推的时候，需要用到一些雨流矩阵的"光滑"技术。一次测试获得的一个时域数据序列可以看作是一个随机过程，该随机过程定义了一个二维（from-to 或幅值-均值）的循环周次分布。测试时间越长，对于该分布了解得越准确。如果仅有一个短时间的测试信号，需要从已经观察到的载荷循环分布状态进行估计。

在这一过程中采用的是一种非参数检验方法——核密度估计。核密度估计由 Rosenblatt（1955）和 Emanuel Parzen（1962）提出。

以一维分布作为例子，核密度估计的基本思路是：在对某一事物的取值 $p(i)$ 未知的情况下，如果某一个数 $R(k)$ 在观察中出现了，可以认为这个数"曾经出现过"这个现实，对于 $p(i)$ 的确定有一定的参考意义。这个参考意义有多大呢？反映在一个权重 w 中，而这个权重 w 应该与 i 和 k 距离 "$i-k$" 有一定的关系，是 $i-k$ 的函数 $w(i-k)$。一个很自然的思维就是"远小近大"，也就是说，离 i 比较近的点 k，其权重 $w(i-k)$ 应该比较大；反之，离 i 比较远的点 k，其权重 $w(i-k)$ 应该比较小。而权重应该满足 $\sum_k w(i-k) = 1$ 的要求。把权重 $w(i-k)$ 的密度函数称为核密度函数，构建不同的核密度函数，可以形成不同的核密度估计方法。其中一个常用的核密度函数就是高斯分布，此时

$$w(i-k) = \frac{1}{\sqrt{2\pi}} \exp\left[-\frac{1}{2}\left(\frac{i-k}{h}\right)^2 \right] \tag{3-15}$$

可以看到，上面这个呈现高斯分布的核密度函数依 i 和 k 之间的距离 $i-k$ 呈现"远小近大"的特征，并且满足 $\sum_k w(i-k) = 1$ 的要求。

式中因子 h 是一个非常重要的量，在 TecWare 软件中进行雨流外推操作时，它关联到相关命令中的"Smoothing Factor"这一操作参数。这一操作参数（或者说参数 h）的取值，反映了在由现有数据外推获得更长时间范围内的载荷数据时，对于现有数据的"自信"程度。如果对于现有数据比较自信，h 可以取值相对小一点，这样当 $i-k$ 固定时，$(i-k)/h$ 就会相对比较大，从而使得权重 $w(i-k)$ 相对比较小。也就是说，当 h 相对比较小的时候，哪怕距离 i 比较近的一点 k 的取值，对于 i 点取值的参考作用也相对有限，越来越"自信"地以 i 点现有的数值来决定外推后 i 点的数值。反之亦然。

从上面的一维解释中可以看到，由于核密度估计方法不利用有关数据分布的先验知识，对数据分布不附加任何假定，是一种从数据样本本身出发研究数据分布特征的方法，因而，在统计学理论和应用领域均受到高度的重视。

如图 3-39 所示，具体到在 TecWare 软件中对雨流矩阵进行外推，所依托的是一种相对更为复杂的"椭圆高斯核密度函数"的非参估计方法。这一方法的要点有二：其一，依据

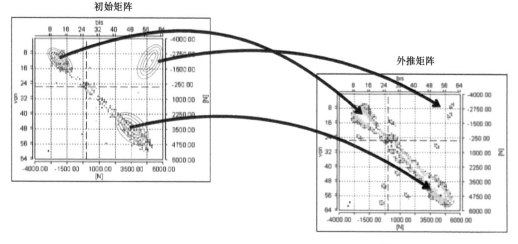

图3-39　TecWare 中进行雨流外推时的算法示意图[2]

现有数据获得的雨流矩阵分布形态，在对数据点 $p(i,j)$ 进行估计时，需要选取一个呈椭圆形的区域，这一区域以内的点对于 $p(i,j)$ 的取值将产生影响，这个区域以外的点对于 $p(i,j)$ 的取值将不产生影响，或者说，这个区域以外的点的权重 $w(i-k,j-l)$ 近似为零；其二，在这一椭圆区域内权重 $w(i-k,j-l)$ 呈二维高斯分布状态，并满足 $\sum\limits_{k,l} w(i-k,j-l) = 1$。$p(i,j)$ 点的取值由下式决定，即

$$p(i,j) = \sum_{k,l} w(i-k,j-l) \, \mathrm{RFM}(k,l) \tag{3-16}$$

式中，$\mathrm{RFM}(k,l)$ 表示现有雨流矩阵在点 (k,l) 的取值。

由于椭圆高斯核密度函数估计方法在如何确定椭圆区域方面，以及相关的二维高斯分布函数方面的数学形式都比较复杂，但是，作为一个一维问题向二维问题的自然延拓，除了数学形式之外，本质上没有更复杂的数学思想。

采用这种核密度估计的方式，在合理选取光滑因子的前提下，有望对数据的外推给出合理的结果。

第4章
基于名义应力法对结构的疲劳损伤进行分析

在前面的章节，站在车辆耐久性工程全局的角度对载荷数据进行分析、基于大数据对载荷进行统计，其中一个穿针引线的量是伪损伤，但是，伪损伤毕竟是一个"粗线条"的量值，更多地需要从比较和相对的角度去理解和应用。对结构和材料的疲劳寿命进行细致的分析最终还是要落脚到绝对损伤的评估上。

本章对名义应力法的基本原理进行综述性的介绍和梳理。名义应力法是高周疲劳寿命评估最基本和基础的方法，应借助名义应力法对高周疲劳绝对损伤评估问题需要考虑的一系列因素加以了解，这对于车辆工程耐久台架验证性试验规范的合理制定是非常重要的。

4.1　疲劳损伤的过程和背景

在承受循环载荷的结构中，疲劳裂纹核会在微观小尺度上起始，逐步累积和扩展为宏观尺寸，并最终在疲劳寿命的最后循环中导致试样的断裂，是一个跨尺度的过程。

疲劳寿命通常分为裂纹起始阶段和裂纹扩展阶段，由于一些实际条件对裂纹起始阶段具有较大的影响，但是对裂纹扩展阶段影响有限或者没有影响，因此这种划分是必要的，对于讨论、分析和理解不同类型的疲劳问题是有益的。

可以定性地认为，当微裂纹扩展不再依赖于材料表面状态时，就认为裂纹起始阶段结束了，这是问题的一个方面。问题的另一个方面，疲劳寿命主要消耗在小于 1mm 的裂纹尺寸上，即消耗在几乎不可见的裂纹尺寸上，因此，起始阶段可能成为断裂前疲劳寿命的主要部分，特别是对于（像汽车行业这样）不做损伤容限设计的结构来讲更是如此。

综上问题的两个方面，可以得出这样一个重要的结论，即：在裂纹起始阶段，疲劳是一个表面现象，各种类型的表面影响因素对于疲劳寿命是十分重要的。这一结论对于讨论高周疲劳寿命评估，理解名义应力法对于一些问题的处理思路是非常重要的。

4.2　一些基本定义以及 S-N 曲线

在 3.1.1.1.1 小节中介绍过用来表征和描述周期性循环载荷一些特征量的定义，包括最大值 S_{max} 和最小值 S_{min}、幅值 S_a、均值 S_m 等，这些特征量的定义不变（图 3-1c）。

除此之外，再定义循环载荷比 $R=S_{min}/S_{max}$，它将从另一个角度描述平均应力的水平。并且，有三个循环载荷比是比较重要的，或者说比较"有特点"，对应的平均应力水平由低到高分别为：

- $R_{-\infty}$：对应的 $S_{max}=0$，$S_m<0$。
- R_{-1}：对应的 $S_m=0$。
- R_0：对应的 $S_{min}=0$，$S_m>0$。

另外，图 3-1c 中清楚地标明了一个循环的起始，把这样一个 cycle 对应的周次称为"循环次数" N，有时也会用"$2N$"来描述寿命，称为"反向次数"。

在明确了这样一系列的定义后，可以来讨论一些疲劳寿命评估的问题，为此首先介绍一下 S-N 曲线。S-N 曲线的试验测试问题本身就是一个比较复杂的事情，好在国内外已经有比较系统和翔实的试验规范可供参考，国内一些理化检测人员的认证培训机构也可提供比较专业和系统的试验方法培训，因此跳过 S-N 曲线的材料试验测试问题，认为正确获得相关材料的 S-N 曲线是已经具备的基础条件，进而继续讨论。

用以表达 S-N 曲线最常见的关系式是所谓的 Basquin 关系式：

$$S_a=\sigma'_f(2N)^b \tag{4-1}$$

式中，b 和 σ'_f 是材料参数，式中采用了反向次数 $2N$ 来描述寿命。

另外，幂函数公式也是常用的形式之一：

$$S_a^k N=C \tag{4-2}$$

式中，k 和 C 是材料参数。由于式（4-2）与式（4-1）没有本质的不同，只是一种数学关系的两种不同形式的表达，因此有的学者也将式（4-2）称为 Basquin 关系式。实际上，式（4-1）和式（4-2）中的材料参数 b 和 k 具有 $k=-1/b$ 的简单关系。

对于汽车工程中常用的金属材料来说，当采用式（4-2）描述材料的 S-N 曲线时，材料参数 k 的取值一般在 $3\sim12$ 之间，最常见的取值在 $5\sim8$ 之间，k 值越大，材料或结构的疲劳寿命对于载荷的变化越敏感；而 C 的取值则反映了材料或结构的初始疲劳质量。

图 4-1 所示是一条典型的 S-N 曲线。"一条完整的 S-N 曲线可分为三段，即低周疲劳区（LCF）、高周疲劳区（HCF）和亚疲劳区（SF）。$N=1/4$，即静拉伸，对应的疲劳强度为 $S_{max}=S_{ut}$；$N=10^6\sim10^7$ 对应的疲劳强度为疲劳极限 S_e（有时称之为条件疲劳极限）；在 HCF 区，S-N 曲线在对数坐标系上几乎是一条直线。"与之相对应的，图 4-2 所示为在一些常用商业软件（如 TecWare Falancs 求解器）中定义一条 S-N 曲线时一些"关键点"所对应的含义。这些"关键点"包括：

1)"两头"，即抗拉强度 $S_{max}=S_{ut}$，和疲劳极限（NE，SE）。

2) 在 HCF 区，在需要的情况下可以用两段不同的斜率来描述，但是比较常见的情况是用一条直线来描述，也就是一般来说 k1=k2，N1=NE，S1=SE（图 4-2）。

由于进入塑性区域后，材料和结构局部发生塑性流动，应力和应变之间不再呈现简单的线性关系，而且一般来说，即便应变的变化量相对来说已经很大了，应力的变化量也不大，这样，如果继续用应力作为损伤变量，会进一步恶化即便在高周疲劳区域，寿命和损伤的变化量就已经过分敏感地依赖于应力变化量的材料属性和状态。因此，当结合材料的 S-N 曲线、运用名义应力法进行疲劳寿命评估时，都是在高周疲劳的范围内进行分析和评估，其损伤机理也有着明显的相似性和趋同性，在疲劳断口上一般都会明显地看到裂纹萌生、裂纹扩

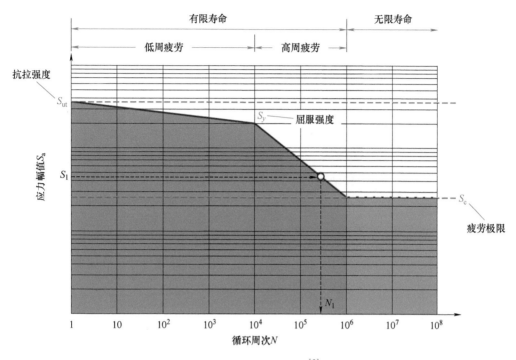

图 4-1　S-N 曲线特征[2]

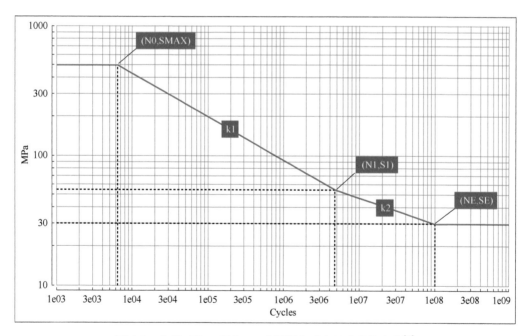

图 4-2　在 TecWare Falancs 求解器中对 S-N 曲线的定义[2]

展和塑性断裂的三个区域，疲劳失效的过程与材料和结构的表面状态关系紧密。

　　如果疲劳损伤主要是在低周，那么从量值上来说，再用应力作为损伤参量就不合适了，一般都会用应变作为疲劳寿命评估的损伤参量，疲劳的过程和机理与高周疲劳是截然不同的。比如说，低周疲劳对于结构或材料的表面状态就不敏感，用喷丸、渗碳等工艺可以明显地提高材料的高周疲劳力学性能，但是对于低周疲劳几乎没什么作用。

由于在下一章要介绍的车辆工程中耐久台架验证性试验规范的制定，基本上都是面向高周疲劳的（如果是低周问题，在台架试验方案制定的过程中"试验加速"的需求也就不会那么强烈），所以，在本章只涉及高周疲劳的话题。

4.3 名义应力法的基本思路

用名义应力法对实际的工程结构进行高周疲劳寿命评估，一般来说是对材料的 S-N 曲线进行修正，得到结构的 S-N 曲线，然后评估其疲劳寿命，这是一个基本思路和方向。

4.3.1 光滑试样影响 S-N 曲线的若干因素

如图 4-3 所示，除去可靠度的因素，载荷类型、光滑试样的尺寸、表面质量都会对光滑试样的疲劳强度，尤其是疲劳极限产生明显的影响。

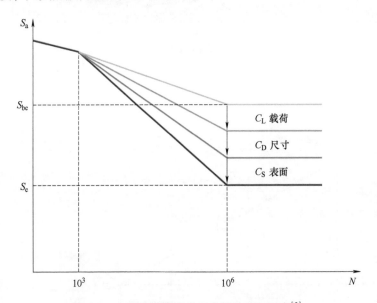

图 4-3 光滑试样影响 S-N 曲线的若干因素[2]

4.3.1.1 载荷类型的影响（载荷系数 C_L）

定义载荷系数 C_L 为

$$C_L = \frac{其他加载方式下的疲劳极限}{旋转弯曲下的疲劳极限}$$

载荷系数不仅取决于载荷类型（因为不同的载荷类型使试件中的应力分布不同），还取决于材料（因为不同的材料有着不同的疲劳破坏机理）。表 4-1 引自参考文献 [10]，汇总了不同载荷类型和不同材料对应 C_L 的取值。

在拉压载荷作用下，试件截面上的应力处处相等，这不同于旋转弯曲时，应力分布是有梯度的，因此，如表 4-1 所示，建议纯轴向载荷时，取 C_L 为 0.9。作为一个对比、补充和参考，姚卫星教授提到，"在没有试验结果的情况下，可取$C_L=0.85$（钢）和$C_L=0.65$（铸铁）"[9]。

对于塑性较好的金属材料（钛合金除外），与 Von Mises 准则一致，圆棒试件在反复扭转下的疲劳极限约为旋转弯曲条件下疲劳极限的58%。而对于铸造合金（比如灰口铸铁），由于合金中含有的石墨片从微观上造成了大量的、非常扁平的初始裂纹缺口，且其取向具有某种随机性，这意味着出现在石墨片两端的最大峰值应力具有与纯拉伸和纯扭转等效的特性，因此对于这类材料，其纯扭转状态下的疲劳极限与旋转弯曲状态下的疲劳极限会非常接近建议取值为0.8。

表4-1 载荷系数C_L的取值

载荷类型	C_L	备注
纯轴向载荷	0.9	
轴向载荷（带有一点弯曲）	0.7	
弯曲	1.0	
扭转	0.58	对于钢
扭转	0.8	对于铸铁

4.3.1.2 试样尺寸的影响（尺寸系数C_D）

定义尺寸系数C_D为

$$C_D = \frac{大尺寸试样的疲劳极限}{标准尺寸试样的疲劳极限}$$

材料的疲劳强度，特别是疲劳极限，取决于试样的尺寸和形状。在前面强调过，"在裂纹起始阶段，疲劳是一个表面现象"。由于疲劳极限主要是一个在材料表面一些特殊薄弱点的裂纹形核问题，承受最大应力循环的材料表面积越大，这类薄弱点出现的概率就越高，相应的材料疲劳极限就越低。因此，尺寸效应是客观存在的。尽管实际问题要复杂得多，但是不妨碍从这样一个简单的逻辑关系大致了解尺寸效应存在的原因之一。

如图4-4所示，参考文献［10］给出了一个工程上非常有可操作性的有关尺寸系数C_D取值的指导原则：

1）对于承受轴向载荷的零件，尺寸的影响较弱，建议取$C_D=1$。

2）在弯曲和扭转条件下，建议

$$C_D = \begin{cases} 1 & d<8\text{mm} \\ 1.189d^{-0.097} & 8\text{mm}<d<250\text{mm} \end{cases}$$

对于不具有圆形横截面的试样，将承受95%及以上最大应力的材料面积，换算成具有相同面积旋转杆试样的直径，以估算其有效直径。

4.3.1.3 表面质量的影响（表面质量系数C_S）

定义表面质量系数C_S为

$$C_S = \frac{实际试样表面质量对应的疲劳极限}{标准试样表面质量对应的疲劳极限}$$

影响表面质量系数C_S的因素主要包括表面加工粗糙度系数β_1、表层组织结构系数β_2和表层应力状态系数β_3，且$C_S=\beta_1\beta_2\beta_3$。

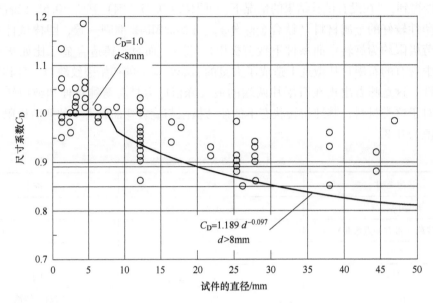

图 4-4　尺寸系数 C_D 的取值[10]

4.3.1.3.1　表面加工粗糙度系数

还要回到前面强调过的，"在裂纹起始阶段，疲劳是一个表面现象"。由于疲劳裂纹主要是在材料的自由表面上萌生，试样的表面粗糙度最为关键。在裂纹萌生主导疲劳寿命的高周疲劳寿命时，高强度钢的表面粗糙度更为关键。两个相关的定性描述如图 4-5 所示，这有助于对 β_1 的取值。

4.3.1.3.2　表层组织结构系数

"在裂纹起始阶段，疲劳是一个表面现象"，因此，人们通过各种表面处理工艺来提高表面层的疲劳强度，常用的方法包括表面渗碳、表面渗氮、表面氰化、表面淬火、表面激光处理等。这些处理方法的本质都是改变材料表层组织结构。通常，在经过表面处理后，表层材料的组织结构与原材料的组织结构有所不同，其疲劳强度可以得到提高，即 β_2 通常大于 1，从而达到提高零部件疲劳强度的目的。不同的工艺参数对 β_2 的影响很大。

4.3.1.3.3　表层应力状态系数

影响结构件疲劳寿命的表面应力状态可以分为两类：表面残余压应力和表面预拉伸应力。

产生表面残余压应力的原理是表面冷作变形，主要方法有滚压、喷丸、挤压、激光强化等，其实质是改变零部件的表层应力状态，同时也使表层材料的组织发生了一些物理变化。

孔冷挤压可使得孔边产生残余压应力，当外加循环载荷作用时，孔边疲劳破坏区内的合成应力水平下降了，由此元件的疲劳强度得到了提高。

在了解了下一小节平均应力对疲劳强度的影响之后，会对本小节有更好的理解。

4.3.1.4　平均应力的影响

外加应力幅值 S_a 自然是影响结构疲劳损伤和寿命的第一因素，但是平均应力 S_m 同样可以对结构的疲劳损伤和寿命产生影响，是一个重要的次要因素，事实上也正因如此，雨流计数才同时给出循环载荷 S_a 和 S_m 的二维信息。容易理解，如果 S_m 增加而 S_a 不变，则意味着 S_{max} 变

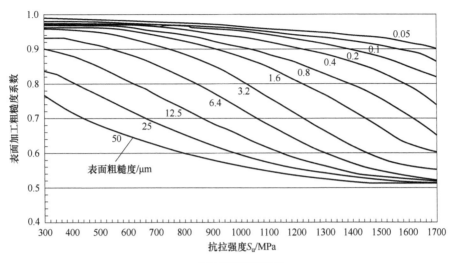

a) 与表面粗糙度对应

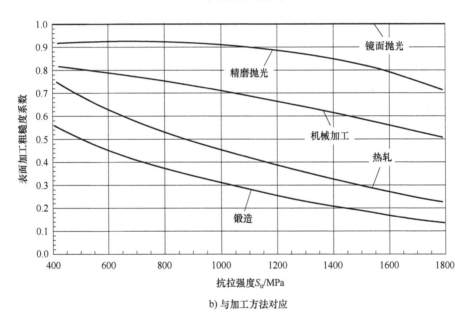

b) 与加工方法对应

图 4-5　表面加工粗糙度系数β_1的定性描述[10]

大，结果自然会使得微裂纹或宏观裂纹张开的驱动力增大，从而造成更严重的疲劳损伤，引起更低的疲劳寿命和疲劳强度。因此，定性地来判断，平均正应力对于疲劳强度是有害的，反之，平均压应力对于疲劳强度是有利的。明白了这一点，将更有利于对 4.3.1.3.3 小节的理解。

因此，在给出一种材料的 S-N 曲线时，一定会标明这条 S-N 曲线所对应的循环载荷比 R 是多少，或者说，这条 S-N 曲线是在怎样的平均应力水平下获得的。

为了定量研究平均应力对高周疲劳强度的影响，需要引入图 4-6 所示的在S_a-S_m坐标系中绘制的 Haigh 图，也称为疲劳图、等寿命等。这里不再赘述其研究历史，直接汇总给出如下一些工程可用的结论。

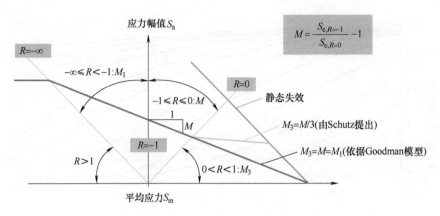

图 4-6　Goodman 模型与三段模型示意图[2]

4.3.1.4.1　Goodman 模型

Goodman 模型为

$$S_{ar} = \frac{S_a}{1 - \dfrac{S_m}{S_{ut}}}$$

式中，S_{ar} 相应于 $R = -1$ 时的幅值，其在 Haigh 图中用红线标注。

在没有疲劳特性可用的情况下，Goodman 平均应力修正公式应该是唯一可用的。Goodman 模型对于钛合金是非常正确的。但是其假设当 S_m 增加时疲劳强度会线性降低，对于很多情况，这是偏保守的（图 4-7 中抗拉强度分别为 860MPa 和 1090MPa 的两种材料）。但是也有例外，对于具有高强度、低韧性的合金，如图 4-7 所示，经热处理抗拉强度已经高达 1830MPa 的 AISI-4340 钢，其疲劳强度下降的会比 Goodman 模型预测的更快。

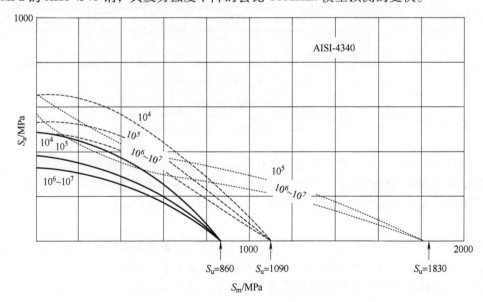

图 4-7　三种金属材料的实测等寿命曲线[8]

4.3.1.4.2 SWT 模型

SWT 模型为

$$S_{ar} = \sqrt{S_{max} S_a}$$

式中，默认 $S_{max} > 0$，或者说当 $S_{max} \leq 0$（平均压应力相对于幅值更大时）时，SWT 模型预测的结果为无限寿命。

对于较小的平均应力载荷，通常认为 SWT 模型要优于 Goodman 模型，可以确立大多数金属构件疲劳试验数据的相关性，尤其是对于铝合金更为有效。

但是对于平均应力较大的应用环境，需要如下一小节所述，引入平均应力敏感度系数 M 来描述不同平均应力水平上 S_a 对于 S_m 变化的敏感性。

4.3.1.4.3 Schutz 与平均应力敏感系数

Schutz 通过对很多种材料在 $S_m = 0$ 和 $R = 0$ 时已有的疲劳极限数据进行分析，研究了 S_a 对于 S_m 变化的敏感性，并把平均应力敏感性系数 M 定义为

$$M = \frac{(S_e)_{S_m=0} - (S_e)_{R=0}}{(S_e)_{R=0}}$$

M 数值越大，意味着 S_a 对于 S_m 变化的敏感性越高。

从平均应力敏感度系数的角度来看，Goodman 模型实质是在 $-\infty \leq R \leq 1$ 的范围内用同一个 M 来描述 S_a 对于 S_m 变化的敏感性（TecWare Falancs 求解器中默认 $M = 0.3$）。

为了在更大的范围内较为精确地描述 S_a 对于 S_m 变化的敏感性，Schutz 基于经验观察所得出的结论提出了所谓"三段模型"（3 Segments），即用 M_2、M 和 M_3 分别描述 $-\infty \leq R < -1$、$-1 \leq R < 0$ 和 $0 \leq R \leq 1$ 三段范围内的平均应力敏感系数（TecWare Falancs 求解器中默认 $M_2 = M = 0.3$，$M_3 = \dfrac{M}{3} = 0.1$）。

TecWare Falancs 求解器在此基础上又进一步细化，提出了所谓"四段模型"，如图 4-8 所示，即在三段模型的基础上将 $0 \leq R \leq 1$ 进一步分为 $0 \leq R < \text{Limit } R$ 和 $\text{Limit } R \leq R \leq 1$ 两段，其中在 $0 \leq R < \text{Limit } R$ 范围内 M_3 不变，而在 $\text{Limit } R \leq R \leq 1$ 范围内，认为在很高的平均状态下

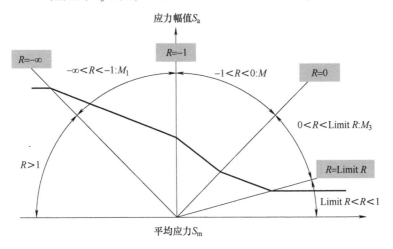

图 4-8 TecWare Falancs 求解器中给出的四段模型[2]

材料对于平均应力已经没有敏感性，故在此范围内引入 $M_4 = 0$，而 TecWare Falancs 求解器默认的分界线 Limit $R = 0.5$。

如果用户有更为详尽的试验数据支持，如图 4-9 所示，TecWare Falancs 求解器提供更为详尽的设置接口，可以将平均应力敏感度系数进行更为精细的分段描述。

分区	修正系数
$R > 1$	0
$-\infty \leqslant R \leqslant -1$	M_1
$-1 < R \leqslant 0$	M
$0 < R \leqslant \text{Limit } R$	M_3
$\text{Limit } R < R \leqslant \text{Limit } R_2$	M_4
$\text{Limit } R_2 < R \leqslant 1$	M_5

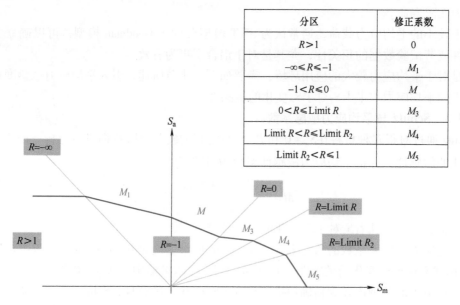

图 4-9　TecWare Falancs 求解器中给出的五段式平均应力修正模型接口[2]

如图 4-10 所示，对于通过名义应力法进行高周疲劳寿命评估，可以在 TecWare Falancs 求解器参数设置中选择不同的平均应力修正模型，包括上面提到的 Goodman 模型，SWT 模型，三段、四段和五段模型等。

图 4-10　TecWare Falancs 高周疲劳寿命评估求解器中的求解参数设置界面

4.3.1.5 变幅载荷对于材料疲劳极限的影响

与计算伪损伤一样，当采用 TecWare Falancs 求解器进行疲劳寿命评估时，仍然采用 Miner 线性累计损伤模型（参见 1.2.1 节）。Miner 累计损伤模型的一个根本性缺陷是忽略幅值低于疲劳极限的循环载荷对于损伤的贡献。

根据 Miner 模型，幅值低于疲劳极限的载荷循环不会造成损伤，而这在物理上是不合理的。在恒幅加载条件下，低于疲劳极限的载荷循环不能够引发一条扩展的微裂纹，因此不能导致断裂而呈现无限寿命，那么，对于变幅载荷来说，这个观点的合理性就有理由被质疑。试想一下，哪怕在大致仍然呈现恒幅状态的载荷谱中随机加入不多的几个随机大载荷循环，那么这些大载荷将有可能引发小裂纹的进一步扩展，而导致最终的断裂。

因此，是否存在理论疲劳极限目前还是一个有争议的问题，变幅载荷将对疲劳极限产生更加复杂的影响，而车辆实际运行工况中基本上都是变幅载荷。当采用 Miner 损伤模型进行损伤和寿命评估时，对于在 RangePair 计数累计循环次数结果中显示比较陡峭的变幅载荷，更要注意对低于材料疲劳极限的小载荷造成损伤的讨论和进一步修正。

如图 4-11 所示，在 TecWare Falancs 求解器中可以在"Damage Accumulation"中进行不同的设置，来对变幅载荷中小于疲劳极限的小载荷造成损伤的评估策略进行调整。

1）选择 Original 选项。这样相当于认为凡是低于疲劳极限的小载荷都不会造成损伤，对于变载荷来说，这是一个比较冒进的处理方法，并不安全。

2）选择 Elementary 选项。这样相当于认为不存在疲劳极限，无论载荷循环有多小，都会造成损伤。

3）选择 Haibach 选项。Haibach 将低于疲劳极限的初始 $S\text{-}N$ 曲线延长到具有平坦斜率 $2k-1$ 的零应力幅值，Stanzl 等人于 1986 年发现，当采用 Haibach 法则时，测量值与计算结果之间具有较好的一致性。

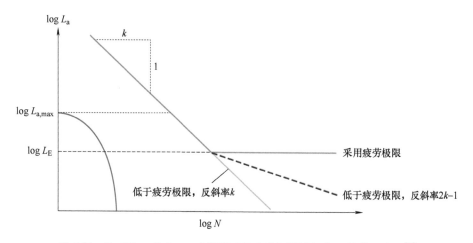

图 4-11 TecWare Falancs 求解器对于疲劳极限进行修正的若干选项[2]

至此，在 4.3.1 节中介绍了对于光滑 $S\text{-}N$ 曲线产生影响的种种因素，如果要评估的结构本身是没有缺口的，那么，在采用名义应力法对其进行高周疲劳寿命评估时，除了对平均应力产生的影响单独另行计算进行修正之外，按照式（4-3）将基于标准光滑试样获取的材料疲劳极限 S_{be} 修正为结构的疲劳极限 $S_{e,R}$，并据此按照图 4-3 所示的思路最终将材料的 $S\text{-}N$ 曲线进行修正，然后建议按照本小节前面所述选择适当的疲劳极限修正模型，将最终得到面向变幅载荷时结构的 $S\text{-}N$ 曲线，即可做好疲劳寿命评估的准备。

$$S_{e,R} = S_{be} C_L C_S C_D \tag{4-3}$$

然而，实际的工程结构中往往是具有缺口的，因此需要在此基础上进一步考虑缺口对于结构件疲劳寿命的影响。

4.3.2 缺口对于 $S\text{-}N$ 曲线的影响

缺口或结构截面的变化会使得这些部位的应力和应变增大，成为应力集中，其严重程度用系数 K_T 来表示，称为缺口件理论应力集中系数，其表达式为

$$K_T = \frac{\text{最大局部弹性应力} \sigma_e}{\text{名义应力} S}$$

基于目前的计算力学发展水平和商用 CAE 软件的丰富程度，K_T 可以方便地求出。

应力集中对于疲劳强度，特别是疲劳极限有显著的影响，但是用理论应力集中系数 K_T 不足以描述其影响，为此，用疲劳缺口系数 K_f 来表征一个缺口对疲劳强度的影响：

$$K_f = \frac{\text{光滑试件的疲劳强度}}{\text{缺口试件的疲劳强度}}$$

如果具备了疲劳缺口系数 K_f，就可以基于光滑试件的 $S\text{-}N$ 曲线来对缺口件进行疲劳寿命评估，这可以大大减轻对于昂贵的材料 $S\text{-}N$ 曲线基础数据的依赖。因此，如何计算 K_f 成为一个重要的问题。如表 4-2 所示，姚卫星教授就这一话题做了很好的文献综述，并且，姚教授创新性地提出了应力场强法，对于这一领域的研究做出了重要贡献。

表 4-2 K_f 的典型表达式[9]

类型	作者	表达式	材料常数
平均应力模型	H. Neuber，P. Kuhn（1961）	$K_f = 1 + \dfrac{K_T - 1}{1 + \sqrt{a/\rho}}$	$a = f(\sigma_b)$ 为抗拉强度的函数
	R. E. Peterson（1959）	$K_f = 1 + \dfrac{K_T - 1}{1 + a/\rho}$	a 为材料常数 $a = 0.0635\text{mm}$（调质钢）$a = 0.254\text{mm}$（正火钢）
	R. B. Heywood（1955）	$K_f = \dfrac{K_T}{1 + 2\sqrt{a/\rho}}$	a 取决于试件形式和材料
	A. Buch，W. Switek（1988）	$K_f = K_T \dfrac{1 - 2.1\left[\dfrac{h}{\rho + \rho_0}\right]}{A}$	A、h 取决于试件形式和材料，ρ_0 为 A 和 h 的函数
	M. Stieler，E. Siebel（1955）	$K_f = \dfrac{K_T}{1 + \sqrt{1 + S_q \chi}}$	$S_q = f(\sigma_{0.2})$
	赵少汴，王忠保（1992）	$K_f = \dfrac{K_T}{0.88 + A\chi^b}$	A 和 b 取决于材料和热处理状态

（续）

类型	作者	表达式	材料常数
场强法模型	S. D. Sheppard（1989）	$K_f = \rho \sum_{i=1}^{5} A_i (r^i - 1) / i$	A 为应力场等效面积
	姚卫星（1997）	$K_f = \dfrac{1}{V} \int_{\Omega} f(\overline{\sigma}_{ij}) \phi(r) \, \mathrm{d}v$	Ω 为材料疲劳破坏区
断裂力学模型	J. C. Ting，F. V. Jr. Lawrence（1993）	$K_f = Y(a_{th}) \left(1 + \sqrt{\dfrac{D_{eff}}{l_0}}\right)$（钝缺口）	D_{eff} 为有效缺口深度
		$K_f = \dfrac{U_{th} Y(b)}{U_{th0}} \sqrt{\dfrac{D+b}{l_0}}$（尖缺口）	U_{th0} 为长裂纹有效门槛应力强度因子比
	Liu Yongming 等（2009）	$K_f = \dfrac{K_T}{\sqrt{1 + R_n \left\{ 1 - \exp\left[-\dfrac{K_T{}^2 - 1}{R_n} \right] \right\}}}$	R_n 为材料常数

如图 4-12 所示，在不同寿命下，K_f 是不同的，这一点并不难理解。在静力试验中，缺口效应即便不能忽略，也是相当小的（图 4-12）。而在高周疲劳部分，特别是疲劳极限，对于缺口非常敏感，但是从观察到的现象来看，缺口试样的拐点并没有向高 N 移动，拐点仍有可能发生在疲劳极限为 $10^6 \sim 2 \times 10^6$ 周之间，有时拐点还相当尖锐。在静力试验与疲劳极限之间的部分，Basquin 方程仍然是一个合理的近似。

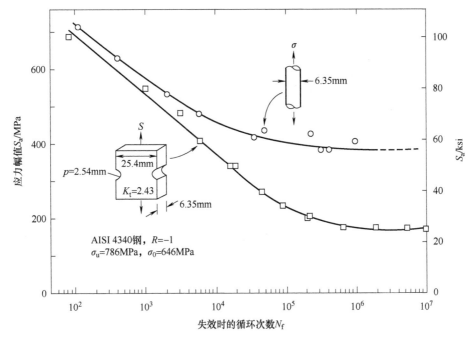

图 4-12 缺口对于 S-N 曲线的影响[2]

将如上这一段文字总结一下，即为图 4-13 所示的 Collins 模型的主旨。在此模型下，可以在式（4-3）的基础上，进一步通过K_f将光滑试验件的疲劳极限修正为缺口件的疲劳极限：

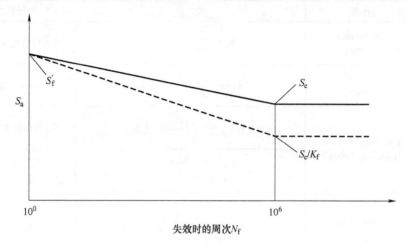

图 4-13　Collins 模型

$$S_{e,R} = \frac{S_{be} C_L C_S C_D}{K_f} \tag{4-4}$$

至此，可以将各种影响 *S-N* 曲线的因素考虑在内，并将材料的 *S-N* 曲线进行修正，得到结构的 *S-N* 曲线。

4.4　工程中实际运用名义应力法的不同策略

图 4-14 显示了工程中实际运用名义应力法的不同策略。本文，或者说整个第 4.3 小节的叙述，都相应于图 4-14 最右边的思路，也就是基于一条 *S-N* 曲线，就可以考虑各种因素而最终将其修正到结构件的 *S-N* 曲线，并完成疲劳寿命评估。这一思路的好处是，对于 *S-N* 曲线的基础数据依赖较少，但是对于具体实施评估的工程人员的要求比较高，而且评估过程中对于各种因素的修正模型的隐含误差都会累积到最终的评估结果中，影响评估结果的精度。

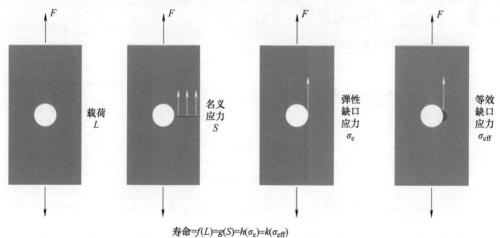

图 4-14　工程中实际运用名义应力法的不同策略[2]

　　另一个极端的做法是图 4-14 中最左侧展现的思路。这一思路直接基于全尺寸原型构件开展疲劳寿命试验,建立广义载荷 F 与寿命 N 之间的试验曲线。基于这一结果进行疲劳寿命评估,其优点是评估精度高,对于实施评估的工程人员压力小,但是缺点是试验结果的可移植性小,结构件稍有变化,甚至加工工艺稍有变化,原有的 F-N 曲线就不再适用。可以对一些极其重要、无法承受其疲劳失效后果的"定型"结构件开展 F-N 试验,基于这一思路开展疲劳寿命评估,但是很明显,不能指望按照这一思路解决全部结构的疲劳寿命评估问题。

　　还有一个折中而实用的思路如图 4-14 从右侧数第二个图所示。这一思路中,对于 S-N 曲线的基础数据积累要求稍高,不能只给一条光滑件的 S-N 曲线,而是要在此基础上提供更多的不同缺口(K_T)下材料的 S-N 曲线。在现在的计算力学水平下,K_T 的计算成本较低而精度较高,可省去计算 K_f 的麻烦,直接由现有的几条不同 K_T 下的 S-N 曲线,插值得到待评估的缺口件 K_T 的 S-N 曲线,然后依据 4.3.1 小节所述,完成其他 S-N 曲线向结构件 S-N 曲线的转化,并最终完成疲劳寿命评估。这一思路和路线,虽然对于基础的 S-N 曲线数据积累要求稍高,但是可以接受(事实上航空行业不少常用金属材料 S-N 曲线的积累已经足够支持沿着这一思路进行名义应力法的高周疲劳寿命评估)。这一方法对于实施具体操作的工程技术人员的要求要低一些,最后的评估精度要高一些,整体上是比较均衡的思路。姚卫星教授的著作中给出了好几个按照这一思路实施名义应力法疲劳寿命评估的案例,读者可自行参考,此处不再赘述。

4.5 多轴疲劳问题概述

　　在解决了用名义应力法对结构在单轴载荷作用下的高周疲劳寿命进行分析之后,可以开始讨论多轴疲劳问题。首先不考虑缺口件,并且先讨论比例加载多轴疲劳问题,然后讨论非比例加载多轴疲劳问题——这是真正的多轴疲劳问题,然后谈一谈如何处理缺口因素。

　　如图 4-15 所示,一个结构具有适当的边界条件,在两个轴向的载荷 L_1 和 L_2 作用下,结构上的某一点获得弹性应力历程 $e_\sigma(t)$,这样讨论的问题就进入了多轴疲劳的范畴,但是还

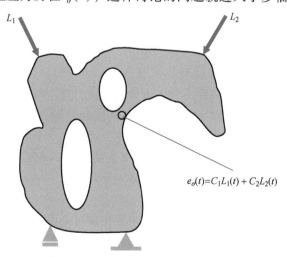

$$e_\sigma(t) = C_1 L_1(t) + C_2 L_2(t)$$

图 4-15　构件在多轴载荷作用下的疲劳问题[2]

需要进一步细分。为了将讨论和关注的焦点放在"多轴疲劳"这个点上，需要对其他方面进行简化。假设对于图 4-15 所示的问题，可以合理和简单地用静态叠加由外载荷求得弹性应力 $^e\sigma(t)$，即 $^e\sigma(t) = C_1L_1(t) + C_2L_2(t)$，其中系数 C_1 和 C_2 可以由试验标定获得，更可以由有限元仿真方便地求得。

4.5.1 比例加载多轴疲劳问题

假设 $L_1 = A_1\sin(\omega t + \varphi)$，$L_2 = A_2\sin(\omega t + \varphi)$，即两个载荷具有相同的频率和相位，那么这种多轴问题属于比例加载多轴疲劳问题。对于这类问题，构件上主应力的方向不随时间发生变化，那么处理起来相对还是比较容易的，特别是构件没有缺口时。

暂时不考虑缺口，在 4.3.1 小节中谈到需要按照式（4-3）将材料的 S-N 曲线进行修正，得到结构的 S-N 曲线，然后用于疲劳寿命评估。对于比例加载多轴疲劳问题，式（4-3）中 C_S 和 C_D 的取值策略不变，C_L 取为 1，也就是说，需要以弯曲应力 S-N 曲线为基准，将多轴应力折合成一个当量单轴弯曲应力参与疲劳寿命评估。对于韧性材料来说，这种当量弯曲应力一般取为 Von Mises 应力；对于脆性材料来说，一般采用最大主应力理论。

对于含有缺口的构件来说，哪怕是在比例加载多轴疲劳的范畴内，所面临的问题也已经变得非常棘手，原因在于：不同轴向的载荷所引起的理论应力集中系数和疲劳缺口系数是不一样的。因此，在多轴疲劳范畴内处理缺口问题，策略需要做一些调整：将材料的 S-N 曲线按照 $S_{e,R} = S_{be}C_LC_SC_D$ 逐步修正到结构的 S-N 曲线后，最后在缺口效应的计及过程中不再沿着这一思路继续走，而是将名义应力对应的疲劳强度乘以缺口疲劳系数来计算缺口应力，然后将缺口应力代入刚才修正的那条没有涉及缺口的结构 S-N 曲线，完成疲劳寿命评估。这一思路和处理方法，无论是在比例加载多轴疲劳的范畴内讨论缺口问题，还是在更复杂的多轴疲劳范畴内讨论，都是一样的。

比例加载多轴疲劳问题在现实工程中是存在的，比如压力容器问题、航空发动机某些结构和部位的疲劳寿命评估等，所面临的都是比例加载多轴疲劳问题。这类问题所面临的载荷谱一般来说不复杂（因为很难想象各个轴向载荷都极其复杂和随机的情况下，各个轴的载荷之间还保持相位和频率的高度统一和协调），但是一般会牵扯到复杂的构型，对于这类问题的求解一般来说都需要借助于仿真软件。

4.5.2 非比例加载多轴疲劳问题

当图 4-15 所示的载荷 $L_1 = A_1\sin(\omega t + \varphi_1)$，$L_2 = A_2\sin(\omega t + \varphi_2)$，且 $\varphi_1 \neq \varphi_2 + 2k\pi$，$k \in Z$ 时，这一小步变化就已经让所面临的问题出现了本质的变化，且变得更加难以处理，这就是非比例加载多轴疲劳问题，或者说是"真正的"的多轴疲劳问题。这一点点变化会带来很多麻烦，比如说在一个加载周期内，主应力方向在变化，原来哪一个斜截面上疲劳损伤累积得最严重是比较清晰的、可以预判的，现在变得不那么清晰，不那么容易判断。如果载荷 $L_1 = A_1\sin(\omega_1 t + \varphi_1)$，$L_2 = A_2\sin(\omega_2 t + \varphi_2)$，$\omega_1 \neq \omega_2$，$\varphi_1 \neq \varphi_2 + 2k\pi$，$k \in Z$，那么，这种载荷就更加复杂了。

事实上，汽车工程所面临的载荷往往比这个要更加复杂各个轴向的载荷即便不是毫无关联和完全独立，载荷之间的随机性也是非常强的。因此，汽车工程中承受多轴载荷作用的构件往往都是非常典型的非比例加载多轴疲劳问题。结构处于这种载荷作用下，会引起非比例附加强化行为，往往会加重疲劳损伤的严重程度。这时，再将结构中某一点的复杂应力折算成 Von Mises 应力等，代入单轴的 *S-N* 曲线已经不能很好地求解疲劳损伤和寿命了（在多轴疲劳问题发展的早期曾经采用过这一思路），因为这种方法不能反映这种非比例附加强化行为。

非比例加载多轴疲劳问题时至今日仍然是疲劳领域学术研究的热点和难点，很多问题在学术上还没有讨论清楚。下面的内容仅局限于 Falancs 求解器，力求讲清楚 Falancs 求解器在解决非比例加载多轴疲劳问题时采取的一些策略和方法，这些方法已经被大量的数据证明在精度上是满足工程需要的，具有良好的稳定性。

Falancs 求解器采用临界面法来处理多轴疲劳寿命评估问题，定义最大损伤所在的平面为临界面，因此，临界面上的损伤定义了该点甚至是结构的疲劳寿命。为了实施临界面法进行多轴疲劳寿命评估，Falancs 求解器在每一个分析点用球坐标建立局部坐标系，如图 4-16 所示，程序默认每隔 10° 取一个斜截面，做一次应力分析和损伤计算。尽管这一角度可以在程序中手动加密，但是目前的经验认为这已经是一个比较精确的选择，或者说 10° 之内损伤变化没有那么剧烈。

Falancs 求解器选用两种临界面损伤参量：一种是裂纹张开损伤参量，以斜截面上的正应力来表征；另一种是剪切损伤参量，以斜截面上的剪应力来表征。由于目前在工程实际中累积的比较丰富的 *S-N* 曲线大多是在旋转弯曲和拉压情况下获得的，因此，一般来说选用裂纹张开损伤参量，也就是说以斜截面上的正应力作为损伤参量代入单轴的 *S-N* 曲线实施损伤和寿命评估，而不再关注和区分所分析结构的材料是韧性的还是脆性的。

临界面准则将多轴疲劳问题在临界面上等效为单轴疲劳问题，然后采用单轴疲劳理论来分析多轴疲劳寿命，因此，在选定了损伤参量的类型后，在名义应力法框架内，在临界面上对于疲劳寿命分析所涉及的其他问题、细节和处理思路，参照单轴的问题和此前的文字叙述来处理。

临界面准则选用材料发生最大损伤平面上的应力应变参数作为多轴疲劳损伤量，反映了多轴疲劳破坏面，具有一定的物理意义。

用 Falancs 求解器处理和求解多轴疲劳问题对于纯试验背景（暂时不考虑仿真手段的介入）的工程技术人员来说同样是需要经常用到的，其中最常用的一个背景就是处理应变花测得的数据。假设在结构上粘贴一些应变花，在一段典型工况中记录了应变花的时域数据，要根据应变花的这些数据在高周疲劳和名义应力法的框架下进行多轴疲劳寿命评估，那么 Falancs 求解器在多轴疲劳方面的分析能力对于纯试验背景的工程技术人员也是非常有用的，而且由于是平面问题，所涉及的计算相对于图 4-16 会进一步简化。但是，需要对基于应变花试验数据得到的多轴疲劳寿命分析结果有一个正确的理解：

1）所面临的问题不能包含缺口。到目前为止还没有谈如何在多轴疲劳的范围内（无论是比例加载还是非比例加载）处理缺口，或者说，在高周疲劳和名义应力法的框架内是没有办法通过应变花直接"贴"出结构的疲劳寿命的（在低周疲劳的范围内有这种可能性），或者说，面向缺口件的多轴疲劳寿命评估问题，试验工程人员进行应变信号测量的目的是识别出载荷，而具体的疲劳寿命评估必须经由仿真。

2）在不涉及缺口的情况下，在高周疲劳和名义应力法的框架下，可以对应变花的数据进行多轴疲劳寿命评估，但是其评估结果"仅对应变花所在的那一点负责"，也就是说，评估和分析结果就是表征应变花所在那一点的疲劳损伤和疲劳寿命。

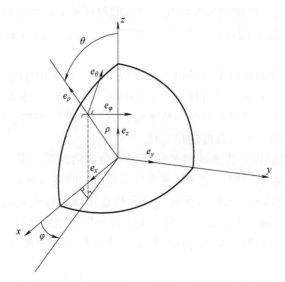

图 4-16 采用临界面法计算多轴疲劳问题时建立的局部球坐标系[2]

4.5.3 多轴疲劳问题中如何处理缺口

Falancs 求解器中采用 Siebel 在 1955 年提出的理论，用缺口根部的相对应力梯度χ（图 4-17a）的函数 $n(\chi)$（表 4-3）来描述 $10^6 \sim 10^7$ 量级疲劳寿命下疲劳缺口系数K_f与理论应力集中系数K_T之间的关系，即$K_f = K_T / n(\chi)$。可以看到，Siebel 的理论中决定K_f的除了相对应力梯度χ以外，还有一个重要因素就是缺口根部的曲率半径R_m。在 4.3.2 小节谈过 Collins 模型的思想，即在不同寿命下，K_f是不同的，在静力试验中，缺口效应即便不能忽略，也是相当小的，而在高周疲劳部分，特别是疲劳极限，对于缺口非常敏感。如图 4-17b 所示，Falancs 求解器中采用了合理的策略，来处理K_f的这种特性。

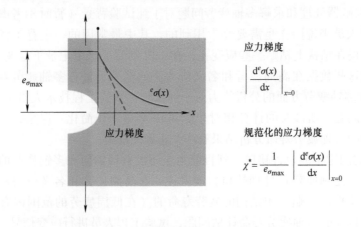

应力梯度

$$\left| \frac{\mathrm{d}^e \sigma(x)}{\mathrm{d}x} \right|_{x=0}$$

规范化的应力梯度

$$\chi^* = \frac{1}{e_{\sigma\max}} \left| \frac{\mathrm{d}^e \sigma(x)}{\mathrm{d}x} \right|_{x=0}$$

a) Siebel 理论中的相对应力梯度χ

图 4-17 Falancs 求解器中对于缺口的处理[2]

现有研究支持：高应力状态下高应力梯度带来的益处将消失，而在低应力状态下该益处将更显著。

"衰退"修正系数：

$$\frac{K_f(R_m)}{K_t} = n(\chi^*, R_m) = 1$$

$$\frac{K_f(\sigma_E)}{K_t} = n(\chi^*, \sigma_E) = n(\chi^*)$$

在 $\sigma_E < \sigma < R_m$ 之间插值
对 $\sigma < \sigma_E$ 外推

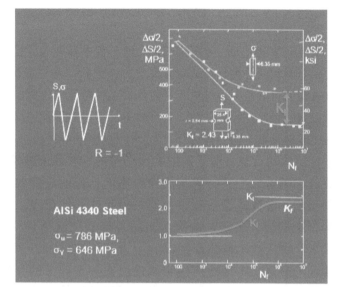

b) Falancs 求解器中对于缺口疲劳系数随寿命变化的处理

图 4-17　Falancs 求解器中对于缺口的处理[2]（续）

但是可以理解，上述处理缺口的路线始于对于 $\chi = \dfrac{1}{\sigma_{max}^e} \left| \nabla^e \sigma(x) \right|_{x=0}$ 的计算，而这需要以知晓局部应力场的信息为前提，因此，在高周疲劳和名义应力法框架下处理缺口的多轴疲劳问题，几乎必须依托于仿真提供的场信息。

表 4-3　Siebel 理论中关联理论应力集中系数和缺口疲劳系数的函数[2]

	a	b
不锈钢	0.40	2400
钢	0.50	2700
铸钢	0.25	2000
球墨铸铁	0.05	3200
可锻铸铁	−0.05	3200
灰铸铁	−0.05	3200
可锻铝合金	0.05	850
铸铝材料	−0.05	3200
计算 $n(\chi)$ 的模型		
$\chi \leqslant 0.1\,\mathrm{mm}^{-1}$	$0.1\,\mathrm{mm}^{-1} < \chi \leqslant 1\,\mathrm{mm}^{-1}$	$\chi > 1\,\mathrm{mm}^{-1}$
$n(\chi) = 1 + \chi 10^{-\left(a-0.5+\frac{R_m}{b}\right)}$	$n(\chi) = 1 + \sqrt{\chi}\, 10^{-\left(a+\frac{R_m}{b}\right)}$	$n(\chi) = 1 + \sqrt[4]{\chi}\, 10^{-\left(a+\frac{R_m}{b}\right)}$

4.6 从名义应力法归纳制定台架加速试验方案时所应关注的要点

如在 2.4 节谈到过的，对于汽车耐久性工程中开展的各类台架试验可以有很多不同的分类，其中一个有益的分类是将试验分为"特性试验"和"验证性试验"。

特性试验的目的是获得材料或者零部件某种特性，比如说强度试验、疲劳极限测定试验等，都可以划归特性试验的范畴，其目的不外乎是对设计进行验证或某种优化改进，或者是比较材料、零部件某方面的特性。

验证性试验的首要目的是试图发现结构的一些尚未被发觉的弱点，从而最大可能地确保所设计和制造的产品是耐久的和可靠的，这就需要依据结构在实际使用环境下经受的载荷历程，合理地进行试验加速，编制试验载荷谱，从而让依据这些加速试验方案开展的台架试验，能够对结构在实际环境和工况下经受的损伤具有代表性。因此，一言以蔽之：耐久性工程验证性试验中台架加速试验方案的编制，其实质是损伤相似性的构建。只有建立在这种损伤相似性前提和基础上的台架加速试验方案，才能在试验结束之后对于产品是否"放行"进行明确的决策，并且这种决策才可以确保和关联到产品的耐久性和可靠性。

上述内容综述介绍了在高周疲劳范畴内，如何通过名义应力法对金属结构的疲劳损伤和寿命进行评估。对于高周疲劳问题而言，这些综述性的工作汇集和捋顺了在进行"损伤相似性构建"过程中需要考虑的所有因素。因此，首先基于上述内容，将损伤相似性构建过程中所要考虑的全部因素分门别类的汇总到表 4-4，然后基于这个表来理清这样一个问题：在面对不同的试验台架来合理制定加速试验方案的过程中，需要关注和考虑哪些因素？或者这里面隐含和潜藏着一个更加基本的前提式问题：在实施结构耐久性验证性试验的时候，应该选择什么样的台架？应该如何确定台架方案？这对于下一章，也是本书的最后一个章节，最终落脚和聚焦于"台架加速试验"这一主题是重要和有益的准备。当然在这里再强调一下，也不难理解，由此延伸开来讨论的台架加速试验，其所面对的都是高周疲劳的问题，这是一个隐含的前提和限制。

由前述内容出发，将高周疲劳范畴内对金属结构进行疲劳损伤评估和量化产生影响的因素罗列出来，汇总于表 4-4。将全部因素分为三大类，几何、材料和载荷。

与几何相关的主要是缺口因素。缺口会使得结构局部的应力或应变陡增，形成应力集中，恶化结构的抗疲劳能力。需要通过疲劳缺口系数 K_f 将缺口因素进行量化，从而用基于光滑试件的 $S\text{-}N$ 曲线来对缺口结构件的疲劳损伤进行评估。

$S\text{-}N$ 曲线是采用名义应力法对结构进行高周疲劳损伤评估的基础材料参数，对于某一具体的金属结构在高周疲劳范围内进行疲劳损伤评估，首先要有涉及相关金属材料的 $S\text{-}N$ 曲线，$S_a^k N = C$，从而在载荷和损伤（或寿命）之间建立数量上的联系。

尺寸效应和表面质量因素同属于材料因素，分别通过尺寸系数 C_D 和表面质量系数 C_S 将这两个因素进行具体的量化。

表 4-4　高周疲劳范畴内影响结构疲劳损伤的因素汇总

三大因素	各个具体影响因素			结论
载荷因素	载荷幅度		幅值因素	在加速试验方案制定过程中需要依据具体情况分类处理、逐一考虑的因素
	单轴/多轴	单轴载荷（拉压、旋转弯曲、纯扭转、复合加载）		
		多轴载荷	相位因素	
	恒幅值载荷与变幅值载荷		次序因素	
	载荷引起结构的频率响应		频率因素	
	平均应力			
几何因素	缺口效应			把测试对象"原原本本"地放上台架就可以满足的因素
材料因素	S-N 曲线的基本特性			
	尺寸效应			
	表面质量因素（表面加工粗糙度、表层组织结构、表层应力状态）			
	温度			—

　　一般来说，在条件允许的情况下，一般要把测试对象"原原本本"地放到台架上进行试验。所谓"原原本本"，是指把原始尺寸（而不是缩比模型）的试件放到台架上；是指把几何形状，包括所有的缺口细节都一样的试件放到台架上；是指把使用的材料、加工工艺完全一样的"原汁原味"的试件放到台架上。换句话说，是从生产流水线上抽一件产品原原本本地放到台架上。这样就可以自然而然地保证：

- 对各个缺口局部进行疲劳损伤计算时牵扯到的 K_f 都是一样的。
- 涉及的材料都是一样的，因此，涉及的 S-N 曲线都是一样的。
- 由于采用了原型试验，不涉及缩比模型的问题，因此涉及的 C_D 都是一样的。
- 由于采用的加工工艺都是一样的，因此与真实结构件相比，试验件的表面粗糙度、表面组织结构（是否渗碳、渗氮等）、表面残余应力都是一样的，因此涉及的 C_S 都是一样的。

　　这样，再来看一下单轴载荷作用下，对结构在高周范围内进行疲劳损伤评估时，将光滑试验件的疲劳极限修正为结构件（含缺口）疲劳极限的关系式（4-4），可以注意到：由于 S_{be} 是相同的（因为如前所述，涉及的 S-N 曲线是相同的），C_S、C_D 和 K_f 也是相同的，因此，只要载荷系数 C_L 也相同，将确保 $S_{e,R}$ 也相同，再考虑其他影响疲劳损伤的载荷方面的因素，将确保损伤的高度相似性。

　　因此，在不涉及高温的情况下，只要将现实中的真实结构件"原原本本"地放到台架上去实施耐久性台架试验，在追求损伤相似性的道路上就只需要关注载荷方面的因素，这些因素无外乎：载荷是单轴的还是多轴的？载荷的幅度多大？平均值多大？是恒幅载荷还是变幅载荷？载荷引起结构的惯性效应是否可以忽略（频率因素）？

　　在车辆耐久性试验中，需要进行的验证性试验的对象很广，整车、系统、零部件都可以作为试验的对象，而这些对象在实际工况中所承受的载荷各不相同。有的可以近似地认为所承受的是单轴载荷，有的必须承认和面对所承受的是多轴载荷；有的结构在载荷作用下惯性效应可以忽略，有的结构在宽频载荷作用下惯性效应不能忽略。因此，面对这些不同的测试对象、所承受载荷的不同特点和形式，在追求和确保试验过程中的损伤相似性时，可以有针对性地采取不同的策略，甚至需要选用不同的台架。这些，将构成接下来最后一章围绕台架加速试验进行讨论的相关主题。

 小结

1）在台架试验过程中，需要对加速方案进行细致讨论和精心编制的试验，一般来说属于验证性试验的范畴，与产品在真实的使用环境中形成的损伤累积相比较，试验载荷谱的编制要确保损伤相似性的构建。

2）除非万不得已，一般最好是从生产流水线上抽出一件产品"原原本本"地放到台架上作为测试对象。这样，在制定加速试验方案时，所有的关注点将集中于载荷；否则，会让本就已经很复杂的问题变得更为复杂。

这样做的益处不仅是对验证性试验显而易见，对于以获取结构疲劳强度为主的特性试验也是有益的，会简化对结果的解读与判定。

3）没有涉及高温问题，在最后一章讨论台架加速试验时也同样会回避高温的问题，因为这个问题确实非常复杂。一个有益的思路是：如果所讨论的结构工作温度明显高于室温，那么，需要判断所在工作温度区间是否会使得材料的稳定性开始恶化。如果答案是否定的，那么也许还是幸运的，最后一章介绍的一些适用于常温下台架加速试验的思路和方法也许还可以加以借鉴；如果答案是肯定的，那么，所面临的将是疲劳研究领域非常艰难的一个话题：疲劳与蠕变交互作用时材料和结构的寿命评估问题。对这方面话题感兴趣的读者可以参阅相关的文献或专著。

第5章

台架及强化路面试验规范的制定

本章通过一些各具特点和各有侧重的案例，介绍如何将包含各种统计变异性的载荷谱最终落脚到台架加速试验规范和强化路面试验规范的制定上。本章对于台架试验规范制定方法的讲述，更多地是聚焦于一个个具体的问题——将前四章涉及的一些要点穿针引线式地形成一个整体，来解决这些具体问题。面对一个个具体的结构件编制出来的试验载荷谱到底是什么样的这个问题，并不能奢求在本章得到细致的解决，本章想传递给读者的，是面对一个具体问题应该关注和考虑到哪些内容和环节，并且如何合理地处理这些内容和环节。

5.1 需要统筹考虑载荷分布与强度分布两个方面的情形

在通过耐久性台架试验来对某个零部件、子系统进行考核，并在最后判断一批试验对象的耐久性是否满足既定的质量要求时，需要统筹考虑载荷分布和强度分布两个方面，在双干涉模型的背景下做出判断。本节分别对排气系统冷端后挂钩及消声筒焊缝台架试验规范、传动系旋转试验台架规范、电磁振动台架规范以及车轮双轴疲劳试验规范在制定过程中需要考虑的因素进行简单的介绍，所选择的这几个案例各有特点。

5.1.1 排气系统冷端后挂钩及消声筒焊缝台架试验规范的制定

5.1.1.1 载荷特点及需要关注的因素

排气系统冷端后挂钩在车辆行驶过程中主要承受垂向方面的载荷 F_v，是一个单轴的载荷；而消声筒焊缝部分主要承受垂向载荷和侧向载荷对焊缝部位形成的垂向弯矩 M_v 和侧向弯矩 M_L，是一个两轴的载荷，这是从单轴还是多轴的角度对载荷属性进行判断。

发动机端传来的高频载荷在波纹管处被有效截断，路面激励传来的载荷经过底盘悬架系统隔振，因此，无论是从发动机端还是从路面传来的载荷，在传导到排气系统冷端时高频成分已经得到显著的衰减，这是从载荷角度进行的频率方面的分析。对于排气系统结构来说，如果把整个排气系统结构作为讨论和分析的对象，由于排气系统的构型和跨度比较长，结构的一阶固有频率是比较低的；但如果把排气系统冷端后挂钩及消声筒焊缝这一部分作为试验考核的对象（这是本小节实际讨论的问题），则对于这一被分离出来单独考核的结构，其固有频率的分析及结果可能会发生一些变化。

这里有一个比较重要的判据：当载荷的频谱显示，其主能量成分的最高频率 f_{load} 低于该载荷所作用结构的一阶固有频率f_{low}的一半时，即$f_{\text{load}} \leqslant 0.5 f_{\text{low}}$时，可以认为在该载荷的作用下，结构的惯性效应可以忽略。也就是说，在后续载荷标定的时候，可以用静刚度来进行载荷识别。这是从频率方面来对载荷的属性进行判断。

因此，当把排气系统冷端后挂钩及消声筒焊缝作为试验考核对象时，试验目的是将这样一种作用在该试验考核对象的单轴（对于后挂钩而言）或双轴（对于消声筒焊缝而言）随机、低频载荷，等效（对于后挂钩而言）或近似（对于消声筒焊缝而言）成一种单轴的、可以在液压试验台（图 5-1）上施加的块谱。或者说，在对试验台架考核的结构对象和作用于其上的实际载荷的特点做了如上的分析之后，认为可以选用这样一种液压台架，编制这样一种块谱，来完成这样一种耐久性的考核和损伤相似性的构建。

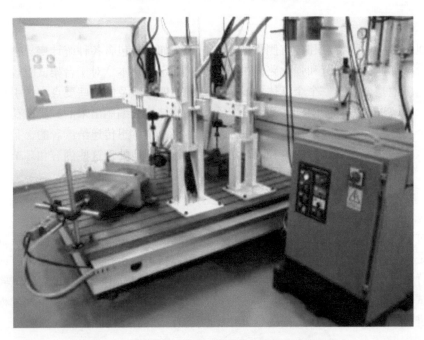

图 5-1　车辆排气系统冷端后挂钩耐久性试验台架

但是在具体操作的时候，还应考虑一些载荷方面的关键点。具体为（表 5-1）：

表 5-1　排气系统冷端后挂钩耐久性台架试验载荷谱编制关注要点

载荷方面各个具体的影响因素			应对策略
载荷幅度		幅值因素	用等效幅值A_{eq}来量化和比较
单轴/多轴	单轴载荷（拉压、旋转弯曲、纯扭转、复合加载）		对于后挂钩来说为单轴载荷
	多轴载荷	相位因素	对于消声筒焊缝部位来说为双轴载荷，须沿形成损伤最大的方向s_0进行投影
恒幅值载荷与变幅值载荷		次序因素	试验中随机安排块谱顺序
载荷引起结构的频率响应		频率因素	静刚度标定（$f_{\text{load}} \leqslant 0.5 f_{\text{low}}$）
平均应力			将挂钩自然悬置状态的应力作为试验平均应力

- 需要基于 $S\text{-}N$ 曲线对载荷幅值造成的损伤进行量化。

- 对于双轴问题（对于消声筒焊缝而言），如何确保这种将双轴载荷简化为单轴载荷的过程是合理的？

- 在试验过程中用多级的块谱去考核和加载到试验构件之上时，需要随机安排一下块谱之间的次序。

- 载荷标定或者说载荷识别的时候，采用静刚度，而不采用动刚度。

- 不需要对平均应力方面的因素进行额外的考虑，在试验过程中将排气系统冷端挂钩处于自然悬置状态时承受的载荷作为平均应力在试验中进行复现即可。

5.1.1.2　具体应对

在道路载荷数据采集过程中，或者说在用户关联技术体系的复杂采样阶段，为了对车辆排气系统冷端结构的台架耐久性试验载荷谱进行编制，需要在感兴趣的位置，如后挂钩和焊接位置局部（焊缝处是容易出现裂纹扩展的疲劳危险区域）粘贴应变片，获取应变信号 SG_v 和 SG_L，如图 5-2 所示。通过挂砝码这种实用和简便的静态标定方法和回归分析，可以得到作用在排气系统冷端后挂钩处的侧向载荷 F_L 和垂向载荷 F_v 与相应的应变信号 SG_v 和 SG_L 之间的标定矩阵 $\begin{bmatrix} C_{11} & C_{12} \\ C_{21} & C_{22} \end{bmatrix}$，并获得如下数量关系：

$$\begin{bmatrix} F_\mathrm{L} \\ F_\mathrm{v} \end{bmatrix} = \begin{bmatrix} C_{11} & C_{12} \\ C_{21} & C_{22} \end{bmatrix} \begin{bmatrix} SG_\mathrm{L} \\ SG_\mathrm{v} \end{bmatrix} \tag{5-1}$$

在复杂采样阶段可以由获取相应的应变信号 SG_v 和 SG_L 经式（5-1）完成载荷识别，即：可获得作用在排气系统冷端后挂钩处的侧向载荷 F_L 和垂向载荷 F_v（垂向载荷对于后挂钩的载荷谱编制具有重要作用）；类似地，结合力臂的长度可以获得作用在排气系统冷端消声器焊缝处的垂向弯矩 M_v 和侧向弯矩 M_L。

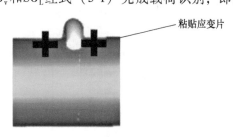

粘贴应变片

图 5-2　挂钩焊接局部区域的应变测量

对于后挂钩的载荷谱编制比较简单，因为是一个纯单轴的问题，将载荷 $F_\mathrm{v}(t)$ 进行 RangePair 计数（如 3.1.1.2 小节所述），并计算伪损伤密度 d（如 1.2.1 小节所述）。在用户关联的技术体系下，可以借助式（1-38），获得伪损伤密度 d 或其对数的数学期望；可以借助式（1-41），获得伪损伤密度 d 或其对数的方差。在明确设计里程 L 后，可以借助数学期望和方差的简单性质（如第 1 章相关内容所述），并经由式（1-10），将伪损伤密度 d 对数的数学期望和方差，折合成达到设计里程 L 后载荷 $F_\mathrm{v}(t)$ 所对应等效幅值 A_eq 对数的数学期望和方差。

对于消声筒焊缝来说，情况较为复杂，原因在于垂向弯矩 M_v 和侧向弯矩 M_L 是一个两轴载荷。这时，如第 3 章所述，需要对垂向弯矩 M_v 和侧向弯矩 M_L 做多轴雨流计数。如图 5-3 所示，二维的多轴雨流计数通过不同投影方向上伪损伤的分布结果给出了一个总览及比较时域信号相位和耦合特性的视角。一般来说，与伪损伤最小值和最大值所对应的投影方向对于相位特性方面有一定的最佳洞察力，在没有其他有关受载结构的信息可供参考的情况下，除了垂向弯矩 M_v 和侧向弯矩 M_L 各自累积形成的伪损伤以外，建议对各个投影方向上与伪损伤最大值和最小值所对应的两个投影方向也给予足够的关注。当投影向量$s_0 = (0.87, 0.50)$时，载荷向量$L_0(t) = (M_L, M_v)$沿着方向s_0的投影$L(t) = s_0 \cdot L_0(t)$形成的伪损伤最大。以该方向为例，将载荷向量$L_0(t) = (M_L, M_v)$沿着向量s_0进行投影后形成的载荷$L(t)$进行RangePair计数（如3.1.1.2小节所述），并计算伪损伤密度d（如第1.2.1小节所述）。在用户关联的技术体系下，可以借助式（1-38），获得伪损伤密度d或其对数的数学期望；可以借助式（1-41），获得伪损伤密度d或其对数的方差。在明确设计里程L后，可以借助数学期望和方差的简单性质（如第1章相关内容所述），并经由式（1-10），将伪损伤密度d对数的数学期望和方差，折合成达到设计里程L后载荷$L(t)$所对应等效幅值A_{eq}对数的数学期望和方差。

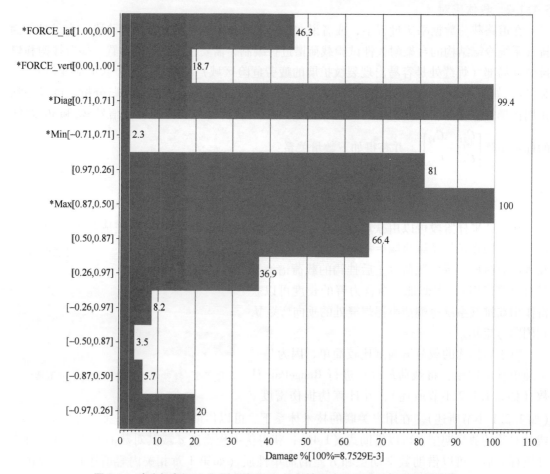

图5-3　对垂向弯矩M_v和侧向弯矩M_L的多轴雨流计数及伪损伤计算结果

　　由于一般认为伪损伤和伪损伤密度服从对数正态分布[⊖]，因此，可以认为等效幅值A_{eq}也服从对数正态分布，这也是第2章一直遵循的前提假设。在这一假设下，$E(\ln(A_{eq}))$即为第2章中的μ_L，或者说A_{eq}的中位数即为第2章中的$L_{0.50}$；而$\mathrm{Var}(\ln(A_{eq}))$即为第2章中的$\sigma_L^2$。

　　如图5-4所示，抽取几件车辆排气系统冷端后挂钩试验件，在试验台架上对其施加单轴

⊖　只有在假设成立的时候才可以使用第2章的相关解析公式，否则需要在对分布有确切了解之后进行相应的处理，对于计算获得的可靠性指数也需要有恰当的理解，参见2.5节。本节中相关的假设都遵循此注释，不再赘述。

载荷，载荷由一系列恒幅值交变载荷组成的块谱构成。在加载的时候可以随机安排加载次序，以削弱加载幅度过于规律（完全由小到大，或者完全由大到小）对结构损伤累积造成的失真和影响。如第 2 章所述，假设在一个批次的抽样中，一共抽取了 n 个样本。把这 n 个样本，逐一放在疲劳试验机上按照相关的试验规程进行试验。要记录下在疲劳试验机上从开始加载，一直到试验件损坏期间，所施加的全部载荷历程。将这一试验载荷历程，按照之前介绍的与处理道路载荷完全相同的手段，按照式（1-10）处理成等效载荷幅值 A_{eq}，从而获得 n 个样本。则可以假设这 n 个样本也服从对数正态分布，并且，由这 n 个样本获得的 $E(\ln(A_{eq}))$ 即为第 2 章中的 μ_S，或者说 A_{eq} 的中位数即为第 2 章中的 $S_{0.50}$；而 $\mathrm{Var}(\ln(A_{eq}))$ 即为第 2 章中的 σ_S^2。

a) 1号试验件

b) 2号试验件

图 5-4　部分排气系统冷端后挂钩试验件在台架耐久性试验中出现的裂纹

c) 3号试验件

d) 4号试验件

图5-4 部分排气系统冷端后挂钩试验件在台架耐久性试验中出现的裂纹（续）

原则上，一旦选定安全裕度 β，就可以运用式（2-3）来判断一批试验件放行与否。

5.1.2 旋转试验台架加速试验案例

本小节以传动系统为例介绍旋转试验台架加速试验的编制案例。把这个问题再具体一下，或者说再缩小一下范围：

1）面对的试验对象是以传动系统变速器中齿轮为代表的旋转部件，关心的是齿轮齿根的弯曲疲劳强度是否足够。

2）所采用的旋转试验台架是图 5-5 所示的恒转矩、恒转速旋转台架，这种台架技术难度和成本相对比较低，在行业中使用更加广泛。

图 5-5　恒转矩、恒转速旋转台架[10]

5.1.2.1　载荷特点及需要关注的因素

齿轮是典型的旋转部件，即便是承受恒转矩作用，由于其自身的旋转，齿根也会承受载荷波动，形成疲劳损伤的累积。对于这一构件所承受载荷的特点以及处理方式，可以参见第 3.1.1.5 小节的解释。在对齿轮这种旋转部件进行载荷处理时需要转矩和转速两个量，并对其进行联合处理，最终获得图 3-11 所示的结果，即齿轮在某一个转矩水平 T_i 下转过的圈数 n_i，也即承受的载荷波动的次数。在获得了（T_i, n_i）数据对以后，在恒转矩、恒转速试验载荷谱编制过程中确保损伤相似性的关键信息都包含在 $\sum_i n_i T_i^k$ 之中（式中，k 为用幂指数形式表示的制造齿轮所使用材料 S-N 曲线的材料参数），有的著作将这个关键信息称为

"损伤数"。在损伤数等效的基础上不难将其折算成等效转矩幅值 $T_{eq} = \left(\dfrac{1}{n_e} \sum_i n_i T_i^k \right)^{1/k}$。

齿轮承受的载荷波动来源于转矩和旋转，是一个较为典型的单轴载荷，集中于旋转这一个自由度。试验中加载的块谱，同样建议随机安排加载次序。齿轮的刚度比较高，并且考虑到齿轮啮合传递转矩比较平稳的机械结构特点，可以认为 $f_{load} \leqslant 0.5 f_{low}$，而忽略惯性效应。齿轮在转矩传递过程中承受的载荷波动为循环载荷比 $R=0$ 的载荷，在选用 S-N 曲线的时候应该注意到这一载荷特点，有条件的话最好选择有针对性的材料 S-N 曲线。具体关注要点见表 5-2。

表 5-2 传动系统齿轮弯曲疲劳耐久性台架试验载荷谱编制关注要点

载荷方面各个具体的影响因素		应对策略
载荷幅度	幅值因素	在折算等效转矩幅值 T_{eq} 时，对转矩和转速进行旋转直方图计数
单轴/多轴	单轴载荷（拉压、旋转弯曲、纯扭转、复合加载）	单轴载荷
	多轴载荷	相位因素	非多轴载荷
恒幅值载荷与变幅值载荷	次序因素	试验中随机安排块谱顺序
载荷引起结构的频率响应	频率因素	$f_{load} \leqslant 0.5 f_{low}$
平均应力		循环载荷比 $R=0$

5.1.2.2 具体应对

由于不同的地形地貌条件以及驾驶员驾驶习惯的差异性，车辆在行驶过程中的档位分布、加速踏板开度、发动机转矩和转速的输出特性，都会呈现统计变异性，并且最终会落脚到对应某一固定的行驶里程，在转矩 T_i 之下转过的圈数 n_i 的变化，或者说，车辆每行驶过一个固定的里程时，对应转矩 T_i 的旋转周次 n_i 为一随机变量。Lipson 和 Sheh 在 1973 年就对这一随机变量的分布进行过研究，并提出 n_i 服从正态分布，并且认为对于 n 个驾驶员组成的样本，该正态分布的标准差为

$$\sigma = \text{range} \times \text{CF}$$

式中，range 为 n 个样本中 n_i 呈现出来的变化范围；CF 为换算系数，依照 Lipson 和 Sheh 的研究成果，CF 的取值可以参照表 5-3。

表 5-3 CF 的取值建议[10]

样本（驾驶员）数量 n	CF
2	0.886
3	0.591
4	0.486
5	0.430

在很长一段时间内，Lipson 和 Sheh 的研究成果都为在旋转台架试验载荷谱的编制过程

中处理这一关键载荷不确定度提供了重要支撑。在今天以用户关联技术体系为代表的大数据时代，依托于群体采样拿到的大样本数据，可以对这一不确定度做更好、更精准和更全面的量化，从而最终对于达到目标设计里程 L 时，相应于每个档位的等效转矩幅值 T_{eq} 的分布——这一来自载荷方面的不确定度，进行更好的量化。

另外，如图5-6所示，通过试验台架对齿轮齿根的弯曲疲劳强度开展试验，获得一系列弯曲疲劳强度的试验结果，同样可以用等效转矩幅值 T_{eq} 的分布来表征和折算齿轮齿根完全疲劳强度的分布。

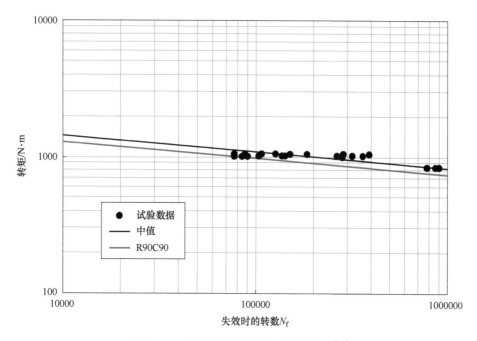

图 5-6　齿轮齿根弯曲疲劳强度试验结果[10]

在获得了载荷和强度方面的两个分布之后，可以依据第2章所述的双干涉模型，来判断这两个分布之间是否满足预定的安全裕度。从方法上讲，这一处理问题的思路与5.1.1小节处理排气系统冷端挂钩的思路是完全一样的。

也可以在损伤等效的原则下制定传动系统变速器齿轮轮系齿根弯曲疲劳的耐久性验证试验规范。也就是说，依据这一规范，试验结束之后没有在齿根处出现宏观可见裂纹，则判定试验通过和放行。这种传动系统变速器齿轮轮系齿根弯曲疲劳的耐久性验证试验规范，一般以对应于各个档位、在某一恒定转矩 T_i 作用下，以某一恒定转速RPM_i将试验持续多长时间t_i来表示。转速RPM_i与试验持续时间t_i的乘积就是转过的圈数 n_i。可以看到，试验规范制定的核心还是要保证由相应的 (T_i, n_i) 数据对所决定的损伤数 $\sum\limits_i n_i T_i^k$ 或等效扭矩幅值 $T_{eq} = \left(\dfrac{1}{n_e}\sum\limits_i n_i T_i^{\,k}\right)^{1/k}$ 与来自实际工况的这一数值相呼应。这种"相呼应"，指的是试验验证规范的试验强度，要在实际工况的载荷强度基础上，统筹考虑载荷分布和产品强度分布的离散性，依据目标安全裕度和验证试验开展的数量，依据式（2-5）对源于实际工况的载荷强度进行两次放大。这一思路也是各种验证性试验规范制定中常常使用的。

5.1.3 单轴电磁振动台加速试验案例

5.1.3.1 载荷特点及需要关注的因素

尽管有发动机悬置的隔振作用，靠近车辆发动机的部件在实际工作状况下仍难免要承受来自动力系统的高频载荷作用。对于这类零部件（例如图 5-7 所示的车辆仪表总成），就不能再认为 $f_{load}<0.5 f_{low}$ 而忽略测试对象的惯性效应。相反，要基于被测试结构的动力学特性和动力学响应来考虑合理量化疲劳损伤，并且在电磁振动台架上重现疲劳损伤的方法论。在此背景下，一些频域疲劳损伤理论和模型起到了重要作用，本小节用基于 Rice 的窄带频域疲劳损伤理论来应对这一工程需求。Rice 的窄带模型是一种单轴的频域疲劳损伤累积模型，因此，基于这一理论模型去应对的工程问题，应该也是单轴问题。如用加速度传感器来测试作用到被测对象的随机载荷（用加速度的 PSD 来表征），则该加速度对应的须是均值为零的稳态、高斯随机过程。只有这种情况才可以采用本小节的方法和基于 Rice 的窄带频域疲劳损伤模型进行相关载荷谱的编制和处理，否则在频域中进行相关载荷谱的编制将引起偏差。试验中将测试对象以实际工作环境中的自然状态放置于电磁振动台上进行试验测试，因此，也将测试对象在实际工作环境中自然状态所对应的应力作为平均应力状态。关注要点见表 5-4。

表 5-4 单轴电磁振动台随机振动 PSD 谱编制关注要点

载荷方面各个具体的影响因素		应对策略
载荷幅度	幅值因素	采用 Rice 的窄带模型计算疲劳损伤
单轴/多轴	单轴载荷（拉压、旋转弯曲、纯扭转、复合加载）	单轴激励，对应单一激励源
	多轴载荷　相位因素	非多轴载荷
恒幅值载荷与变幅值载荷	次序因素	无需特殊应对
载荷引起结构的频率响应	频率因素	$f_{load}>0.5 f_{low}$
平均应力		将测试对象在实际工况中的自然状态作为平均应力状态

5.1.3.2 Rice 的窄带频域疲劳损伤理论概要

5.1.3.2.1 相关定义

对于均值为零的、各态历经的高斯随机过程来说，加速度信号的 PSD（参见 3.1.2.1 小节）蕴藏着全部信息来判断这一随机振动过程是窄带还是宽带的。而且，这个"宽带"和"窄带"有了一个新的视角和定义，非常有利于从耐久的角度来理解和审视，并被进一步加以利用。

容易证明，如果一个随机过程 $X(t)$ 的 PSD（双边谱）为 $S_X(f)$，则 $X(t)$ 一阶微分和二阶微分的 PSD（双边谱）分别为

$$S_{\dot{X}}(f) = (2\pi f)^2 S_X(f)$$

$$S_{\ddot{X}}(f) = (2\pi f)^4 S_X(f)$$

另一方面，由 Wiener-Khintchine 公式（参见 3.1.2.1 小节）可知，对于均值为零的各态

图 5-7　车辆仪表总成在单轴电磁振动台上的试验

历经的随机过程来说，有

$$\sigma_X^2 = \lim_{T \to \infty} \frac{1}{T} \int_0^T X^2(t)\,\mathrm{d}t = R_X(0) = \int_{-\infty}^{\infty} S_X(f)\,\mathrm{d}f$$

式中，σ_X^2 为均值为零的、各态历经随机过程 $X(t)$ 的方差。因此，均值为零的各态历经随机过程 $X(t)$ 的一阶微分和二阶微分的方差 $\sigma_{\dot{X}}^2$ 和 $\sigma_{\ddot{X}}^2$ 分别为

$$\sigma_{\dot{X}}^2 = (2\pi)^2 \int_{-\infty}^{\infty} f^2 S_X(f)\,\mathrm{d}f$$

$$\sigma_{\ddot{X}}^2 = (2\pi)^4 \int_{-\infty}^{\infty} f^4 S_X(f)\,\mathrm{d}f$$

如果定义 M_j 为双侧 PSD 的第 j 阶矩，即

$$M_j = (2\pi)^j \int_{-\infty}^{\infty} f^j S_X(f)\,\mathrm{d}f \tag{5-2}$$

则对于均值为零的各态历经随机过程 $X(t)$ 来说，σ_X^2、$\sigma_{\dot{X}}^2$ 和 $\sigma_{\ddot{X}}^2$ 分别为其 PSD 的零阶矩、二阶矩和四阶矩。

　　一个连续可微的平稳随机过程 $X(t)$，在无穷小的时间间隔 $\mathrm{d}t$ 内，正向穿越（也就是向上穿越）幅值水平为 a 的次数 N_{a^+} 的数学期望为 $E(N_{a^+}) = v_{a^+}\mathrm{d}t$，其中 v_{a^+} 为单位时间内正向穿越 a 的穿越率期望值。

　　如果要正向穿越，则要求 $\dot{X}(t) > 0$。

　　如果要正向穿越 a，那么首先需要 $X(t) < a$（否则就已经穿过去了）；其次，$X(t)$ 又不能比 a 小太多（否则在时间间隔 $\mathrm{d}t$ 内穿不过去），因此要满足 $a - X(t) < X'(t)\mathrm{d}t$。

　　这样，如果说事件 A 为

$A = \{$一个连续可微的平稳随机过程 $X(t)$，在无穷小的时间间隔 $\mathrm{d}t$ 内，正向穿越 $a\}$

则有

$$P(A) = P(a - X'(t)\mathrm{d}t < X(t) < a \cap X(t) > 0) = v_{a^+}\mathrm{d}t \tag{5-3}$$

用 $f_{X\dot{X}}(u,v)$ 来表示随机过程 $X(t)$ 及其一阶微分 $\dot{X}(t)$ 的联合概率密度分布函数，则

$$P(A) = \int_0^\infty \int_{a-v\mathrm{d}t}^a f_{X\dot{X}}(u,v)\,\mathrm{d}u\mathrm{d}v \tag{5-4}$$

将式（5-4）代入式（5-3），并考虑到变限函数的原函数存在定理（将 dt 视为变量），容易得到

$$v_{a^+} = \int_0^\infty v f_{X\dot{X}}(a,v)\,\mathrm{d}v \tag{5-5}$$

假设 $X(t)$ 为一连续可微的高斯过程，并且其均值为零，在式（5-5）的基础上可以证明：

$$v_{a^+} = \frac{1}{2\pi}\frac{\sigma_{\dot{X}}}{\sigma_X}\exp\left(-\frac{a^2}{2\sigma_X^2}\right) \tag{5-6}$$

在 3.1.1.3 小节曾经提到，对于高斯过程而言，"两个相似的随机振动过程，其时域信号的穿级计数结果的形态应该是相似的。" 由式（5-6）可以对其中缘由有所理解。式（5-6）说明，对于高斯过程而言，穿级计数所提供的核心信息（单位时间内正向穿越 a 的穿越率期望值 v_{a^+}）将完全由所计数信号 PSD 的零阶矩和二阶矩所决定，或者说，归根结底由所计数信号的 PSD 决定。因此，两个 PSD 相似的高斯随机振动过程，其时域信号的穿级计数结果的形态必然是相似的。

式（5-6）中，令 $a = 0$，即可得到高斯过程正向零点穿越率 0^+ 的期望为 $E(0^+) = \frac{1}{2\pi}\frac{\sigma_{\dot{X}}}{\sigma_X}$。再结合式（5-2），可知

$$E(0^+) = \sqrt{\frac{M_2}{M_0}} = \sqrt{\frac{\int_{-\infty}^\infty f^2 S_X(f)\,\mathrm{d}f}{\int_{-\infty}^\infty S_X(f)\,\mathrm{d}f}} \tag{5-7}$$

利用完全相同的思路，可以获得均值为零的连续可微高斯过程的峰值穿越率 P 的期望（连续可微高斯过程的峰值穿越率，对应其一阶微分过程的负向零点穿越率）为

$$E(P) = \sqrt{\frac{M_4}{M_2}} = \sqrt{\frac{\int_{-\infty}^\infty f^4 S_X(f)\,\mathrm{d}f}{\int_{-\infty}^\infty f^2 S_X(f)\,\mathrm{d}f}} \tag{5-8}$$

有了式（5-7）和式（5-8）作为基础，引入和定义不规则因子 γ 为

$$\gamma = \frac{E(0^+)}{E(P)} = \sqrt{\frac{M_2^2}{M_0 M_4}} \tag{5-9}$$

不规则因子 γ 的数值在 0~1 之间。由其定义可以看到，如果一个高斯随机过程是窄带的、接近于简谐信号，则每出现一个峰值点，都会对应出现一个正向穿越的零点，因此，不规则因子 γ 的数值接近于 1；反之，对于一个宽带高斯过程，每一个正向穿越的零点都会对应好多个峰值点，因此不规则因子 γ 的数值会降低，直至趋近于 0。

可以从不同的视角去审视一个信号，来感受和判断一个高斯过程的随机信号是宽带的还

是窄带的。图 5-8 所示是一个宽带和窄带高斯随机信号在时域和频域中的显示，可以看到窄带信号的能量集中分布在一个相对比较"窄"的频带范围内，宽带信号则相反。

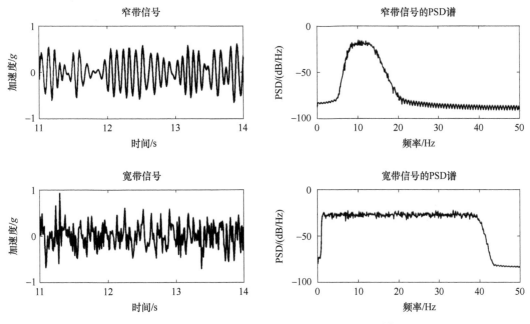

图 5-8　宽带信号与窄带信号的时域和频域视角[5]

不规则因子 γ 给出了一个定量判断高斯随机过程是宽带还是窄带的新视角，并且基于这个视角特别适合进一步思考和处理一些疲劳问题。比如说，对于不规则因子 γ 接近 1 的高斯窄带过程，其峰值分布与其幅值分布越来越接近，一些二维的计数方法（比如雨流计数）与一些一维的计数方法（比如峰值计数）越来越有数值上的关联性。

5.1.3.2.2　在窄带范围内讨论电磁振动台随机振动 PSD 载荷谱的编制

电磁振动台随机振动载荷谱的编制是一套源于航天电子元器件可靠性试验验证的方法论。如图 5-9 所示，航天发射过程中，卫星、航天器等设备上的集成电路板和电子元器件都要经历一段较为剧烈的随机振动，那么，航天器升空以后，这些电子元器件能否正常工作，成为一个需要通过试验验证的问题。

首先需要明确一个重要的问题：在电子振动台上去复现一个载荷谱，并且一般来说要对这样一个随机振动载荷谱 PSD 进行某种合理的强化（以缩短试验时间），这种对载荷谱的编辑和强化针对的是"激励载荷"，而不是被测试对象对于这一载荷的响应。比如说，如图 5-7 所示，将车辆仪表总成放置于电磁振动台上，对一个载荷谱进行编辑和强化后通过这个电磁振动台进行复现，这个编辑和强化的载荷谱是对这个仪表总成的激励而不是仪表总成对这一载荷的响应，这一点一定要明确。

紧接着这个仪表总成的例子，另一个问题接踵而来：既然要对一个激励载荷进行编辑和强化，然后通过电磁振动台去复现，就要思考，这种编辑和强化是否合理，是否要结合仪表总成对这个激励载荷的响应来操作，或者说，这种编辑和强化是否需要考虑被检测对象的动力学特征和动力学响应。

电路板

运载火箭部件

图 5-9　航天发射过程中要经过剧烈随机振动考验的集成电路板等元器件

　　电磁振动台上的检测对象是千差万别的，在编制一个试验载荷谱的时候限于成本和时间周期，往往难以引入额外的技术手段来更加细致和精准地将测试对象的动力学特征纳入考量，尽管这样做往往能够量体裁衣式地给出更为精准的试验规范。但也正因为这是一种"量体裁衣"式的行为和思维方式，而无法沿着这一思路去推而广之，形成一套具有普遍适用性的电磁振动台试验载荷谱编制流程。

　　因此，如图 5-10 所示，在编制电磁振动台试验载荷谱的时候做了一个工程近似，即用固有频率 f_0 由低到高的一系列单自由度振动模型来模拟和近似放置于电磁振动台上测试对象的动力学特性，或者说，不管放置于电磁振动台上的具体试验对象是什么，它的动力学特性具体是什么，一概用图 5-10 所示的"标准"模型来近似，然后基于这一标准近似模型来计算和评估测试对象在激励载荷下的响应，并最终基于这一响应来评估计算疲劳损伤。可以想

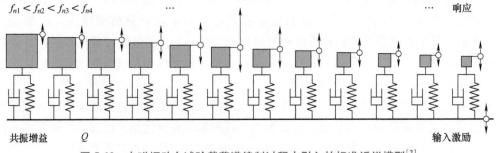

图 5-10　电磁振动台试验载荷谱编制过程中引入的标准近似模型[2]

象，这一疲劳损伤一定是与频率相关的，或者说，这一疲劳损伤一定是频率的函数，称之为疲劳损伤谱（FDS）。而这里面提到的响应，指的是图 5-10 所示的标准近似模型在各个固有频率 f_0 处，单自由度质量集中点相对于模型基座的相对位移，并认为这一相对位移与应力之间呈线性关系，由一个广义刚度系数 K 来完成从相对位移到应力之间的转变。对于转换后的应力进行雨流计数（或 Range Pair 计数），然后计算伪损伤即可，这方面没有新的技术难点，不再赘述。

由于在电磁振动台试验载荷谱编制的过程中引入了图 5-10 所示的标准化模型，那么，在实际的工作环境中不管具体激励这个测试对象的载荷频谱是什么，一般来说，经过图 5-10 所示的这个标准化近似模型传递之后，在每一个固有频率点 f_0 上都会形成一个呈窄带的响应（图 5-11），因此，对于一系列这种窄带的响应在频域里面评估其疲劳损伤的程度，就可以使用窄带理论。

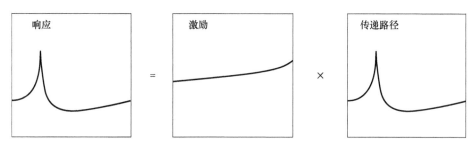

图 5-11　经过标准化近似模型传递后在每一个固有频率点 f_0 形成的窄带响应

5.1.3.2.3　Rice 和 Bendat 的窄带模型

对于窄带的稳态、高斯随机振动过程，Rice 和 Bendat 在 1964 年给出了一个重要的结论：

$$\text{FDS} = E(P)\,T\,\frac{K^k}{C}2^{\frac{k}{2}}Z_{\text{rms}}^k\,\Gamma(1+k/2) \tag{5-10}$$

式中，C 和 k 是以幂函数形式给出的被测对象的 S-N 曲线 $S_a^k N = C$ 的材料参数；K 为 5.1.3.2.2 小节提到的，表征相对位移 z 和应力 σ 之间线性关系 $\sigma = Kz$ 的广义刚度系数；T 为试验时间；Z_{rms} 为窄带、平稳高斯过程的 RMS 值；$E(P)$ 为该窄带平稳高斯过程的峰值穿越率 P 的期望，见式（5-8）。

考虑到激励信号 $S_{\text{excitation}}(f)$ 与响应信号 $S_{\text{response}}(f)$ 之间的标准近似动力学特性模型（图 5-10）是明确的，或者说激励信号与响应信号之间的标准近似传递函数 $H(f)$ 是明确的，因此可以借助式（5-11）方便地在频域中将激励信号的 PSD 转变为响应信号的 PSD，并且，由于标准近似动力学特性模型的特点，可以确保响应信号呈现窄带性质，或者说可以采用 Rice 和 Bendat 模型对响应信号进行频域疲劳损伤的评估。

$$S_{\text{response}}(f) = |H^2(f)|S_{\text{excitation}}(f) \tag{5-11}$$

在这一思路下，式（5-10）和式（5-11）在激励载荷的 PSD 与响应信号的疲劳损伤谱 FDS 之间建立了一个确定性的频域函数关系（具体形式比较冗长，不再给出）。通过这一函数关系，在图 5-10 所示的标准化动力学特性模型的工程近似和妥协之下，可以在频域中方便地将激励信号的 PSD 折算成响应信号的 FDS，然后充分利用疲劳损伤这一物理量可以外推、叠加、编辑等特性，对各种工况下的 FDS 进行叠加和综合，得到以 FDS 表征的总损伤目标谱。然后同样经由式（5-10）和式（5-11），将 FDS 折算为试验中在电磁振动台上回放和复现的激励载荷 PSD，并且在这一过程中，可以适度地增强该 PSD，以缩减试验时间，加快试验进程。

当然，在"适当地增强该 PSD"的过程中，仍然需要统筹考虑载荷分布（频域中通常用 PSD 的离散程度来量化载荷的统计变异性）和产品强度分布的离散性，依据目标安全裕度和验证试验开展的数量，依据式（2-5）对来源于实际工况的载荷强度进行两次放大。这一思路没有什么变化，与 5.1.2 小节一样。

5.1.3.3　宽带模型与振动疲劳仿真分析

5.1.3.2 小节对单轴电磁振动台随机振动试验载荷谱编制过程中涉及的理论、模型和方法做了一个基本的梳理。这里面反复提到图 5-10 所示的标准化近似模型——不管实际放置在单轴电磁振动台上的试验对象是什么，不管其真实的、准确的结构动力学特性是什么，都用这样一个标准化的近似模型去替代，并在这一前提下提出了 5.1.3.2 小节所述的单轴电磁振动台随机振动载荷谱编制方法。这种方法的优点是显而易见的，就是对于可以近似为单轴（对应于单一激励源）、宽频带激励的振动疲劳问题，似乎都可以纳入 5.1.3.2 小节的范畴内去解决和应对，从而为工程上提出一种具有普适性的试验规范提供了前提和条件，并且由于强制将响应划归为窄带范围，结果会偏于安全。

以有限单元法为代表的一些计算力学方法已经非常成熟，以现在的计算机硬件水平和计算能力，对于一个三维结构和连续体进行模态分析不是什么很困难的事情，而且，这种计算和分析所提供的信息相对照图 5-10 所示的标准化近似模型来说，要详尽和准确得多。以结构体上任何一个点作为激励点，以任何一个点作为响应点，在一个仿真模态分析之后，激励点与响应点之间的传递函数相当于已经全部掌握了，从而为在频域里处理振动疲劳问题提供了更为丰富的信息，做出更充分的准备。

仿真提供的信息更为丰富，使得有可能在频域里面处理更为复杂的振动疲劳问题，但是，也对频域疲劳损伤评估模型提出了更多的要求。比如说，基于仿真模态分析建立起来的激励与响应之间的传递函数类型更为丰富，不再拘泥于图 5-11 所示的窄带模型，响应信号的频谱特征也不见得一定是窄带特征。这样，再用 Rice 和 Bendat 的窄带模型在频域中开展疲劳损伤评估就非常牵强了，评估结果虽然会偏于安全，但往往会过于保守。在此基础上，一些宽带模型应运而生，目前应用比较广泛的是 Dirlik 于 1985 年在博士论文中提出的一个模型。

以仿真模态分析提供的丰富的结构动力学特性方面的信息作为基础，以 Dirlik 模型为代表的宽带频域疲劳损伤模型作为关键技术支撑，从而在仿真的环境中可以更为灵活和细致地在频域内对振动疲劳问题开展疲劳损伤评估。

5.1.3.4　多轴振动疲劳问题与多轴振动试验控制技术

在前面讨论的振动疲劳问题都是单轴问题，或者说都是对应于单一的激励源，如果可以不考虑测试噪声以及结构非线性动力学响应方面的因素，其表征或者说判定依据为：多个响应信号之间的相关系数（参见 3.1.2.2 小节）在所关心的频带范围内应该都非常接近 1。

但是，如果面对的是多轴振动疲劳问题，也就是说被测试对象在实际的工作环境中所承受的振动载荷来源于几个相对独立的激励源，那么问题将更加棘手。应对的办法是：在有时域信号作为目标信号信息时，可以采用 MIMO TWR（多输入多输出时域波形回放）振动控制技术，有较为完善的试验加速方法（下面章节将介绍四立柱轮耦合试验，属于此类范畴）；在仅有频谱信号（PSD 和 CSD）作为目标信号信息时，可以采用 MIMO Random（多输入多输出随机振动）控制技术，来对测试对象在实际工作环境中所承受的多轴振动进行复现（图 5-12），并借此对测试对象的耐久性进行考核。有所不同的是，对于频谱范围在100Hz 以上的试验，需要在电磁振动台上执行，一般来说，液压台架只能复现 100Hz 以下的试验载荷谱。

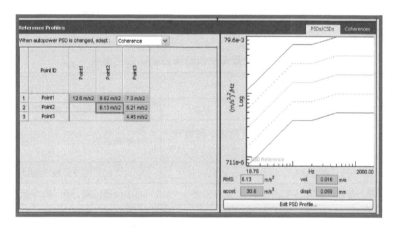

a) Test.lab软件MIMO Random振动控制参数设置界面

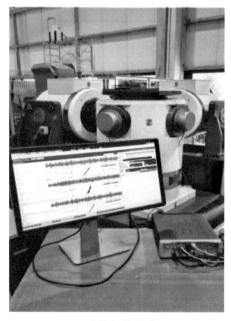

b) 多轴电磁振动台

图 5-12　多轴电磁振动台及 MIMO Random 振动控制技术

5.1.4 车轮双轴疲劳损伤模型及试验加速⊖

车轮是车辆的重要零部件，在现实的生产和生活中其使用寿命一般来说会等同于车辆的使用寿命。在如此长的生命周期中，车轮会承受相关载荷的反复作用，与其耐久性密切相关的疲劳损伤模式是典型的高周疲劳。因此，试验载荷谱合理编制的目标在于实现高周疲劳损伤等价。

根据金属材料及结构高周疲劳损伤和寿命的评估理论，在构建车轮结构高周疲劳损伤相似性的过程中需要考虑的载荷因素仍然为（表5-5）：①载荷幅值方面；②车轮结构的主要外部载荷为径向力载荷和侧向力载荷，为典型的多轴（两轴）载荷，因此载荷之间的相位关系对于结构的疲劳损伤有重要的影响；③结构承受的是变幅值载荷，加载次序对于结构的疲劳损伤有显著的影响；④需要论证车轮结构所承受的载荷频谱是否足够宽，是否可以充分激发结构的相关模态；⑤载荷平均应力对于结构疲劳损伤的影响。

表 5-5 车轮疲劳试验载荷谱编制关注要点

载荷方面各个具体的影响因素		应对策略
载荷幅度	幅值因素	抓住车轮结构应力的旋转周期特性加以解决
单轴/多轴	单轴载荷（拉压、旋转弯曲、纯扭转、复合加载）	非单轴载荷
	多轴载荷 相位因素	引入多轴载荷投影技术加以解决
恒幅值载荷与变幅值载荷	次序因素	将多阶谱排列为升、降序循环载荷谱
载荷引起结构的频率响应	频率因素	$f_{load} < 0.5 f_{low}$
平均应力		在试验台架上复现车轮结构应力的旋转周期特性加以解决

在本节的讨论中，选择了一款常见和有代表性的乘用车车轮（材料为 ZL101A-1 铝合金），聚焦载荷方面对于车轮结构高周疲劳损伤的影响，全面分析、论证在车轮疲劳试验中为确保车轮结构高周疲劳损伤的相似性，载荷方面应该满足的条件，并在此基础上提出车轮疲劳试验载荷谱的编制方法，包括试验加速方法。

5.1.4.1 车轮在实际工况中的动力学响应分析

本节首先通过模态试验实测给出车轮结构的一阶固有频率，然后通过道路载荷数据采集获得实际使用工况下车轮所承受轮力时域信号的充足样本，对其进行频谱分析，然后比较轮力的频谱特征与车轮结构的一阶固有频率，对后续的分析中是采用静态叠加还是模态叠加的方法进行判断和决策。

对车轮开展锤击法模态试验，试验采用的硬件是 Simcenter SCADAS 模态测试系统，分析软件为 Test. lab 软件。试验过程中车轮的悬吊方案如图 5-13a 所示，试验加速度传感器的分布方案如图 5-13b 所示：在轮圈周向布置 3 圈，每一圈 10 个传感器；在轮心位置布置 5 个传感器，共 35 个传感器。在轮圈上 3 个不同的激励点依次敲击获得传递函数，敲击方向确保车轮的径向、侧向和切向都有力的分量，每一个位置多次敲击取平均。

⊖ 5.1.4 节所介绍之方法，中汽研汽车检验中心（天津）有限公司已申请专利保护，专利号 202111048547.5。

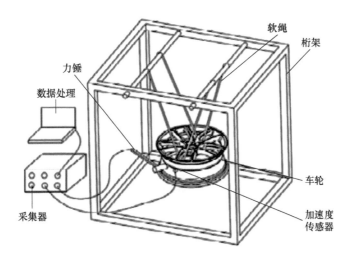

a) 车轮结构锤击法自由模态试验悬吊方案

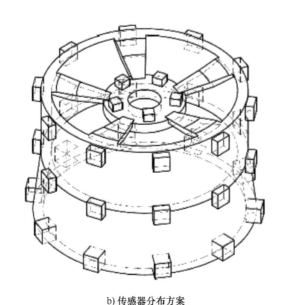

b) 传感器分布方案

图 5-13　车轮结构自由模态试验

采用 PloyMax 算法进行模态参数识别，获得的稳态图如图 5-14 所示，从而最终确定车轮结构的一阶固有频率约为 275Hz。

在采用同款车轮的车辆上安装六分力传感器，在公共路面上实车采集了约 5000km 里程的载荷样本。将车辆行驶时只有驾驶员 1 人定义为空载状态；驾驶员加一两名乘客，定义为半载状态；驾驶员加三四名乘客定义为满载状态。在所获取的约 5000km 样本数据的过程中涵盖了车辆的三种负载状态。对所获取的左前轮和左后轮约 5000km 垂向力分量以及侧向力分量进行频谱分析，获得的自功率谱密度（PSD）结果如图 5-15 所示，分析中设置 50% 的重叠，多次取平均，频率分辨率为 0.5Hz。

从图 5-15 所示的 PSD 结果中可以明显看到，由于轮胎橡胶充气结构起到了良好的隔振

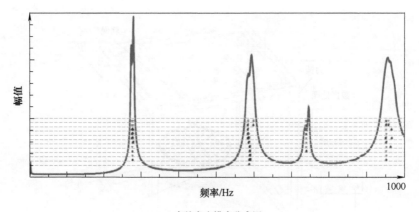

a) 车轮自由模态稳态图

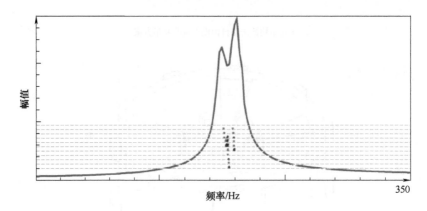

b) 一阶共振峰局部放大

图 5-14　车轮结构自由模态试验结果稳态图

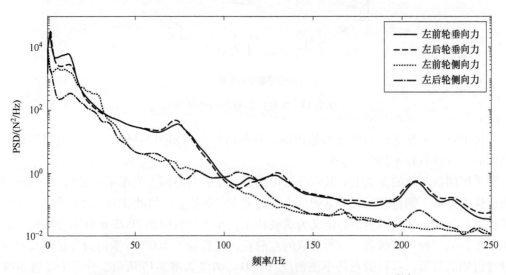

图 5-15　车轮结构在真实工况中所承受轮力的自功率谱密度[11]

作用，无论是前轮还是后轮，车轮结构所承受的垂向力和侧向力分量频谱结构的主能量成分集中于 50Hz（甚至 20Hz）以内，在 100Hz 以后自功率谱密度已经被极大地衰减了（从峰值衰减了 4 个数量级以上），这远低于车轮结构一阶固有频率（275Hz）的一半。因此，在此后的车轮疲劳损伤分析和损伤相似性的构建过程中，将在静态叠加的范畴内进一步展开分析和讨论，而不再考虑车轮的动力学响应。

5.1.4.2 车轮结构内部应力幅值与外部载荷之间的关系

在实际使用的过程中，作用在车轮上的外部载荷主要有随时间 t 变化的动态径向力分量 $F_t(t)$ 和动态侧向力分量 $F_a(t)$，车轮结构在这两个力分量的联合作用下形成动态变化的内部应力场，并在应力集中的疲劳危险部位累积形成相对较为严重的疲劳损伤。车轮作为典型的旋转结构，要准确把握外部载荷对车轮内部应力的影响，并在此基础之上合理地构建损伤相似性，必须将车轮的旋转特性考虑其中，以准确地把握外部载荷对车轮结构内部应力的影响。

为此，通过车轮双轴疲劳试验机和弯曲疲劳试验台对车轮结构施加预设的外部载荷。如图 5-16 所示，在车轮结构 6 个有代表性的位置上粘贴应变花，通过滑环将应变信号引出、测量并记录。通过该试验了解和验证外部载荷对车轮旋转部件内部应力的影响及规律。

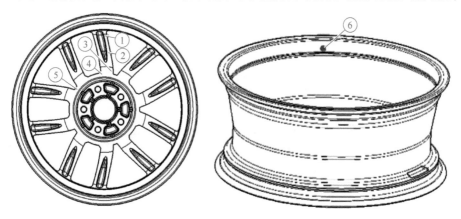

a) 6个测点的位置

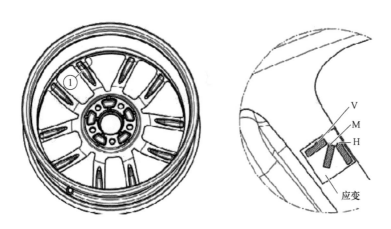

b) 测点1及应变花的方向

图 5-16　应变测试中的测点位置及应变花贴片方向

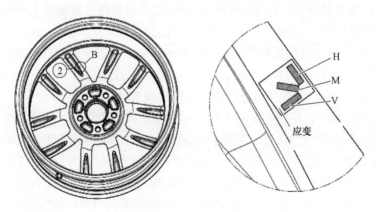

c) 测点2及应变花的方向

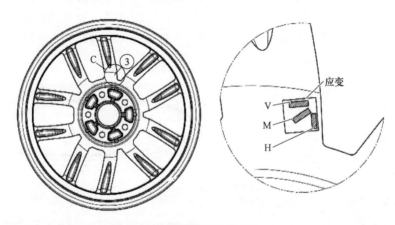

d) 测点3及应变花的方向

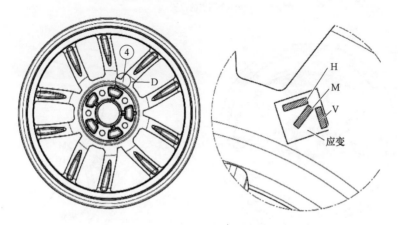

e) 测点4及应变花的方向

图 5-16　应变测试中的测点位置及应变花贴片方向（续）

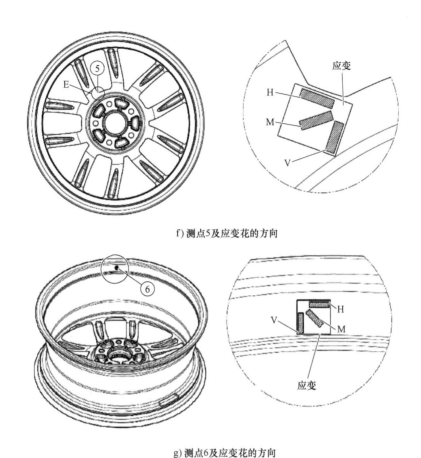

f) 测点5及应变花的方向

g) 测点6及应变花的方向

图 5-16　应变测试中的测点位置及应变花贴片方向（续）

　　首先，对车轮施加单一的径向载荷，载荷恒定为 6kN，车轮速度设置为 1km/h，应力测试结果如图 5-17 和图 5-18 所示，字母 C 表示车轮顺时针旋转，字母 A 表示车轮逆时针旋转。

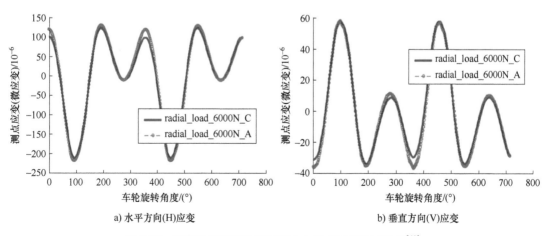

a) 水平方向(H)应变

b) 垂直方向(V)应变

图 5-17　恒定径向载荷作用下第 1 个测点应变测试结果[12]

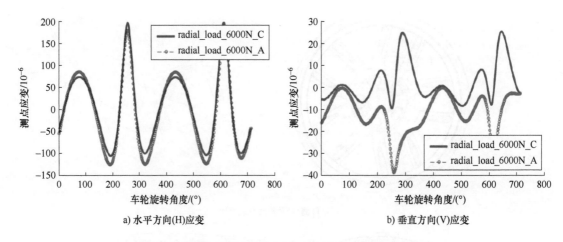

a) 水平方向(H)应变   b) 垂直方向(V)应变

图 5-18　恒定径向载荷作用下第 6 个测点应变测试结果[12]

从图 5-17 和图 5-18 可以看到，车轮的旋转使得车轮结构内部应力与外部载荷之间呈现明显的旋转周期特性：车轮每旋转一圈，车轮结构内部应力随外部载荷呈现一个周期的变化，尽管在车轮结构的不同位置上内部应力与外部载荷之间的关系会有所不同，但是这一旋转周期性的规律是普遍存在的。

在此基础上，将施加到车轮上的单一径向载荷由 6kN 逐步加强至 14kN，试验结果如图 5-19~图 5-24 所示。结果显示：尽管径向载荷发生变化，但是车轮结构内部应力的旋转周期特性没有变化；在弹性范围内，车轮结构内部应力的变化幅度 S 与外部径向载荷强度 F_t 之间呈线性关系。

车辆在行驶过程中，车轮侧向力 F_a 将对车轮形成弯矩（由于车轮偏置距离的存在，径向力同样也会对车轮形成弯矩）。通过车轮弯曲疲劳试验台对车轮结构施加单一、恒定的弯

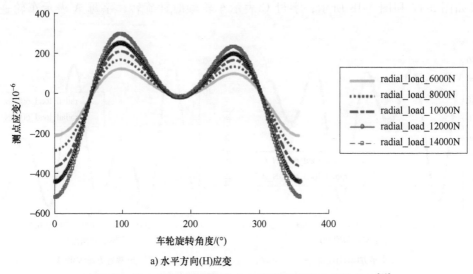

a) 水平方向(H)应变

图 5-19　第 1 个测点应变幅值与径向载荷强度之间的关系[12]

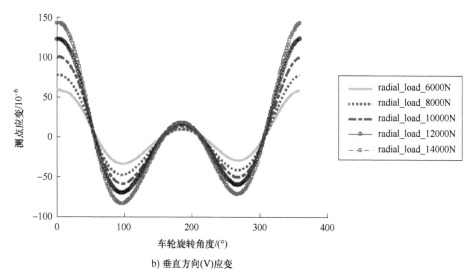

b) 垂直方向(V)应变

图 5-19　第 1 个测点应变幅值与径向载荷强度之间的关系[12]（续）

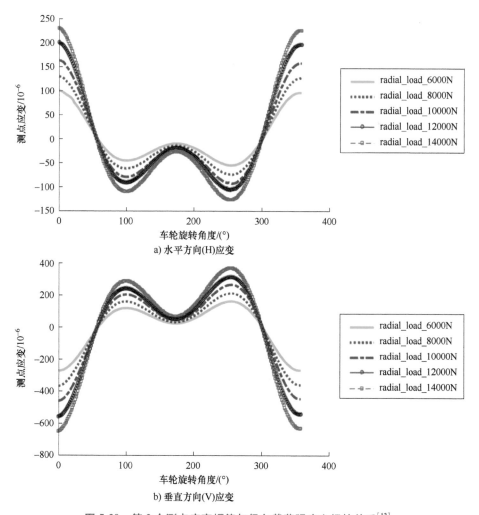

a) 水平方向(H)应变

b) 垂直方向(V)应变

图 5-20　第 2 个测点应变幅值与径向载荷强度之间的关系[12]

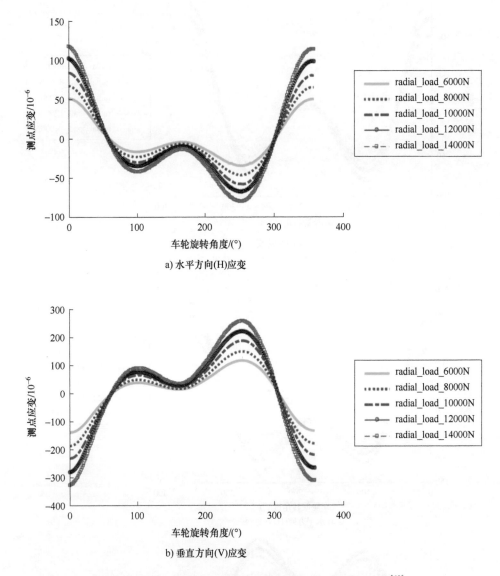

a) 水平方向(H)应变

b) 垂直方向(V)应变

图 5-21　第 3 个测点应变幅值与径向载荷强度之间的关系[12]

矩，并且弯矩由 1200N·m 逐步增大到 3836N·m，试验结果如图 5-25～图 5-27 所示。可以看到，与径向载荷的特点完全一致：在弯曲载荷作用下，车轮结构内部应力同样呈现明显的旋转周期性特征，并且在弹性范围内，车轮结构内部应力的变化幅度 S 与弯曲载荷之间同样呈线性关系。

因此，在静态叠加和线弹性的范畴内，车轮结构内部应力的变化幅度 S 与外部径向载荷强度F_t和外部侧向载荷强度F_a之间的关系为

$$S = K_1 F_t + K_2 F_a \tag{5-12}$$

式中，K_1和K_2分别是车轮结构上某一点的应力变化幅度 S 与车轮径向载荷强度F_t和侧向载荷强度F_a之间的线性回归系数。

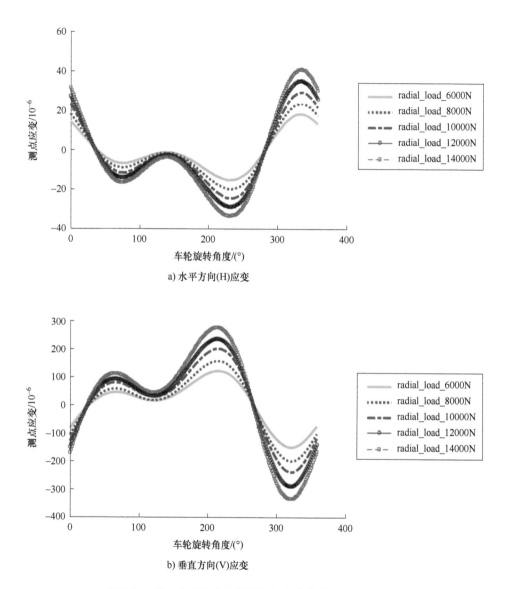

a) 水平方向(H)应变

b) 垂直方向(V)应变

图 5-22　第 4 个测点应变幅值与径向载荷强度之间的关系

　　需要补充考虑和说明的是，考虑到乘用车车轮的周长大概在 2m，即便车辆行驶在 200km/h 的高速状态，从车轮的旋转周期特性方面去考虑，外部载荷对车轮结构的扰动频率也不过 30Hz 上下（车轮每秒转动 30 周左右），远低于车轮结构的一阶固有频率（275Hz）。商用车辆由于车速更低、车轮周长更长，这种扰动频率会更低。因此，仍然只需要在静态叠加的范围内讨论车轮结构的疲劳损伤，而不需要计及车轮的动力学响应。

　　考虑到车轮结构的旋转周期特性，假设车轮的周长为 l m，而在车轮径向力和侧向力保持为 (F_t, F_a) 的状态下车辆行驶过的距离为 L m，则车轮结构上某一点应力变化幅度近似为 S 的循环次数 n 将为

$$n = L/l \tag{5-13}$$

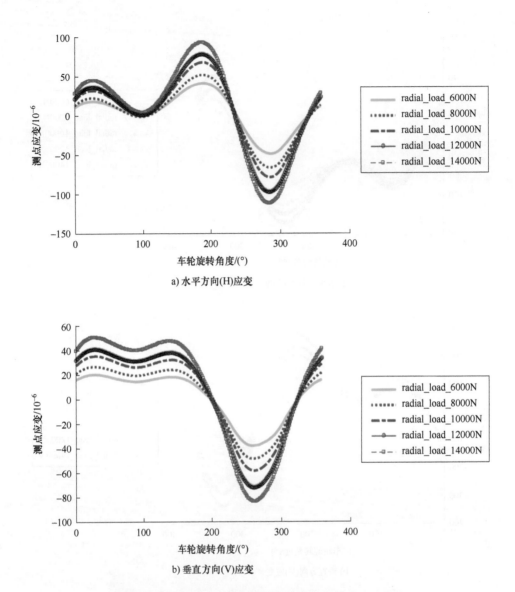

a) 水平方向(H)应变

b) 垂直方向(V)应变

图 5-23　第 5 个测点应变幅值与径向载荷强度之间的关系

5.1.4.3　多轴载荷之间的相位因素对车轮结构疲劳损伤的影响

　　通过式（5-12）可以看到，由于车轮径向载荷和侧向载荷都对车轮结构的内部应力有重要影响，因此，车轮结构的疲劳问题是一个典型的多轴（两轴）疲劳问题，在下面的讨论中将依然采用临界面法对相关问题展开讨论。选择该平面上正应力的幅值 σ_a^{cp} 作为损伤参量，如在 4.5.2 小节谈过的，实践证明这是一个具有较好适应性、稳定性和评估精度的裂纹张开型损伤参量。用 K_1^{cp} 和 K_2^{cp} 来表示 σ_a^{cp} 与 F_t 和 F_a 之间的线性回归系数，即

$$\sigma_a^{cp} = K_1^{cp} F_t + K_2^{cp} F_a \tag{5-14}$$

　　由于 K_1^{cp} 和 K_2^{cp} 与相应位置应力微元斜截面的倾角相关，而对于非比例加载多轴疲劳问题，无法事先知晓哪一个斜截面为临界面，但是，这不影响 K_1^{cp} 和 K_2^{cp} 的客观存在性。多轴疲劳问

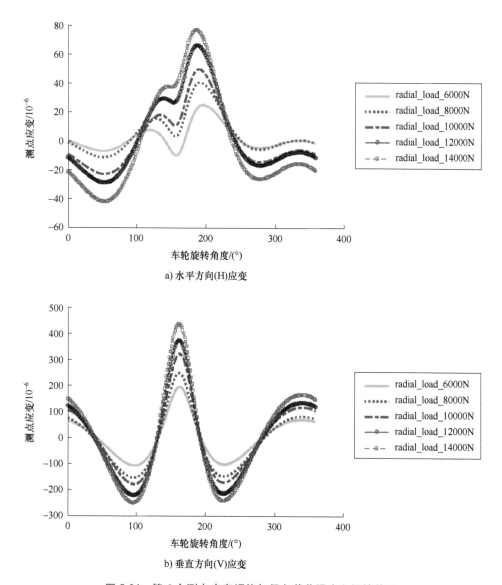

图 5-24　第 6 个测点应变幅值与径向载荷强度之间的关系

题在临界面上将等效为单轴疲劳问题，可以将 σ_a^{cp} 代入单轴的 S-N 曲线实施疲劳损伤和寿命评估，即 $S = \sigma_a^{cp}$。

假设车轮结构金属材料的 S-N 曲线为 $NS^k = C$（式中，C 和 k 为材料参数），则在 Miner 线性累积疲劳损伤假设下，决定车轮疲劳寿命的结构疲劳危险点临界面上累积形成的疲劳损伤 D 为

$$D = \sum_i D_i = \sum_i \frac{n_i}{N_i} = \frac{1}{C} \sum_i n_i S_i^k = \frac{1}{C} \sum_i n_i (\sigma_a^{cp})^k \tag{5-15}$$

将式（5-13）和式（5-14）代入式（5-15），有

$$D = \frac{1}{Cl} \sum_i L_i (K_1^{cp} F_{ti} + K_2^{cp} F_{ai})^k \tag{5-16}$$

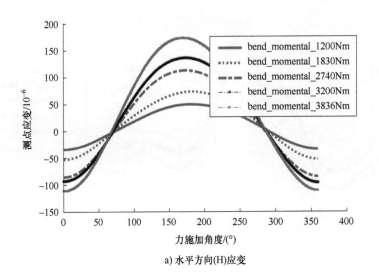

a) 水平方向(H)应变

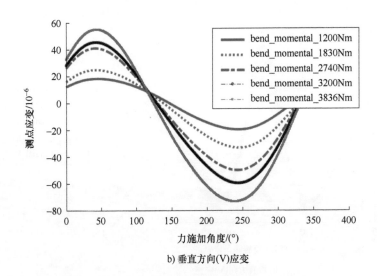

b) 垂直方向(V)应变

图 5-25　第 1 个测点应变幅值与弯曲载荷强度之间的关系

　　为了在构建损伤相似性的过程中抓住多轴载荷对结构疲劳损伤和寿命产生影响的关键要素，引入多轴载荷投影理念，对式（5-14）中的 K_1^{cp} 和 K_2^{cp} 进行归一化处理，即令 $c_1 = \dfrac{K_1^{cp}}{\sqrt{(K_1^{cp})^2 + (K_2^{cp})^2}}$，$c_2 = \dfrac{K_2^{cp}}{\sqrt{(K_1^{cp})^2 + (K_2^{cp})^2}}$，则式（5-16）可变化为

$$D = \frac{1}{Cl} \left[(K_1^{cp})^2 + (K_2^{cp})^2 \right]^{k/2} \sum_i L_i \left(c_1 F_{ti} + c_2 F_{ai} \right)^k \qquad (5\text{-}17)$$

　　定义矢量 $\boldsymbol{F} = F_t \boldsymbol{e}_i + F_a \boldsymbol{e}_j$，$\boldsymbol{s} = c_1 \boldsymbol{e}_i + c_2 \boldsymbol{e}_j = \cos\theta\, \boldsymbol{e}_i + \sin\theta\, \boldsymbol{e}_j$，式中 $\boldsymbol{e}_i$ 和 $\boldsymbol{e}_j$ 是二维标准正交坐标系基矢量，而 $\theta = \arctan\left(\dfrac{K_2^{cp}}{K_1^{cp}}\right)$ 为多轴载荷投影角，这样，式（5-17）可以最终变换为

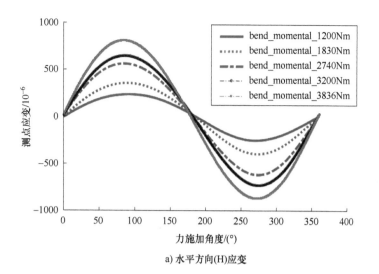

a) 水平方向(H)应变

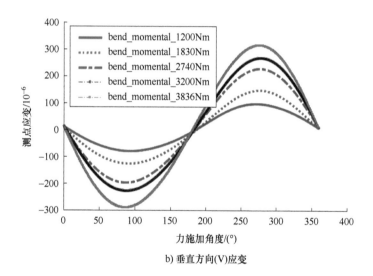

b) 垂直方向(V)应变

图 5-26   第 3 个测点应变幅值与弯曲载荷强度之间的关系

$$D = K \sum_i L_i \left| \boldsymbol{s} \cdot \boldsymbol{F}_i \right|^k \tag{5-18}$$

式中，$K = \dfrac{1}{Cl} \left[(K_1^{cp})^2 + (K_2^{cp})^2 \right]^{k/2}$ 为一个常数，该常数与车轮金属材料的 S-N 曲线参数、车轮周长以及所关注的临界面应力参量与外载荷之间的线性回归系数有关。

可以看到，在如式（5-18）所示的、引入多轴载荷投影理论构建的车轮双轴疲劳损伤模型中引入了一个单位投影矢量 $\boldsymbol{s}$，该投影矢量反映了外部载荷对于临界面上正应力幅值的影响程度（图 5-28）。而对于车轮结构疲劳损伤和疲劳寿命起决定作用的量值，为力矢量 $\boldsymbol{F}$ 沿该投影矢量 $\boldsymbol{s}$ 的投影 $\left| \boldsymbol{s} \cdot \boldsymbol{F}_i \right|$，以及稳定在这一投影状态时累积行驶过的里程 L_i。因此，在开展车轮疲劳试验并构建损伤相似性的时候，需要获得车轮在实际工况中具有统计代表性的三维数组（F_{ti}, F_{ai}, L_i），或者说车轮结构在实际典型工况中所承受的径向载荷 F_t 和侧向载荷 F_a 对于行驶里程 L 有统计代表性的二维联合分布。在获得了这一关键信息以后，只要确保基于

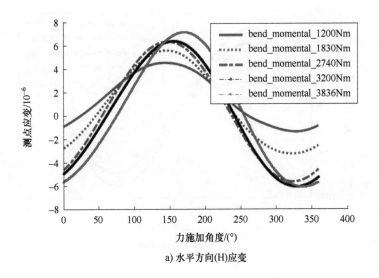

a) 水平方向(H)应变

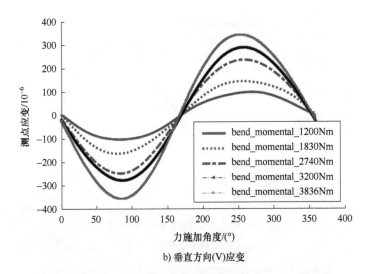

b) 垂直方向(V)应变

图 5-27　第 6 个测点应变幅值与弯曲载荷强度之间的关系

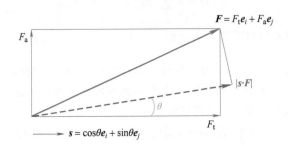

图 5-28　多轴（双轴）载荷投影原理示意图

典型实际工况并外推到设计里程的三维数组（F_{ti}, F_{ai}, L_i），按照车轮双轴疲劳损伤模型（5-18）计算得到的损伤值，与车轮疲劳试验过程中施加的由（$F_{t\,j\_{\mathrm{Test}}}, F_{a\,j\_{\mathrm{Test}}}, L_{j\_{\mathrm{Test}}}$）三维数组表示的试验载荷谱（下标 Test 表示试验载荷谱）依据模型（5-18）计算得到的损伤值相同，就可以完成车轮疲劳试验损伤相似性的构建，从而使得可以通过试验结果对车轮结构的耐久性和可靠性进行验证和考核。

对于式（5-18）还有如下几点需要说明：

1）很难想象车轮上某一点临界面上的正应力只与径向载荷 F_r 有关，而与侧向载荷 F_a 无关（即 $K_2^{cp} \equiv 0$），反之依然（即 $K_1^{cp} \equiv 0$），反映在投影方向上即现实中 $\theta = n\pi/2$（$n \in Z$）的可能性很低，这凸显了使用车轮双轴疲劳试验机开展车轮疲劳试验的重要性和必要性，或者说凸显了采用单一的车轮径向疲劳试验机或车轮弯曲疲劳试验机分别开展车轮疲劳试验的局限性。车轮结构在实际工况中累积形成的疲劳损伤无法通过分别开展径向和弯曲疲劳试验来形成有效的损伤叠加，只有通过车轮双轴疲劳试验机才可以施加合理的载荷来构建损伤相似性。

2）在构建车轮双轴疲劳试验损伤相似性的时候，式（5-18）中的常数 K 没有必要一定计算出来，在由实际工况中的车轮载荷计算损伤以及由车轮双轴疲劳试验载荷谱计算损伤的过程中都有常数 K 参与，前后可以约掉。因此，在式（5-18）中对车轮双轴疲劳试验载荷谱的编制真正形成影响的部分为 $\sum_i L_i \left| s \cdot F_i \right|^k$ 所示的"损伤数"，在载荷谱编制过程中只要确保"损伤数"的等价，就会确保损伤相似性的构建。

3）面对一款具体的车轮结构，可以借助有限元仿真分析来对式（5-18）中实际涉及的投影方向 s 进行确定，一个更为简便的工程近似方法是不去考虑每一款车轮的实际结构和具体将牵扯到的投影方向 s，而是将投影方向角 θ 每隔 10° 取一个值（进一步缩小投影方向角的间隔不会对计算精度有显著的改变），见表 5-6，无论面对怎样的车轮结构和怎样的 K_1^{cp}、K_2^{cp} 取值组合，最终形成的投影方向都不会超出表 5-6 所示的 19 种有代表性的组合。只要确保车轮双轴疲劳试验载荷谱在表 5-6 所示的这 19 种组合之下计算得到的 19 个损伤数，不小于但尽可能接近基于有统计代表性且外推到设计里程的实际道路载荷数据计算得到的相应损伤数，则可以实现车轮双轴疲劳试验中损伤性的构建，并且与实际工况相比会有偏于安全的工程近似。如上原则即要求车轮双轴疲劳试验载荷谱满足

$$\sum_{j=1}^{m} L_{j\_\text{Test}} \left| s \cdot F_{j\_\text{Test}} \right|^k \geqslant \sum_i L_i \left| s \cdot F_i \right|^k \tag{5-19}$$

表 5-6　车轮双轴疲劳损伤模型中具有代表性的 19 种投影方向组合

序号	$\theta/(°)$	$\cos\theta$	$\sin\theta$	序号	$\theta/(°)$	$\cos\theta$	$\sin\theta$
1	0	1	0	11	100	-0.17365	0.984808
2	10	0.984808	0.173648	12	110	-0.34202	0.939693
3	20	0.939693	0.34202	13	120	-0.5	0.866025
4	30	0.866025	0.5	14	130	-0.64279	0.766044
5	40	0.766044	0.642788	15	140	-0.76604	0.642788
6	50	0.642788	0.766044	16	150	-0.86603	0.5
7	60	0.5	0.866025	17	160	-0.93969	0.34202
8	70	0.34202	0.939693	18	170	-0.98481	0.173648
9	80	0.173648	0.984808	19	180	-1	0
10	90	0	1	—	—	—	—

对表5-6所示的19种组合都成立。式（5-19）的左边表示车轮双轴疲劳试验载荷谱为 m 阶试验谱 $(F_{tj\_Test}, F_{aj\_Test}, L_{j\_Test})$，$j=1$，$\cdots$，$m$。

4）车轮双轴疲劳试验载荷谱的编制方法是不唯一的，满足式（5-19）要求的载荷谱都可以认为在车轮双轴疲劳试验机上实现了车轮高周疲劳损伤的等价（且偏于安全），但是实际操作时还要考虑到双轴疲劳试验机的加载能力，并且，对于车轮结构的试验载荷强化不能无限度地脱离现实背景，不能引起失效模式和机理的本质变化。在此基础上，由于金属材料 S-N 曲线参数 k 的实际取值往往在 5~8 之间，由式（5-19）可以看到，在遵循上述合理原则的范围内，载荷的些许增加都会因为指数效应的存在而引起试验里程的急剧缩减，从而实现显著的试验加速。具体来说，如果有两种试验载荷方案 A 和 B，两种方案都是一阶试验载荷谱（即 $m=1$），则依据式（5-19），两种试验方案有 $\left|\dfrac{s \cdot F_{Test\_A}}{s \cdot F_{Test\_B}}\right|^k = \dfrac{L_{Test\_B}}{L_{Test\_A}}$，假设 $k=5$，则如果 $|s \cdot F_{Test\_A}|$ 相对于 $|s \cdot F_{Test\_B}|$ 有 20% 的提升和强化，那么试验方案 A 的试验里程也将急剧缩减为方案 B 的约 1/2.5。

5）在外部载荷对车轮结构高周疲劳损伤的影响分析中，还有两个因素尚未讨论，即平均应力因素和次序因素。

车轮结构在实际工况中承受的载荷是变幅值载荷，加载次序也是随机的，因此，在编制车轮双轴疲劳试验载荷阶梯谱的时候，需要考虑和近似这样一种随机的加载次序，一种可以考虑的操作方案是将载荷谱做成升序结合降序的循环阶梯谱，来削弱加载次序过分单一对于车轮结构疲劳损伤造成的偏差。

车轮结构的内部应力变化呈现明显的旋转周期特性，在车轮双轴疲劳试验台上开展相关试验，由于加载形式和车轮结构受载状态与实际工况高度相似，从而可以使平均应力方面的相似性自然地得到很好的满足。

在对构建车轮结构高周疲劳损伤相似性载荷方面的诸多因素进行系统的分析和论证之后，如图 5-29 所示，给出车轮双轴疲劳试验载荷谱编制的流程。

对于一型车轮结构编制双轴疲劳试验载荷谱，需要获得该型车轮在现实工况中有统计代表性的轮力垂向分量和侧向分量时域数据 F_t 和 F_a。由于轮力垂向分量的统计分布与车辆负载水平密切相关，而侧向分量的统计分布与车辆的转向工况密切相关，因此，在有条件进行基于大数据的工况调研的时候，需要着重对车辆负载和转向工况进行大数据统计。然后，结合车速信息将 F_t 和 F_a 由时域转移至里程域，并在里程域中对 F_t 和 F_a 开展幅值二维联合分布的统计，获得 (F_{ti}, F_{ai}, L_i) 系列三维数组。在进行幅值二维联合分布统计时，往往依据 F_t 和 F_a 的变化范围将其分别分割成 k_1 和 k_2 个区间，使得在每个区间中 F_t 和 F_a 都近似为恒量，

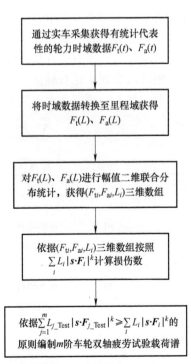

通过实车采集获得有统计代表性的轮力时域数据 $F_t(t)$、$F_a(t)$

将时域数据转换至里程域获得 $F_t(L)$、$F_a(L)$

对 $F_t(L)$、$F_a(L)$ 进行幅值二维联合分布统计，获得 (F_{ti}, F_{ai}, L_i) 三维数组

依据 (F_{ti}, F_{ai}, L_i) 三维数组按照 $\sum_i L_i |s \cdot F_i|^k$ 计算损伤数

依据 $\sum_{j=1}^m L_{j\_Test} |s \cdot F_{j\_Test}|^k \geq \sum_i L_i |s \cdot F_i|^k$ 的原则编制 m 阶车轮双轴疲劳试验载荷谱

图 5-29　车轮双轴疲劳试验载荷谱编制流程

这样 (F_{ti}, F_{ai}, L_i) 三维数组最多有 n 组取值，即 $i = 1, \cdots, n$，其中 $n = k_1 k_2$，而 L_i 是与 (F_{ti}, F_{ai}) 相对应的、累积的行驶里程。在获得了 (F_{ti}, F_{ai}, L_i) 三维数组并根据需要外推至设计里程之后，结合表 5-6、依据 $\sum\limits_i L_i \left| s \cdot F_i \right|^k$ 进行损伤数的计算，该损伤数是需要通过车轮双轴疲劳试验进行复现和实现高周疲劳损伤等价的核心。最后，结合表 5-6 并按照 $\sum\limits_{j=1}^{m} L_{j\_Test} \left| s \cdot F_{j\_Test} \right|^k \geqslant \sum\limits_i L_i \left| s \cdot F_i \right|^k$ 的原则编制 m 阶车轮双轴疲劳试验载荷谱，在编谱的过程中参考车轮在实际工况中承受载荷的情况，在不改变车轮疲劳损伤失效机理的前提下适度增大试验加载，考虑到车轮金属材料 S-N 曲线参数 k 带来的指数效应，适当增大试验加载将急剧缩短试验里程，实现试验加速。为了削减单一的升序加载和降序加载对于车轮疲劳损伤带来的偏差，将最终确定的 m 阶车轮双轴试验载荷谱按照升、降序循环编排。

5.2 主要考虑载荷分布的情况

在第 5.1 小节列举了四个零部件台架加速试验的例子，包括排气系统冷端后挂钩及消声筒焊缝液压伺服台架试验、传动系统齿轮旋转台架试验、单轴电磁振动台和车轮双轴疲劳试验。这四个例子由于所承受的载荷形式不同，因此处理方法也截然不同，但是，都需要统筹考虑载荷分布和强度分布两个因素对试验结果进行解读和决策，来判断一批试验样品是否满足要求。

本节讨论两方面规范制定过程中的技术应对。一个是四立柱轮耦合台架试验规范的制定，一个是强化路面试验场试验规范的制定。

四立柱轮耦合台架规范的制定属于道路模拟试验规范的范畴，与此类似的 329 轴耦合试验台架、MAST 多轴道路模拟振动试验台、Cab Shaker 台架，都是以多轴时域波形回放（TWR）作为控制技术的液压试验台架，其试验载荷谱的编制有类似的地方，因此用四立柱台架作为一个例子，来谈一下这类问题的处理方法。

把试验场强化路面试验规范的制定也放在这一节，实际上是把车辆在强化路面试验场上的路试作为更为逼真、全面、广义的"道路载荷模拟"试验。

由于此类试验的测试对象多为子系统或是整车，在规范的制定过程中再纳入强度分布的因素，其可操作性是比较差的，因此，往往只考虑载荷分布的因素来制定相关的规范。也就是说，如图 5-30 所示，将涉及的目标载荷的分布全部纳入考量，一旦指定一个概率指标（比如说 95%）则目标载荷的分位数就会明确。那么，在制定规范的时候尽可能让规范所对应的载荷强度高于且接近这些目标载荷的一系列分位数即可。这是从损伤当量的维度去处理和把握此类问题的原则和思路，当然还会涉及其他一些方面的要求。

5.2.1 四立柱台架加速试验案例

图 5-31 所示是典型的乘用车四立柱轮耦合台架。在道路载荷数据采集的过程中，可以采集到车辆上安装的一些传感器获得的典型工况下的一些时域信号。这些时域信号将成为目标信号，在以四立柱为代表的多轴液压台架上，通过所谓时域波形回放（TWR）的控制技术去复现。

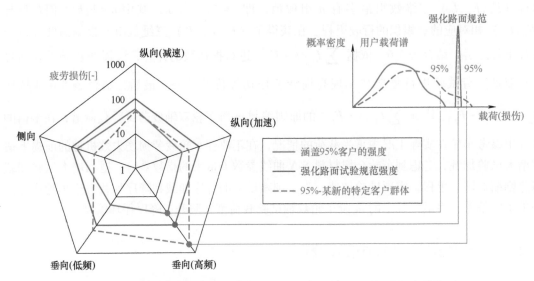

图 5-30　道路模拟试验和强化路面试验场试验规范制定过程中的主要原则

图 5-31　四立柱轮耦合台架

如图 5-32 所示，特别是当这些目标信号来源于公共路面（比如高速路）的时候，信号中往往都会包含一些对于损伤贡献不大的成分，而这些成分占据和耗费的时间有时候很大，因此这类问题具有可以进行试验加速的先天条件。

用一个指定的时间窗口去过滤每一个参与其中的目标信号（滤波），一旦在某一个时间窗口内参与其中的所有目标信号的载荷波动都小于某一个预先指定的阈值，那么就可以将这一段时间窗口的信号滤掉。按照这一原则，如图 5-32 所示，压缩前和压缩后的目标信号经过 Range Pair 计数后计算伪损伤的差异须很小才可以，以满足试验载荷加速的过程中从幅值方面确保伪损伤的相似性。

由于是多轴载荷，牵扯到多轴疲劳的问题。因此，当轴的数目不是太多的情况下，滤波

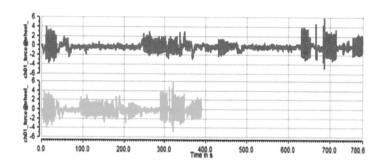

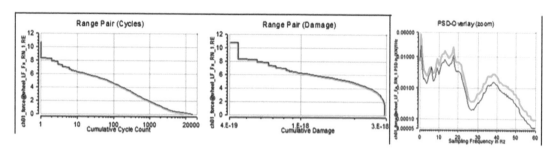

图 5-32　压缩前和压缩后的目标信号对比[2]

的条件和判据除了要求参与其中的全部目标信号的载荷波动在某一个时间窗口内都须小于某一个预先指定的阈值外，如图 5-33 所示，最好将相关的多轴载荷投影到各个可能的投影方向 s_0 上，并追加要求载荷向量 $\boldsymbol{L}_0(t)$ 沿着各个可能的投影方向 s_0 的投影 $L(t)=s_0\cdot\boldsymbol{L}_0(t)$ 在该时间窗口内也都须小于预先指定的阈值，才可以滤掉这一段信号。可以想象，一旦多轴的"轴数"很多，这种投影的组合会陡然上升，因此，TecWare 软件允许六轴及以下的多轴问题都可以选择在滤波的过程中考虑多轴投影的因素。对于多轴疲劳的问题，在没有外载荷与内部响应之间更为详细的补充信息的条件下，这一处理方法是非常严谨且偏于安全的。

　　另外，无论是否采用和考虑多轴投影这一因素，滤波之后需要通过光滑的信号对滤波后的信号进行连接和过渡，以避免能量泄漏。

　　由于在滤波的过程中，一旦触发了滤波条件，参与其中的全部目标信号会全部滤掉相关载荷，否则的话全部保留这一段载荷，这样一种处理原则确保了相关载荷之间相位关系（CSD）和加载次序不会发生变化。

　　一般来说，液压台架所能回放的载荷频率不会太高（100Hz 以下），但是如果将整车作为测试对象，这一频率范围已经足够引发整车结构的动力学响应（$f_{\text{load}}>0.5\,f_{\text{low}}$），因此，需要从频率的角度去考虑和确保载荷的相似性。如图 5-32 所示，由于在时域中的滤波和压缩增强了信号的 RMS 值，依据 Wiener-Khintchine 公式，在杜绝信号能量泄漏（对于压缩后的信号进行必要和光滑的过渡和连接）的情况下，压缩后信号的 PSD 必然出现增强的趋势，这是一方面的影响和改变。另一方面，由于压缩掉的信号都是小幅值成分，因此，压缩后信号 PSD 的整体趋势没有发生变化，也就是说，压缩前能量相对比较强的频段在压缩后能量仍然相对比较强，压缩前能量相对比较弱的频段在压缩后能量也依然相对比较弱。因此，如图 5-32 所示，依据这一方法压缩后的载荷 PSD 呈现"整体上移、形态不变"的整体特点，

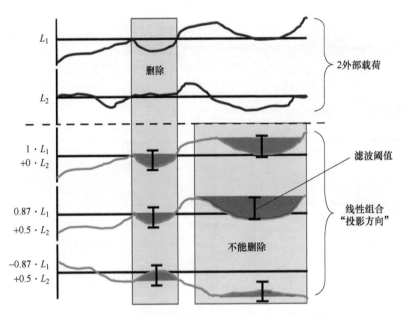

图 5-33　多轴雨流投影滤波（RP Filter）示意图[2]

这将确保用压缩后的载荷去开展相关试验时，整车结构在动力学响应方面具备相似性。

在均值影响方面，将整车在实际工况中的自然状态作为平均应力状态在多轴液压台架上去复现。在大数据时代和用户关联技术体系支撑下，如图 1-12g 所示，车辆负载的概率分布和权重信息对于更客观和精准地将均值因素在多轴液压台架试验规范的制定中加以考虑，提供了很好的条件和重要依据。

综上所述，在以四立柱台架为代表的多轴液压台架试验规范的制定中，从构建损伤相似性的角度出发，载荷方面需要关注的要点、处理的思路和应对的策略，汇总于表 5-7。

表 5-7　四立柱台架载荷谱编制关注要点

载荷方面各个具体的影响因素		应对策略
载荷幅度	幅值因素	只删除对于损伤贡献很小的成分，从而确保损伤的相似性
单轴/多轴	单轴载荷（拉压、旋转弯曲、纯扭转、复合加载）	非单轴载荷
	多轴载荷　相位因素	基于多轴雨流计数的滤波
恒幅值载荷与变幅值载荷　次序因素		不改变多轴载荷之间相位关系和原始加载次序
载荷引起结构的频率响应　频率因素		$f_{load} > 0.5 f_{low}$，不改变各个激励载荷 PSD 的频谱结构
平均应力		将测试对象在实际工况中的自然状态作为平均应力状态

以四立柱轮耦合台架为例，假设试验中关注的几个目标载荷为四个车轮六分力的垂向分量，即$Force_{LF\_z}$、$Force_{RF\_z}$、$Force_{LR\_z}$ 和 $Force_{RR\_z}$，那么，在此类试验中需要解决的一个源于载

荷方面的不确定度是，这些载荷在四立柱轮耦合试验中需要重复多少次，才能达到比如说95%的覆盖范围。

以Force$_{LF\_z}$为例，将Force$_{LF\_z}$进行 Range Pair 计数（如3.1.1.2 小节所述），并计算伪损伤密度 d（如1.2.1 小节所述）。在用户关联的技术体系下，可以借助式（1-38），获得伪损伤密度 d 或其对数的数学期望；可以借助式（1-41），获得伪损伤密度 d 或其对数的方差。在明确设计里程 L 后，可以借助数学期望和方差的简单性质（如第1章相关内容所述），并经由式（1-10），将伪损伤密度 d 对数的数学期望和方差，折合成达到设计里程 L 时对应于95%概率指标的伪损伤$D_{L\_95\%}$。在四立柱轮耦合台架试验中有一个Force$_{LF\_z}$的目标载荷谱，只要计算将这个目标载荷谱重复n_{LF_z}次，使之产生的伪损伤能够达到$D_{L\_95\%}$即可。对于Force$_{RF\_z}$、Force$_{LR\_z}$和Force$_{RR\_z}$如法炮制，确定n_{RF_z}、n_{LR_z}和n_{RR_z}，并将 $n = \max \{n_{LF\_z}, n_{RF\_z}, n_{LR\_z}, n_{RR\_z}\}$ 作为试验重复的次数，此即图5-30所表示的主要思想。

5.2.2　试验场强化路面试验规范的制定

强化路面试验规范的制定与5.2.1 小节的整体思路非常相似，都是遵循图5-30 所表述的思想，在实际操作中需要一种优化计算程序，TecWare 软件中将其称为 CombiTrack 技术。

"CombiTrack"，顾名思义，就是要找一个最优的方案将强化路面试验场上各个 Track（路段）上的载荷 Combinate（组合）起来，使其在某方面的特征与目标载荷最为接近。这样一个优化问题在具体实施的过程中，选取载荷的哪方面特征作为着眼点，来评判优化得到的试验场载荷与目标载荷的一致性，是一个要紧的问题。但是在耐久性的大背景下，这一特征的选择似乎也比较明确，那就是非"损伤"莫属。

假设有 m 个目标通道（比如六分力、驾驶室加速度、悬置减振弹簧相对位移、应变等，一般来说，m 的数目在 100~200 之间），其中第 i 个通道的伪损伤用b_i表示。

假设车辆在特定的负载下，让驾驶员以特定的车速在试验场上行驶过不同的典型路面，从而采集到若干基本路段载荷的伪损伤$A_{i,j}$，其中$j = 1, \cdots, n$，代表第 j 个基本路段载荷，而基本路段载荷的数目为 n，一般来说，n 的数目在 50~100 之间。

那么，对于每一个目标通道，都需要找到基本路段载荷的一个组合w_j（显然w_j的取值范围为非负整数），使得从总体上，让每个通道组合得到的伪损伤 $\sum_{j=1}^{n} A_{i,j} w_j$ 尽可能接近于b_i。用$r_i = b_i - \sum_{j=1}^{n} A_{i,j} w_j$ 来衡量 $\sum_{j=1}^{n} A_{i,j} w_j$ 与b_i的接近程度，并称r_i为残余。

如何"从总体上"去把握这个最接近，或者说"最优"，这里面有几个不同的衡量标准。一个是用$\|r\|_1 = \sum_{i=1}^{m} \gamma_i |r_i|$ 作为衡量标准，这个对应 TecWare 软件中的 "Sum of absolute errors" 选项；一个是用$\|r\|_2 = \sqrt{\sum_{i=1}^{m} \gamma_i^2 r_i^2}$ 作为衡量标准，这个对应 TecWare 软件中的 "Sum of squares errors" 选项；一个是用$\|r\|_3 = \text{Max} \{\gamma_i |r_i|, i = 1, \cdots, m\}$ 作为衡量标准，这个对应 TecWare 软件中的 "Maximum error" 选项。

如果令$m_i = \sum_{j=1}^{n} A_{i,j} w_j$，则定义$f_i = \dfrac{b_i}{m_i} + \dfrac{m_i}{b_i}$（$i = 1, \cdots, m$），则还有一个选项是用$\|r\|_4 = $

$\sqrt{\sum\limits_{i=1}^{m}\gamma_i^2 f_i^2}$ 作为衡量标准，这个对应 TecWare 软件中的 "Sum of squares of relative errors" 选项，实际上，这个选项是软件的默认选项，一般情况下推荐使用这一选项。

当以上这一系列定义、标准和铺垫都完成以后，CombiTrack 作为一个优化问题，其数学模型不外乎在一系列约束条件下求目标函数的最值问题，这是优化问题几乎通用的数学模型和套路。CombiTrack 问题的最终数学模型为

$$\text{Min}\|e_M(w)\|, \text{ subject to}$$

$$\begin{cases} w_j \in \overline{Z^-} \\ \cdots \end{cases}$$

其中目标函数 $\|e_M(w)\|$ 可以根据需要和倾向从 $\|r\|_1 \sim \|r\|_4$ 中选定，而约束条件也很灵活，需要依据工程背景和实际需要来合理的施加，比如考虑到项目成本而约束 $\sum\limits_{j} w_j$ 不能超过某一限度，等等。当然，在添加约束条件的时候要清楚：任何优化计算本身都是取舍的艺术，不要施加无谓的约束来影响最终的优化效果。

在 TecWare 软件中支持两类优化问题，分别对应两种目标函数。如图 5-34 所示，默认的优化问题为 "Histogram optimization"，其目标函数就是上面谈到的 $\text{Min}\|e_M(w)\|$，也就是以试验场规范下组合得到的伪损伤从总体上与各目标通道的目标值最为接近为目的。除此之外，TecWare 软件还支持的一类优化问题为 "Runtime optimization"，此时其目标函数为 $\text{Min}\left\|\sum\limits_{j} w_j\right\|$，如果把 $\sum\limits_{j} w_j$ 理解为一种广义的成本和消耗，那么这一优化模式以定制的试验规范广义成本最低为目标，包括损伤精度方面的要求在

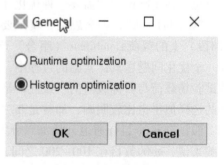

图 5-34　TecWare CombiTrack
支持的两种优化模型

这一优化模型下都变成了一系列约束条件。在不同的应用背景下，可以合理地选择和应用。

如图 5-35 所示，可以通过选择 "Global" 和 "Partial" 在全局损伤和局部损伤之间切换。

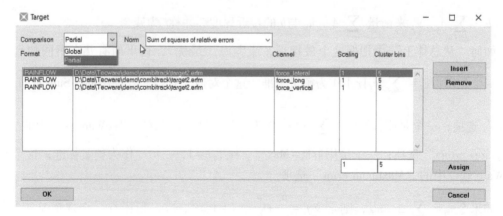

图 5-35　TecWare CombiTrack 程序参数界面

　　无论是 m 个目标通道的载荷，还是 n 个基本路段载荷，在 CombiTrack 阶段都是用雨流矩阵来对载荷进行表征。如果选择全局损伤，那么如图 5-36 左侧所示，将用整个雨流矩阵所对应的伪损伤参与优化计算；如果选择局部损伤，那么如图 5-36 所示，将把雨流矩阵划分成 k 宫格，每一个格子中所对应的局部损伤，将连同全局损伤一起参与优化计算，并且可以通过 "Cluster bins" 调整雨流矩阵划分的数目。如果 $k = 5$，则会把雨流矩阵划分为 $5^2 = 25$ 宫格，相应的目标通道的数目和基本路段载荷的数目都会加倍。

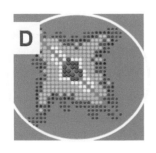

图 5-36　全局损伤与局部损伤[2]

　　在上面介绍的 $\|r\|_1$ 到 $\|r\|_4$ 共四个衡量标准中，都有一个重要的参数 γ_i，称为 "权重系数"。如图 5-35 所示，可以通过 "Scaling" 来调整和设置权重系数的大小。容易理解，权重系数越大，相关的目标通道会在试验规范中被复现得更为准确，当然，作为一个优化问题，一般来说这会是以牺牲其他权重系数相对较低的目标通道的损伤精度为代价的。

　　从第 4 章已经开始铺垫和总结，在本章前面几个例子的叙述中可以深刻地感受到，载荷的幅值、均值、相位和频率都会影响结构的损伤相似性。在 CombiTrack 技术框架下进行试验场规范的制定，或者说建立不同试验场之间，或者公共路面与试验场强化路面之间的载荷对车辆所造成的损伤相似性，其着眼点和重点是幅值。

　　那么，CombiTrack 过程中除了以幅值为落脚点和关注点完成优化迭代，对于均值的因素，主要靠试验场试验过程中对车辆进行合理的配重来加以考虑；对于相位，原本四个车轮就是四个相对独立的激励源，之间的相位关系是随机的，那么在试验场上仍然是随机的，也可以视作对相位关系的合理近似和处理。因此，只剩下频率因素需要加以处理。

　　对于频率因素，会适度关注试验场轮力的 PSD 与目标载荷轮力的 PSD 之间是否具有一定程度的相似性。或者说，需要在一个合格的、基本路段种类比较丰富的试验场上，通过合理地调整驾驶速度和车辆配重，确保试验场上获得的轮力 PSD 特征，与目标载荷轮力的 PSD 特征具有较好的相似性。对于同一辆车而言，轮力与其他各个测试点之间的频率响应函数特性是不变的，因此，一旦轮力的 PSD 具有一定程度的相似性，各个测点之间的 PSD 必然也会具有这种相似性。因此，正如 Michael Speckert 博士谈到的，"……它自动给出频域和相关域中的真实载荷特性，即使仅对幅值域（伪损伤数）进行了显式优化……"。

　　图 5-37～图 5-48 所示是某车辆在某试验场按照某强化路面规范考核时的几个典型载荷雨流矩阵、PSD 与目标雨流矩阵、目标 PSD 的对比。

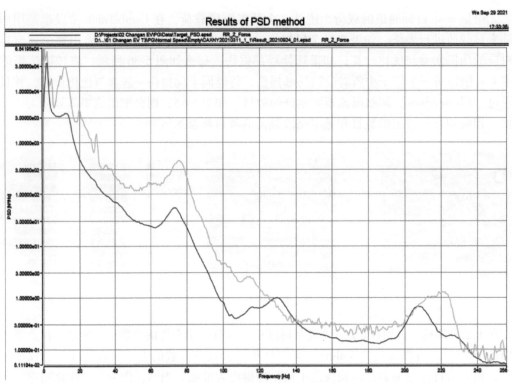

图 5-37　右后轮六分力垂向力分量 PSD 对比（绿线为试验场，红线为实际道路）

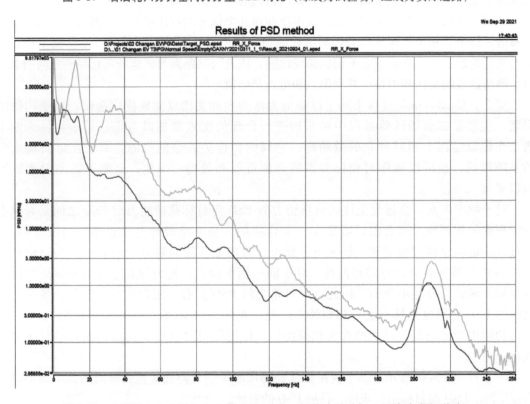

图 5-38　右后轮六分力纵向力分量 PSD 对比（绿线为试验场，红线为实际道路）

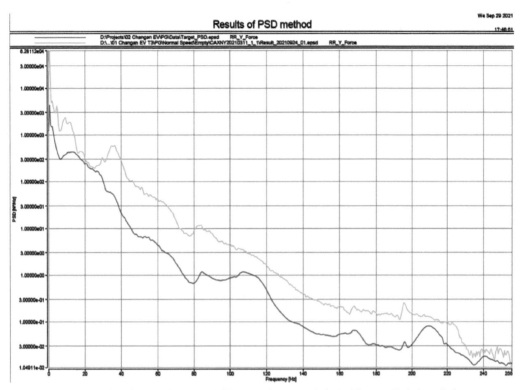

图 5-39　右后轮六分力侧向力分量 PSD 对比（绿线为试验场，红线为实际道路）

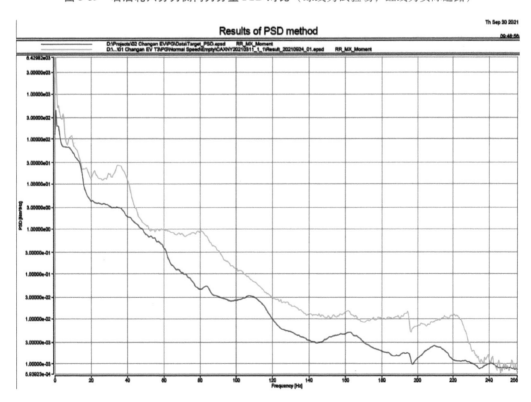

图 5-40　右后轮六分力 MX 扭矩分量 PSD 对比（绿线为试验场，红线为实际道路）

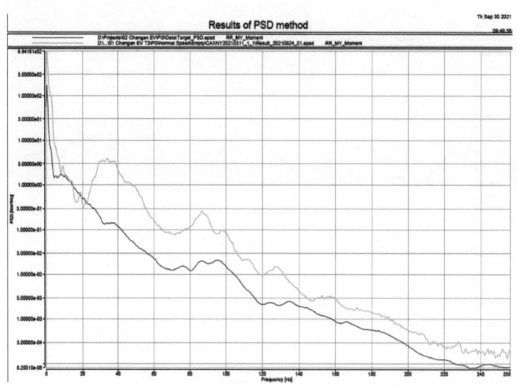

图 5-41　右后轮六分力 **MY** 扭矩分量 PSD 对比（绿线为试验场，红线为实际道路）

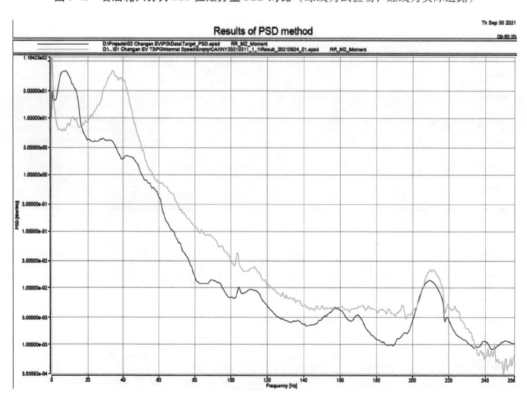

图 5-42　右后轮六分力 **MZ** 扭矩分量 PSD 对比（绿线为试验场，红线为实际道路）

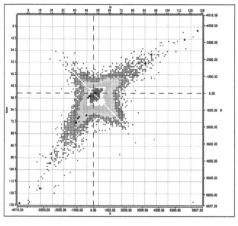
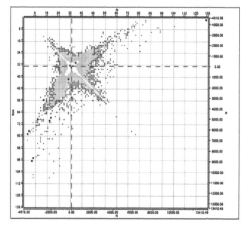

a) Target目标雨流矩阵　　　　　　　　b) 依据规范行驶得到的雨流矩阵

图 5-43　右后轮纵向力雨流矩阵对比

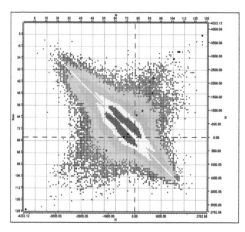
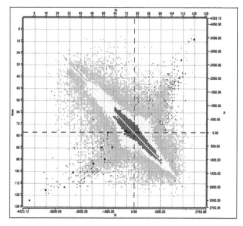

a) Target目标雨流矩阵　　　　　　　　b) 依据规范行驶得到的雨流矩阵

图 5-44　右后轮侧向力雨流矩阵对比

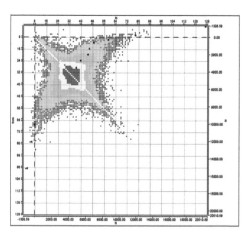
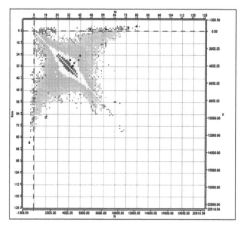

a) Target目标雨流矩阵　　　　　　　　b) 依据规范行驶得到的雨流矩阵

图 5-45　右后轮垂向力雨流矩阵对比

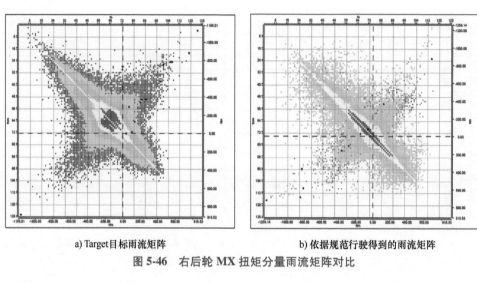

a) Target目标雨流矩阵 　　　　　　　　　　 b) 依据规范行驶得到的雨流矩阵

图 5-46　右后轮 MX 扭矩分量雨流矩阵对比

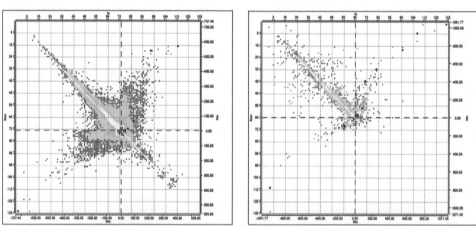

a) Target目标雨流矩阵 　　　　　　　　　　 b) 依据规范行驶得到的雨流矩阵

图 5-47　右后轮 MY 扭矩分量雨流矩阵对比

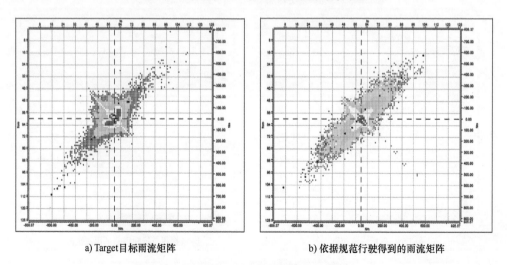

a) Target目标雨流矩阵 　　　　　　　　　　 b) 依据规范行驶得到的雨流矩阵

图 5-48　右后轮 MZ 扭矩分量雨流矩阵对比

参考文献

［1］ 陈希孺. 概率论与数理统计［M］. 北京：科学出版社，2000.

［2］ 西门子工业软件（北京）有限公司. Tecware 软件培训资料［Z］. 2013.

［3］ 陈希孺，倪国熙. 数理统计学教程［M］. 合肥：中国科学技术大学出版社，2009.

［4］ 李旭东，王新宇，田程，等. 基于用户关联的车辆耐久性载荷谱编制［EB/OL］.（2022-07-13）［2022-09-30］. https：//kns. cnki. net/kcms2/article/abstract？v＝3uoqIhG8C45S0n9fL2suRadTyEVl2pW9UrhTDCdPD65uwCmyjh4xAQ-xvNYLI_fHDReXDVdbvSPuuVbIUTuZjCLR3VAAEBaf&uniplatform＝NZKPT.

［5］ JOHANNESSON P，SPECKERT M. Guide to Load Analysis for Durability in Vehicle Engineering［M］. New York：Wiley，2014.

［6］ 奥康纳，克莱纳. 实用可靠性工程［M］. 金春华，蓝晓理，译. 北京：机械工业出版社，2020.

［7］ KÖHLER M，JENNE S，PÖTTER K，et al. Load Assumption for Fatigue Design of Structures and Components ［M］. Berlin：Springer，2017.

［8］ 斯海维. 结构与材料的疲劳［M］. 吴学仁，等译. 北京：航空工业出版社，2014.

［9］ 姚卫星. 结构疲劳寿命分析［M］. 北京：科学出版社，2019.

［10］ LEE Y L，PAN J，HATHAWAY R，et al. Fatigue Testing and Analysis-Theory and Practice［M］. Amsterdam：Elsevier，2005.

［11］ 王铁，李旭东，田程，等. 基于多轴载荷投影构建轮辋双轴疲劳损伤模型［EB/OL］.（2022-05-20）［2022-09-30］. https：//kns. cnki. net/kcms2/article/abstract？v＝3uoqIhG8C45S0n9fL2suRadTyEVl2pW9UrhTDCdPD65uwCmyjh4xAZTay7bcgHZx4DohvX5Dr_n0bN9hn4YMpo92dpvCm1R2&uniplatform＝NZKPT.

［12］ 王铁，田程，李旭东，等. 车轮双轴疲劳试验加速方法研究［J］. 汽车工程，2022，44（9）：1410-1424.